U0929725

教师成长系列

名师工程

做全景式成长的教师

李方红◎著

西南大學出版社
SWUP
国家一级出版社 全国百佳图书出版单位

图书在版编目(CIP)数据

做全景式成长的教师 / 李方红著. -- 重庆 : 西南大学出版社, 2021.11(2024.6 重印)
ISBN 978-7-5697-1030-4

Ⅰ. ①做… Ⅱ. ①李… Ⅲ. ①师资培养 Ⅳ. ①G451.2

中国版本图书馆CIP数据核字(2021)第144904号

做全景式成长的教师

ZUO QUANJINGSHI CHENGZHANG DE JIAOSHI

李方红 著

责任编辑: 李 君 王传佳
责任校对: 秦 俭
装帧设计: 闰江文化
排 版: 吴秀琴
出版发行: 西南大学出版社(原西南师范大学出版社)
地址:重庆市北碚区
印 刷: 重庆紫石东南印务有限公司
幅面尺寸: 170mm × 240mm
印 张: 16
字 数: 300千字
版 次: 2021年11月 第1版
印 次: 2024年6月 第2次印刷
书 号: ISBN 978-7-5697-1030-4
定 价: 58.00元

前言

《中国教育现代化2035》指出，要着力促进教师专业化发展，建设高素质专业化创新型教师队伍。一些地方在促进教师专业化发展的过程中强调教师专业理性，但忽视了教师作为情感人、心理人与社会人的完整生命成长。教师人生成长关注教师完整生命优化，实现为人与为师的互相促进与协同统一，旨在让每一位教师成为一位幸福的人。[①]

幸福是一种主观心理状态。何以幸福？正性的心理状态就是幸福。包括积极的、阳光的、勇敢的、向上的、友好的、快乐的、仁爱的、成就的、自信的、慈善的、平和的……正性心理状态的发生依赖于对应行为的发生，行为是心理的生理源。如参加一次赛课获得一等奖就会衍生对应的成就感，生发效能感，获得自信的、快乐的幸福。行为本质就是一个人的一切生存活动，按马克思实践哲学观点，生存就是系列对自我、自然、社会、精神的价值、认识、改造与审美活动。[②]事实上，任何行为活动都是对行为对象的价值、认识、改造与审美活动的综合。如赛课，是在价值认识基础上，对教学理论进行学习，然后对课堂教学展开进行设计与实践，最后达成育人目标，实现价值与审美的双重收获。由此，正性的行为实际上就是一切正性的生存活动，一切正性的生存活动就是一切利于维持、提高、优化人的价值、认识、改造与审美能力的活动。这种维持、提高、优化也就是常说的“存在与成长”。存在感，我在，我正在做某件事，而且清晰感知这件事对于生活的意义，就是一种存在体察。外在的表征是对自我存在的体知、投入、满足。成长感，就是一种生命超越，状态及能力的提升等。综上，对存在与成长感的体知、投入、满足构成了正性生存，达抵正性心理，实现人生幸福。[③]

由此，教师的幸福就是教师对自身成长以及对教师职业、生活、家庭、社

① 李方红.由教师专业发展走向教师人生成长：兼谈“全景式”教师人生成长模式[J].当代教师教育，2016(1)：21-27.

② 高清海.马克思主义哲学基础[M].北京：北京师范大学出版社，2012：55.

③ 李方红.“全景式”教师人生成长模式的研究与实践[J].中国教师，2020(12)：62-66.

会关系等的存在的体知、投入与满足。换句话说，就是今天认真备了课，上好了一节课，认真地批改作业，看到学生的成长，感受到自己的成长，也关照到了家庭，坚持锻炼，按照规划有序地完成了对应的活动等的一种正性的心理状态。

显然，仅仅关注教师工作难以获得幸福，仅仅注重专业技能提升也难以获得幸福，仅仅依托于不断的培训学习难以感受到幸福，仅仅在某一个阶段富有成就感也难以一生幸福，仅仅追求绝对的对、好与完美也不可能感受到幸福。于此，我们呼唤一种对教师生活、生存、成长的全景关照，以此让教师累积幸福、接近幸福，在幸福与忧伤比对中让幸福处于优势，进而更好地投身教育教学，助力学生人生优化，以一朵幸福的云推动另一片幸福的云。这就是全景式教师人生成长的意指与内涵(如下图)。具体包括以下六大方面。

“全景式”教师人生成长模式结构图

一是全面素养目标。教师专业发展关注教师专业知识与能力的发展，国内外对教师专业知识结构体系与生成路径研究颇多，但对教师作为人的基础素养目标研究较少。全景式教师人生成长关注教师为人与为师的互相促进与协同统一，关注存在与成长的发展统一。因此在素养目标方面，构建起了“专业身心、专业道德、专业知识、专业能力、专业情意与专业智慧”的主体教师个人素养目标体系。

二是全环成长机制。教师人生成长的价值导向是存在与成长的正性累积，基本过程就是系列正性行为驱动、保障、投入、支持与外化的回环过程。这就是教师人生成长的生成机制。具体包括“驱动——激活教育情怀，保障——建设环境资源，活动——倾心教育教学，主体——提升个人素养（支持），外化——塑造个人风格”五大生态回环成长结构。这一生态回环成长结构形成了一个全景式的人生成长闭合生态圈。本书便是以“全环成长机制”的五大结构（驱动、保障、活动、主体、外化）为撰写主线。

三是全位路径修行。成长机制揭示了存在与成长正性累积的纵向生发机制，教师又通过哪些横向的关键行为来培养个人素养，提升自身能力，趋向人生幸福呢？教师专业发展把成长的路径聚焦在教学、研究与学习三大路径上。但忽略了一个基本的逻辑基础，教师自身作为一名普通的公民，若生活都过得一团糟，家庭也不和睦，又怎苛求他能全身心投入教育教学活动中呢？为人是为师的基础，为师促进为人的发展。由此，全位路径修行基于全景视角、生态视野，构建起了“身心、生活、教学、学习、研究、事务与交流”的横向路径结构。真正实现教师泛在、多元、个性、自主地“存在与成长”，这一内容是作为全书的副线隐匿在每一章、每一节中的。同样的，后面三方面的全景结构也是作为全书副线，镶嵌在全书各章节中。

四是全程成长发展。教师人生成长和任何人的人生成长一样，也存在着统一性、阶段性、规律性、差异性、发展性等特点。每个成长阶段发展的重点目标应有所不同，循序渐进，不紧不慢，有条不紊地进行。从时段和发展目标两个综合维度进行分类，教师发展的一般阶段包括“职前——学习实习，职初——站稳讲台，成熟——教学娴熟，骨干——专业洞见，专家——专业引领”五大阶段。当然，每个阶段并非线性的承接关系，也可是跳跃、并行、交织、倒换、环复等关系，如到了成熟阶段，还可继续学习实习。阶段的划分是一个相对的标准，每个人的成长存在差异性，仅作为一个参考；每一个阶段的重点成长目标并非唯一目标，阶段划分也没有绝对标准，实际上每个阶段都需要关注全面素养目标，每个人的重点发展目标也定存在不同；最重要的是教师要在不断的改革创新中，在问题解决中，在成长收获中，永葆对教育的热情与对学生的爱，感受存在与成长，进而体悟从教的幸福，树立终身学习的意识，这才是全程成长发展的指归与目的。

五是全人角色关照。全景式教师人生成长的全景还包括对教师各个角色的关注,以及着力使各个角色形成互相促进、协同统一、平衡发展的生态链,进而催生教师更好的存在与成长行为,使教师更接近人生的幸福。这些角色包括社会公民、一家之主、专职教师、行政管理者、重要他人等。这需要教师注意分配好自己的时间,在不同场合扮演好不同角色,更需要教师形成全人角色关照的意识。

六是全界生态视野。全景式教师人生成长的全景还包括教师在成长的过程中对问题的态度,对外界的纳入,对累积的思考,对当前与未来关系的理解等成长生态的认识与实践。具体来说,包括"开放思维——问题与成长,包容心态——内部与外界,累积意识——点面与立体,发展视角——当前与未来",即教师要正确对待成长中的问题,问题是成长的阶梯,也是成长的机遇,更是成长的养分,解决问题是人生的常态,应以开放的思维看待成长中的各种问题。对于外界的质疑、评价,应辩证看待,有则改之,无则加勉;对于外界的信息与能量,要时刻注意拿来;对于外界的最新动向,应辩证地予以吸纳;对于外界与自身的矛盾,应以包容的心态处之;等等。在成长过程中,要形成累积意识,一方面要做好点滴的积累。另一方面也要有分类整理,由编到著的撰写与整理意识,做到主题、系统、累积式学习与思考,撰写与发表。在规划与行走中,既要眺望远方,更要脚踏实地,未来是当前的无数累积,当前是未来的铺垫与彩排。

综上,全面素养目标、全环成长机制、全位路径修行、全程成长发展、全人角色关照、全界生态视野是全景的主要内涵与结构,是全景式教师人生成长的完整生态体系。

本书以全环成长机制的五大结构为主线,以其他五大全景内涵为副线,以实践研究与文献研究为基本范式,通过对已有智慧他者与个人人生成长中的经验梳理与总结,概括与提炼,汇集成本著作。望抛砖引玉,为教师全景式成长提供参考。

李方红

2020年12月28日于重庆市江北区图书馆

目录

第一章

激活教育情怀

第一节　我想做老师吗

在填报大学学科志愿之前，在选择教师岗位之前，都应该问问自己，这一生或者目前我想做什么。人若能从事自己擅长、感兴趣且有价值的事，便更有可能把这件事做好，甚至做到极致，品享事业感、使命感与幸福感。若因为觉得教师职业是“铁饭碗”，有寒暑假，工作轻松稳定等非心向性原因（心向性原因包括热爱、喜欢、崇仰、敬畏等）而选择从事教育教学工作，可能既耽误自己的人生幸福，也影响学生的人生成长。想一想，我真的想做老师吗？

这样的问题实际上是对职业心向的一种追问，职业心向或者说专业心向是人生理想中最为重要的内容。理想是宏观层面的人生蓝图规划，职业心向是这份规划中关于工作部分的重要思考。

一、职业选择的三种范式

俗话说：“女怕嫁错郎，男怕入错行。”职业选择的范式，大抵上有三种：完美范式、平衡范式与随性范式。

(一)完美范式

完美范式是最理想、最完美的一种境况。如果能从事我们潜赋优势、爱好喜欢、自己擅长、富有价值、资源占有的职业无疑是最好的选择。人生的幸福在很大程度上就是找到喜欢的人与喜欢的事。这几者的完美融通在现实中较为少见。试想,如果我们喜欢唱歌,并且刚好有一副好嗓子,同时也有相关的资源,无疑做歌手是最好的选择。也许我们喜欢唱歌,却缺少机会,资源匮乏,甚至嗓子不行,那就把唱歌当作爱好吧。

(二)平衡范式

与完美范式不同,平衡范式强调的是一种综合权衡,是在思量后在几者中选择最优的一种职业的范式。在选择职业时,根据主客观条件维度,可以分为两种境况的权衡。一是自身条件,二是外在条件。自身条件方面,需要考虑自身的潜赋、专业、能力素养、特长、兴趣、理想目标等。外在条件方面,工作内容、工作所需素养、工作环境、工作氛围、工作文化、工资福利、发展前景、亲友关系、生活环境等都是不能绕开的。最后可以通过对内外条件进行综合比对,进而确定特定阶段的职业选择。

当然,在实际的职业选择中,因为社会工作竞争大,加之本身对未来规划还不够清晰,同时对自身的素养还不能很好地进行判定时,往往采取一种随性的选择。

(三)随性范式

所谓随性范式是指既不能达到完美范式的理想境地,也缺乏平衡的智慧时,很难去审视哪一种选择更好,此时可以就最看重的某一标准或条件作出职业选择。如当小学老师还是中学老师,若最看重的是时间资本、教学素养的提升,那无疑应该选择当小学老师。

综上,选择意味着部分放弃。人生不如意十有八九,有时候作出选择往往是遵从于最看重的某个条件,不管是完美的选择,平衡后的选择,还是随性的选择,一旦选择了,就要告诉自己,这就是最好的选择了。当然,选择是阶段性的,也是生成性的,往后若确实发现不适合,还可以去尝试其他职业。

二、正确看待教师的地位

以小学教师为例。选择做一名小学教师，就应该正确看待小学教师的地位，既不能盲目自卑，也不能自傲自负。要做到宁静致远，淡泊明志。这诚然需要一定的修为。但当我们认清工作的本质属性只不过是主体间的相互联系时，便会对每一项职业充满着敬畏。因为，谁也离不开谁。认清小学教师的优势与困境，有助于教师理性对待自己的职业，做到不卑不亢，豁达前行。

（一）职业优势

小学教师职业有一些很多人看不到的优势。

1. 能力培养：技艺要求高，锤炼价值大

小学教师的教育工作实际上对教师的素养要求是最为全面的，初中、高中、大学阶段教师更多的任务在于“传道、授业、解惑”。而小学教师还需要“动心、启智、养育”，需要关照学生的学习动机与需求，需要为孩子一生的发展打下良好的学力基础，还需要培育孩子良好的习惯等。总之，小学阶段的教育是孩子终身发展的根基。

2. 发展空间：时间资本多，提升空间大

选择职业，对于年轻人来说最需要考虑的是自我提升。要提升自己的综合素养，必须有足够的资本，包括时间资本。相对于初中、高中教师，小学教师有更多的业余时间来阅读、学习以及从事教学研究。

3. 工作性质：根基价值大，自我成就大

小学阶段是为学生一生发展奠定基础的阶段，是养育学生身心，培养其良好习惯，发展其积极情感体验、自我认知、社会认知的重要阶段。小学教育是人力的奠基工程，如果能让孩子从小就喜欢学习，爱上某个学科，喜欢阅读，喜欢自己，喜欢学校，富有大爱的情怀，教师的成就感不言而喻。当然，教育的成效有一定的滞后性与差异性，加之人的成长影响因素非常复杂,不能夸大教育的功效,如不能忽视我们的影响一样。

4.工作体制:体制制度活,改革个性强

相比于企业、政府机构,小学阶段工作体制较为灵活,制度也较为人性化。同时,小学阶段因为现实的升学压力较小,给施展素质教育提供了更大的舞台,也给教师提供了展现自己才华的机会。在小学,一方面外在的条件为课程改革、理论生长提供了天然的资源。另一方面,小学的教学技艺、教学质量提升的诉求也推动教育理论与实践改革的进行。

(二)职业困境

无可厚非,由于现世价值观、媒体舆论导向、小学教师自身专业话语权不足,很多小学教师压力也非常大。综合起来,小学教师当前存在如下一些困境。

1.专业话语权不足

当前,很多教育理论都是大学教授提出来的,加之自身对理论建构的疏远,小学教师普遍缺少学术话语权。在国家宏观教育政策的制定、课程体系的建构、系列教学改革的发起等方面,小学教师的参与度还不够高。学习型社会的构建、家长对教育的参与、社会监督的加强等,导致教师的教育话语权也正悄然发生转移。

2.部分老师心理压力较大

随着学校部分教育权力的让度,家长参与到学校的建设中,这为学校的发展带来了活力。与此同时,部分地方也出现了权力失衡的现象,甚至出现了家委会决定学生的位置编排,随意要求学校更换班主任与科任老师等情况,导致家校矛盾激化,当事教师心理压力较大。

另外,社会对教师的角色认知失之偏颇,认为教师应无所不能,无所不知,无所不晓,是一本活的“百科全书”。也有家长认为,教师应鞠躬尽瘁,死而后已,应全天候及时回复自己咨询的问题,否则就是失职,教师应是“24小时在线的客服”。还有家长觉得孩子身上发生的任何问题老师都应承担责任,比如孩子在学校不小心摔了,老师要负责,孩子成绩不如其他孩子好,老师也难辞其咎。殊不知每个孩子都是差异化的个性存在,教师不可能成为某一个孩子的保姆。这些角色认知的偏倚无形之中形成了对教师的道德绑架,让教师心理压力增大。教师首先也是一个人,这意味着教师的能力是有限的,时间是有限的,责任也是有限的。

最后,由于教师自身的职业属性特点,社会媒体舆论导向容易导致学校在出现各种家校矛盾时都倾向于"归责于教师",以便及时息事宁人。教师的法理话语权也有所缺失。

综上,当前社会对教师专业发展强调有余,但对教师完整人生成长的支持比较匮乏,对教师责任与义务规约有余,但对教师正当合法权益的关注不够,导致部分教师的心理压力比较大。

3.部分学校老师事务繁杂,身体亚健康情况普遍

小学教师不仅需要上好课,还需要采取多样化的教学形式激发孩子的学习兴趣,毕竟小学阶段的学生还不具备自主学习的能力。小学教师在上课之余,还需要处理学生的各种问题,开展育人相关工作。如果遇上学校其他杂事,一天下来也没多少空闲时间,有的小学教师甚至回家还在批改作业。小学教师的工作非常繁杂,无形之中会让刚入职的年轻教师力不从心,心力交瘁。如果自身对职业认知不清,自我定位低下,同事关系紧张,工作氛围不好,话语权得不到维护,其生活则会显得非常忙乱,处于一种压抑的状态。因此,很多老师身体都出现了亚健康问题。

(三)职业认知

职业认知要求对职业的优势与困境都要有清醒的认识,既要直面问题,也应看到亮光,看到长处。不忘初心,坚守理想,奋勇前行。

1.行行出状元:英雄不问出身

任何阶段的老师,都不要自我降低身份。小学教师也可做课题、做研究,为社会贡献价值,如小学名师李吉林、窦桂梅、华应龙老师等。英雄不问出身,每一行业做精了,都是专家。有一天你无可取代了,你的价值就体

现出来了。

2.此心归处即吾乡:忠实内心的选择

如果自己真心喜欢当小学老师,何必在意外界的看法。走自己的路,让别人去说吧。我们永远无法左右他人的眼光、外界的看法以及周边环境与条件,但我们拥有选择的自由。有选择追求卓越的自由,不也应该满足吗?

3.柳暗花明又一村:青山在,有柴烧

即使你经过实践,发现自己不是特别喜欢当一名小学教师,也没有关系。你要把当下的工作做好,并当作对自我素养的培养、能力的积累、价值的凝聚,待时机成熟,就可以选择去从事其他职业。青山在,自然有柴烧。人生要经历无数次的重新选择与起航,只要是忠于内心的选择,都值得尊重。

4.工作非生活:生活本该丰富

小学教师的主要工作是教书育人,但应该清晰地认识到,工作并非人生全部,切勿忘记了发展自己,忘记了家人,忘记了朋友,忘记了生活。

5.得失是必然:行动超越现实

当工作不如意,或遭遇失败时,一方面不要气馁,没有谁天生就是教育家。另一方面,也应该看到我们还拥有其他人没有的很多财富,比如家庭、健康的身体、窗外那一缕温暖的阳光。知足才能常乐。

工作是存在的方式,是获得幸福的路径,但并非幸福本身,切勿把工作看作生命的全部,一旦在工作中遇到问题,便痛苦不堪,不能自拔。

人生有得必有失,年轻教师可能没有年长教师那么精湛的教学技艺,但也拥有他们没有的青春与未知的可能性。你是喜欢一幅已经画好的画,还是一张白纸与彩笔?如果你拥有丰富的想象力,你肯定会喜欢后者。当然,年轻是资本,但年轻不是失败的理由,年轻教师应该超越自我,尽力而为,以求问心无愧,心安理得。

三、做一位有情怀、有素养、有价值、有幸福感的老师

在拥有良好的职业认同感与树立坚定的职业信念后，还需要厘清发展的路径，以使我们走在通往理想的旅途上，而非驻留原地。

（一）人生成长的目标

作为小学教师，要做到有情怀、有素养、有价值、有幸福感，必须提高自身的专业素养，站稳讲台，同时兼顾好自己的生活，让生活实现一种智慧的平衡。

综合起来，从人成长的理想境地与发展的主要路径分析，这些目标应该成为小学教师的普适追求，包括富有爱心、志向高远、身心健康、师德高尚、素养全面、教技精湛、成果丰硕。一个人的信仰与理想决定着人的发展方向，身心健康为发展提供生命基础，高尚的师德是教师的必备素质，具有较高的素养与精湛的技艺才能使我们从容开展各种教育活动，最后收获丰硕的成果。

（二）人生成长的路径

要达到以上目标，必须从教师的行为活动优化开始，从教师为人与为师素养的整体提升开始。人的成长本质就是人的行为优化，成长意味着对某一行为拥有更高的完成度。如同样是演讲，一场不知所云的演讲与一场充满智慧、行云流水、启迪心智的演讲就是成长与否的差别。成长与年纪无关，成长指向高层次的行为活动历程与外化输出。

基于成长的行为学释义，可以从教师的日常生活、工作的行为出发，对相应的行为进行优化。从为人与为师的两方面来看，教师成长的路径包括身心基础、生活立身、教学为本、学习促进、研究提升、事务塑能、交流共生、资源保障、文化衍生九大路径。当然对于路径的分析还可以从其他角度进行探查。如有的研究者根据人成长的内容载体、依托的对象，将教师成长路径分为“事、物、人、身、文、心”六大路径，即在事件中学习，向自然界万物学习，向智慧他人学习，向自身生命成长规律学习，向已有文化学习，多自省内查，总结反思等。

（三）人生成长的策略

成长需要厘清的是一条发展的道路，而在发展道路上，又该如何走好每一步，注意些什么呢？

1.坚定信仰，忠于内心

很多一线教师，特别是年轻教师成长较慢，很大程度上是因为他们对职业的认同感低，缺乏职业信仰，缺乏坚定的信念。既然选择做一名小学教师，就应该认真上好每一节课，做好每一件事，这是最基本的职业道德。同时，自己选择的路，为什么不好好走呢？记得“断臂钢琴王子”刘伟曾经说过一句话：“要么死，要么精彩地活着。”自己选择的路，跪着也要把它走完。

2.修炼素养，加强学研

很多教师认为，自己只要上好课，批改好作业就完事了。在工作中不思进取，不加强修炼，吃老本，导致职业倦怠感越来越严重。实际上，教育事业是最具创新性、艺术性的事业，因为教育对象具有复杂性与差异性。可以毫不夸张地说，天下没有一种教育模式适合任何人，这为教师的个人才华提供了展示的空间。同时教育的复杂性也要求教师必须不断研究教育中出现的问题，不断学习修炼，改善自己的教学方式方法，提升自己的理论素养，以应对不断变化的教育对象与外在环境。这个世界唯一不变的就是变。修炼自身素养，加强教学改革，提炼自己的教育理论，既是教育工作的诉求，也是自我价值实现的需求，更是享受教育艺术性的绝佳路径。当然，教育基本的规律与原则也并非随时在变，这里的修炼与创新指的是面对具体教育内容、特定教育对象时的策略与方法的调整。

3.锤炼教学，提升业绩

教师首要的职责与任务就是教好书，育好人，这是千年不变的。这也是教师的立身之本，正如唱歌是歌手的立身之本一样。只有反复锤炼自己的教学技艺，认真备好每一次课，上好每一次课，写好每一次教学反思，才有可能得到一份成果回馈。刚入职的年轻教师，在前两年更应该全身心投入教学技能的锤炼中，站稳讲台。

4.为人师表,谨言慎行

这是一个人人都拥有一支麦克风的时代,自媒体横空出世,人人都可以发布一场面向全世界的个人现场直播。但科技是一把双刃剑,很多人也倒在了自媒体的刀刃上。教师要守住整个群体的公信力,个人必须要做到谨言慎行,不要在自媒体上发布有损教师群体公信力的个人日常生活记录。不管是在QQ群,与家长的电话、短信沟通,还是在微博、微信、公众号、博客等自媒体上,都要注意谨言慎行。

5.经营生活,成家立业

工作不是人生的全部,工作之余,要尽情地去锻炼身体,享受阅读的幸福,拥抱周围的世界,走进社会、走进自然、走进家庭,去邂逅那应接不暇的美丽。

古人讲,成家才能立业,成家不仅意味着生命的传承与延续,更意味着一份责任。我们不单单是个体的存在,也是群体的存在,一方面需要承担一定的社会责任,另一方面周边的亲人也需要我们去照顾。温暖的家庭、闲适的生活都会成为工作的推动力,也是工作受挫时的避风港,让我们在面对失败与困难时,在短暂的悲伤与无奈后,又重拾勇气,一直往自己的目标走下去。

第二节　我的教育理想是什么

在坚定选择做一名人民教师的理想以后,接着便应叩问,我一生从教的目标是什么,我的教育理想是什么,我想要成为一个怎样的教师。当然,从长远来看,教育专家是我们一生奋斗的目标,这里所说的教育理想更多指近景(5—10年的理想与目标)。

职业愿景就是对所从事职业的一种未来展望,目标渴求,策略导引。教师职业愿景就是对从事教师这个职业希望达到的目标,怎样达成的一种内心行动指南的概述。在教师职业中,职业愿景集中表现为对教育理想的识知与表述。

一、教育理想的内涵

教育理想就是对自己所从事的教育工作希望达到的一个目标,或者自己的教育工作策略、教育工作的方法等的表述。如陈鹤琴先生的教育理想是“做人,做中国人,做现代中国人”。这是陈先生对教育工作目的的表述。陶行知先生的名言“捧着一颗心来,不带半根草去”成为激励年轻一代的励志格言,这是陶先生对自己教育工作、行为活动准则的概述。可见,教育理想不仅仅展露为教育工作所要达成的目标,也可以是教育行动准则、教育策略概述。

当然,也要注意将教育理想与人生理想、教育价值、教育目的、教育理念等区分开来。人生理想是对自己人生达成目标的概述。教育价值是对教育实然发生作用的阐释。教育目的往往在国家教育法、课程标准中有清晰的说明。教育理念虽然是个性化的一种教育理论概述,但它偏重教育做法上的概述,是包括教育观、教学模式、教学方法等内容的成体系的理论提炼。有可能还是对某一方面教育问题的探讨与解决策略,如多元智能理论是对智力模型的建构,“基于学科育人功能的课程综合化实施与评价”是对巴蜀小学课程教学改革理念的概括。可见,教育理想是个性化的教育行动格言,是对自己教育工作总体目标、行动准则、教育策略、励志格言、教育哲学的高度提炼,深度概括。

二、教育理想的形成过程

教育理想的提出往往需要经历系统的学习,对实践的反思,理想的初建,经验的质询,然后不断调整、提炼、概括、试用、完善的过程。当然,教育理想是动态发展的,它常常表现为指导特定阶段教育行动的格言警句。

(一)系统学习

他山之石,可以攻玉。教师,特别是刚入职的新教师,必须系统学习教育学、专业学科知识、学科教学法等知识。其中,教育学范围内,《外国教育史》《中国教育史》《教育学原理》《课程教学论》《教育管理学》《班级管理学》《学校管理学》《小学教育学》《教育心理学》等是必读的书籍。只有通过系统学习，才能对教育有一个系统的认识，既能形成纵向的历史思维，也能对教育横向的内部结构有清晰的认识。

（二）实践反思

新入职的教师也许在求学期间有比较明确的教育理想，但不用急着去概括。入职后的前两年应重点关注教学，在教学过程中，你可能对教育内部结构有新的认识，对自己的教育理想有新的体悟。实践出真知，实践是检验真理的唯一标准，实践也是真理建构的不二途径。同时，一定注意不能成为一位只知道埋头苦干的教书匠，还应该成为一位研究者。新教师在前两年，最好坚持写教学日志或随笔，记录每天的感思，同时在每周或者每月坚持对教学中的问题进行研究，撰写教育论文。

（三）理想初建

在沉淀一段时间后，便可尝试着去概述教育理想了。在理想初建时，先随性地提炼自己的教育行动格言，不用去顾及是否与他人类同，是否“高大上”，是否具有文采等。如在第一年，为了使自己坚持认真备课，上好每一节课，可拟定这样一句话作为自己的教育行动格言：“孩子的成长没有彩排，习惯的培养永无止境。”提醒自己要时刻注意教育工作的神圣性。再如，在第二年，将第一年的行动格言进行升级：“教育是良知，教育是爱心，教育是奉献。”提醒自己不要急功近利，要着眼于学生一生的发展。

（四）经验质询

在教育理想初建后，还要根据自身的教育经验反复去质询教育理想是否妥帖，是否能激励自己的行动，是否具有一定的启人价值等。在教育工作一线，你总会遇到一些新的问题，直面这些新问题，寻求解决的办法，找到解决的策略，会为你的教育理念体系注入新的血液。当然，学习交流也是非常重要的途径，对于建构自己的理论体系以及提炼教育理想均很重要。

（五）理想成型

在经过两三轮修正后，就应该将自己的教育理想定型，定型并非一成不变，而是在某一阶段使其成为自己的教育行动格言。如窦桂梅老师的教育理想是“为学生的生命成长奠基，为中华民族的文化复兴奠基”，这也是她自身教育行为的励志格言。

三、教育理想的表述

教育理想的形成并非一定要遵从上述过程，在灵感来临时，应该及时记下思考。同时，在教育理想的表述上，可以参考他者的表述。

（一）他者教育理想展示

首先走进中外著名教育家的心灵世界中，去一睹他们的风采。

使教育过程成为一种艺术的事业。——莫蒂斯·艾德勒

一个坏的教师奉送真理，一个好的教师则教人发现真理。——第斯多惠

只有能够激发学生去进行自我教育的教育，才是真正的教育。——苏霍姆林斯基

其次也可以从当代一些著名的教育工作者那里获取智慧。

没有爱就没有教育，没有兴趣就没有学习。——顾明远

创造出值得自己崇拜的学生。——陶行知

我不企盼每个学生都成为数学家，但若能通过我的教学，使学生们有一种在生活、工作、学习中应用数学去思考的观念和习惯，通过我教他们在课内外创设的“微科研”环境，使他们得以培养一种勤奋求实、创新进取的精神，他们自身和我们的国家将受益无穷。——张思明

当然，还有很多教育家和优秀教育工作者有自己的教育理想概述，这里不再一一列举。

（二）我的教育理想列举

2009年，我进入华南师范大学教育科学学院学习，受恩师黄甫全先生的影响，当时将教育理想定为“做一位光明磊落、正直刚毅、严谨睿智的教育专家”。

2012年，我进入广州市华南师范大学附属小学，正式成为一名人民教师。当时，为了提醒自己要认真备好每一课，上好每一节课，做好每一次育人工作，“孩子的成长没有彩排，习惯的培养永无止境”成了我最初的教育格言。

在经历一年的适应期后，我开始有了一个新的目标追求，就是力争做一位“自我感动、学生认同”的好老师。

而后，我对教育目的进行了新的梳理，提出了“培养自食其力、潜赋俱扬、幸福高尚、惠仁世界”的学生的奋斗追求。

2016年，我来到重庆市巴蜀小学任教，慢慢地又提出了“合乎人性、和而不同、和美生活”的教育理想。合乎人性讲教育教学要遵循育人本质规律；和而不同讲尊重学生差异性，开展个性化教学；和美生活是人生成长的终极目标，教育教学要为此打下坚实的人力根基。同时在数学教学上，我还进一步提出了数学教学理想——“真学力、真经历、真发展”。这也是符合和真数学教学理论的核心理念。

（三）自我教育理想建构

教育理想沉淀、修正后的成型表述，有一些表达范式可供参考。

1.结构上：总括式、分项式、散点式教育理想表述

在结构上，教育理想可以是用一句话概括自己的奋斗目标、终身为之努力的行动准则，也可以是对教育结构内部各个元素的工作目标的分述。一般来说，总括式的表述是大家常用的，分项式表述最好在总括式成型后进行。作为年轻教师，掌握总括式即可。散点式的教育理想表述相对更为随性一些，它没有固定的结构，也不一定是我们对教育工作行为总目标的概述，可以是对教育主体、教育内容、教育活动、教育策略、教育方法、教育评

价的总体做法的陈述,但要注意与教育理念及理论区分开来。

2.形式上:文字型、表格型、图画型教育理想表述

在表述形式上,文字型是大家常用的,但也可以借助表格来表达分项式教育理想。图画型则往往是对文字型的一种形象再现,这是一种类似漫画的表述方式。当然,图画型在表述分项式教育理想时往往可以派上用场,如思维导图、树形图、流程图等能让人一目了然,记忆深刻。

3.内容上:哲学、主体、目的、策略、评价、励志类表述

教育理想在一般意义上来说,依然是对教育工作总体目标、个人奋斗总目标的概述。但在内容上,也有人超越这样的架构,将富有哲学意蕴的格言、对教育主体素养的追求、对教育策略及教育方式方法的概括作为教育理想的内容。

总之,教育理想是对所从事的教育工作的行为最终走向与奋斗目标的描述,它呈现出高度的概括性,富有导向性与启发性。且教育理想是一个个性化的文化再现,是个人教育工作的宗旨,教育理想的形成是一个动态建构的过程。

第三节　怎样制订人生规划

目标是行为的先导,是行为的方向。目标在一定程度上确实对行为有驱动作用,职业规划便是对目标以及达成目标的路径的预设,对职业行为起着重要的驱动作用。从职业规划到人生规划,不仅拓展了规划的内容,更是一种为人为师,工作生活相互促进与协同统一的生态学意识的形成。相比单一的教学规划,人生规划从人生成长的全景出发,既观照全面素养的养成,也强调各种角色的平衡,还注意多元路径的修炼,成长全程的思考。

做正确的事比正确做事更重要。选择就是一种内心规划,规划的源头在于你自己的价值观与人生观。你觉得什么样的人生才是你想要的,什么

样的生活才是你向往的?

企业家首先是对物质财富的追求,对名利的渴望,对社会价值的向往,才促使着他们去创业,并一路坚持到最后。科学家也许需要暂且放下名利,用十年甚至更长的时间去做一项研究。

人生的成败起于选择,选择意味着可能失败,但只要是发自内心的选择,便问心无愧。同时,既然选择了,就应该告诉自己,这就是最好的选择,因为选择没有如果,不能复制另一个自己同时去过另一种选择的生活,然后进行比对。我们不要做他人的俘虏,要做自己的主人。所以,问问自己:"我想要怎样的生活?怎样才能达到这样的生活?在追求理想的过程中,我将如何面对挫折与失败?"当然,理想与规划都是动态的,心跳不止,生命不息。

一、人生规划的本质

究竟什么是人生规划,为什么要进行人生规划,又该怎样进行人生规划呢?作为老师,在人生规划上又有哪些需要注意的地方呢?

(一)人生规划是理想目标的一种外化形式

人生规划就是对人生进行蓝图设计,进行目标与路径的总体设计,本质上规划是对理想、目标的一种外化形式,以表格、文字、图片等形式呈现出来。人生规划是一个动态性的建构过程。

简单地说,人生规划就是对我们想要达到怎样的人生发展目标的一种目标、路线与方法设计,是静态与动态的结合,也是显性与隐性的交织,不要片面地将其理解为文本载体上的蓝图设计。实际上,我们在潜意识深处,也在不自觉地勾勒着对人生的各种设想。

(二)理想是对现实的超越

既然人生规划是理想与目标的外化形式,我们便要追问,何为理想?关于理想,每个人有不同的理解,甚至对人生是否有理想,是否一定要有理想也存在不同的争议。

理想实际上就是我们心灵深处对所要达到的目的的一种预设与刻画，理想是我们想去达到的一种生活境地、生活目标，但它需要我们付出一定的努力，甚至付出一定的代价才能实现。这样的目标是不完全可控的，这样的目标是一种基于自我分析之上的预设，这样的目标是一种心灵深处宏观层面的蓝图刻画。所以，理想就是对现实的超越，基于现实，但又超越现实。

1.超越人性的弱点

理想意味着需要经历一定的过程，需要付出一定的努力才能实现。如果一个理想是非常容易实现的，往往不称其为理想，只能算是一个目标。所以，实现理想需要超越人性的弱点。"人之初，性本善"，这指的是一种善端，也就是具有善的基础与前提，但能否至善，则是一个克服人性弱点的过程，所以才说"止于至善"。人的本性是好还是不好，我们姑且不做判定，但我们稍加留意，便会发现生活中充满了诱惑，使我们倾向于贪婪、懒惰、享受。如果不超越人的天然贪性、惰性、自私性，便会急功近利，得过且过。很多人不成功就在于不能自制，自由是必然性的超越，自由的前提是不自由的，没有播种哪会有收获呢？所以，理想超越现实，或者理想要实现，首先要超越人性的弱点，战胜自己。

2.超越现实的阻隔

理想是一个宏观、远景、舒适的目标，但现实中往往会有很多阻隔阻碍着我们前行。如你想成为特级教师，而成为特级教师对教龄、教学业绩、教学理论、教学影响力等都有非常高的要求，这些要求的达成需要你比一般教师付出更多的时间、精力、努力。你是否做好了牺牲自己娱乐休闲时间的准备？你是否有一个每天工作十几个小时的生活作息表？在面对有家教可做，有兼职可以赚钱的时候，你是否能抵御这些诱惑？《西游记》其实就是一部追逐理想的励志片，不经历八十一难，哪能取得真经呢？且在路途中，你还得不断变化方向，不断求助他人，不断学习，不断前进。所以，超越现实才可能实现理想，一方面指需要经历一定的过程，另一方面也指需要克服现实中的一些阻碍。我的恩师黄甫全先生每次在欢迎新生的迎新晚会上都会唱“排除万难，去争取胜利，争取胜利……”。我也想起黄甫全先生在《学习化课程论稿》的首页这样写道：“我努力着，去抵达我父母给予我的大脑所能达到的极限。”

3.超越自我的历史

实现理想还需要我们超越自己的过去，一个人如果总是对过去太过迷恋，不能做到“沉浮不乱，荣辱不惊”，是难以成功的。古人云：“君子之行，静以修身，俭以养德，非淡泊无以明志，非宁静无以致远。”其实要做到这一点，也需要很强的意志，需要良好的心理调节能力。过去是无法改变的，人钟情于无法改变的事本身就是缺乏智慧的。在成长的路途中，我们不能完全左右周边的世界，如他人的评价、资源的限制等，我们能做的十分有限。所以才说顺其自然。忘掉过去，忘掉他人，把羡慕、嫉妒、恨以及过去的荣誉放到一边，专心于当下，专注于自己能力的提升。有一天，你将无可取代，你的价值便在增值，社会自然会回馈你，财富是价值回馈的一种形式。有一天你实现了自己的价值，你便超越了你的历史，超越了他人。所以，专注自我，倾尽全力，超越自我，是追逐理想之路上必须牢记的格言。

（三）规划是一种自我驱动

综上可见，人生规划是理想与目标的外化，而理想是对现实的超越，这种超越实际上是基于自身文化觉醒的一种自我驱动与投入。理想一方面意味着人生蓝图设计，另一方面意味着一种实际投入，理想不是放在心中置之不理的一句话，而是落实在实际生活中的一种行动。所以，规划是一种蓝图设计，也是一种实体投入与实践。

要超越人性，超越现实，超越自我，就需要对每天的行为进行监控与引导。行为包括物质行为、精神行为与社会行为三种。对于物质行为，法律与制度是较好的监督引导举措；对于精神行为，文化活动则是很好的监控引导方式；对于社会行为，则需要伦理与道德加以引导。因此，规划实际上就是三种行为的整合。具体来说，规划是三种监控引导措施的整合，展露为自我驱动之上的战略管理、目标管理与自我管理。[①]战略与目标是属于

① 李方红．“三文治”校本化学校教育管理模式刍论[J]．教育观察，2019（17）：8-10．

文化、活动、法制管理的范畴。自我管理则是一种活动与道德管理。

1.规划是一种战略管理

所谓战略管理就是组织确定其使命和发展方针，根据内外部环境设定组织的长远发展目标，决定目标实现的基本途径、资源配置，以及在实施过程中进行控制的一个动态管理过程。[①]在个人管理实践中，也就是个人对自己人生所进行的目标设计，并决定目标实现的途径、资源配置，在实施中进行监控、引导的一个动态管理过程。规划不管是表现为文本载体的静态蓝图，还是表现为动态建构的目标生成过程，其实都是一种战略管理。

2.规划是一种目标管理

规划是一种自我驱动，而目标管理就是指利用外在与内心的目标，驱动我们现实的发展需求，激发出我们从事某项行为的动机，进而投入行为实践中去。规划本身就是对目标的刻画，自然发挥着目标管理的功效。

3.规划是一种自我管理

个人的人生发展规划不同于单位与学校的发展规划，是个性化的蓝图设计。规划的内核结构就是一种自我发起、自我导引与自我监控、自我评价与自我修正的过程结构，也就是说，规划内在地包括自我管理的内涵。

二、人生规划的价值

人生规划对我们个人发展、人生成长、生命优化究竟有怎样的价值呢？

（一）目标驱动

有了人生规划，我们在心灵深处就种下了一棵需要生长的树苗，它时刻提醒着我们去施肥、呵护，我们期盼着它有一天成为参天大树，开花结果。实际上，人生就如一条航行在大海里的船，有的船随波逐流，有的船航向明确，而规划就好比船舵，掌控着我们前进的方向。

详尽的人生规划结合每天的作息时间表，会随时提醒我们不忘初心，去

① 张东娇，程凤春.学校管理学[M].北京：北京师范大学出版社，2014：49.

接近想要达到的彼岸。比如,你今年所定的规划是运动上加强锻炼,教研上发表10篇论文,教学上班级平均分达到96分,生活上每月存款3000元等。这会驱使着你做出合适的可落实这些规划的行为。你就会每天坚持锻炼,教研上至少每月写并投寄一篇论文,教学上进行改革,生活上做到勤俭节约。

(二)行为导引

人生规划不光要规定自己人生要达到的目标,近期要完成的任务,同时还必须对目标进行分解,将其具体化,并对现实的境况、资源进行分析、配置,并设计出达到这些目标的路径、方法、策略、原则等。具体来说,人生规划既有长远的理想,也有近期的目标,还有达到这些目标该怎样做的计划。而该怎样做的程序性知识、实践性知识则成了我们行为的航向标,对我们的行为进行导引。如在我们的人生规划中,今年的目标是写一本专著,在规划里也必须设计出专著的题目、框架、内容结构、编排方式以及每一章完成的时间表等。

(三)监控反馈

详尽的人生规划还有监控反馈的作用,它会对我们的行为、活动进行提醒、监控,也调整我们的行为。同时,还会根据我们行为的进展、资源环境条件的改变、个人目标的变动等修改我们的蓝图,也就是说,在规划与现实行动之间,需要定期进行比对、反馈、互动,从而进行蓝图修改。

(四)评价提升

如何有效地对我们的行为活动进行自我评价,其中有一条非常好的路径就是参看我们的蓝图,通过预期的规划对现实的发展进行评价与反馈。同时根据现实的发展来修改未来的规划与蓝图,形成未来与现实的互动沟通,以期对自己的行为活动、发展路径进行审视,进而动态地进行调整,促进蓝图与现实进程的双向优化。

三、如何进行人生规划："四结合一表格"的规划策略

规划人生需要在心底反复追问自己对未来的设想，对理想的刻画，对目标的规约。人生规划是一种个性化的未来设计工程，每个人在何时，以何种方式形成自己的人生规划，甚至对人生规划的界定都可能大不相同。但，人生规划需要长时间的自我追问，特定契机的刺激，自我实践经验的反思，定期的总结，进而提炼出人生的发展蓝图，这是规划的共通性。且人生规划的内容大抵上也是相近的，人生规划就是一种自我文化觉醒，必然需要我们回答我是谁，我将要去何处，我将如何达到那里这三大问题。

当然，对这三个问题的回答是伴随着我们一生的动态哲学体系，虽不能完全对未来进行精确设计，但也需要在某个阶段对未来进行规划，不能因为未来的不确定性而放弃规划，同样也不能因为规划而忽视未来的发展性，制约人生发展。所谓人生规划就是一次心灵穿梭于现实与未来间的旅行，我们用笔，或在心里描述一下这个旅程，以让我们要走的路更清晰罢了。

对于人生规划的呈现方式，人各有异。规划可以以文本的形式呈现，也可以以表格的形式、图画的形式呈现，甚至以一句格言的形式刻画在心里也是可以的。建议定期将自己的人生规划以文本的方式描述出来，以便走好下一趟旅程，去邂逅更美的风景。"四结合一表格"策略指规划做到四个结合，最后以一张"周作息表"的表格形式对规划予以整合呈现，具体内容如下。

（一）策略上：长期规划与短期目标相结合

在人生规划上，很多人可能只是大概地描述出自己的理想，如想当全国名师。但未将目标细化到每一年，再从每一年细化到每一学期、每一周，甚至每一天。这样的规划实际上是较为宏观与抽象的，指导行为实践的效果不是很好。所以，规划最好既有长期的规划，也有短期的目标。具体来说，应该有十年发展规划、学年发展规划、学期发展规划、每周的活动规划、每日的作息表。

（二）内容上：人生规划与教学计划相结合

作为一线教师，很多人习惯于以自己的教学计划来代替人生规划，这无形之中将教学与我们的生活、学习、情感等割裂开来。教师是为人与为师的统一，为师的基础是为人。教师首先是作为人的存在，然后才是作为教师的存在。[①]人的生命活动不局限于工作，还应该包括生活、家庭、情感等。所以，如教师的专业发展忽视了教师作为完整生命主体存在一样，教师以教学计划来代替人生规划也犯了同样的错误。

（三）形式上：目标内容与路径方法相结合

在形式上，人生规划应该将路径与方法也纳入蓝图的设计之中，就如同我们去旅行一样，仅有目的地是不够的，还需要预设好我们的伴侣与行程。一个详尽且可操作的人生规划，应该是将目标与对应达成此目标的行动、方式方法、策略一同设计进去。同时还需要将自己的境况分析呈现出来，包括自己当前的优缺点，在行程中可能会遇到的问题。

（四）操作上：规划蓝图与记录总结相结合

要充分发挥人生规划的四大价值（目标驱动、行为导引、监控反馈、评价提升），还必须记录下自己的活动进程。这样才能将现实与未来进行比对，起到监控反馈、评价提升的作用。最好的方法是设计一个行程表，将自己的活动、活动的效果进行实时记录，每月或每周进行一次总结，进而调整我们的行动实践与未来规划。

可将自己人生规划里的“远景理想、近期目标、发展策略、路径方法”整合在一起，形成表格，并将表格命名为“人生成长历程记思一览表”，包括人生发展的十年规划、年度教育十件大事、年度学工活动计划、周作息表等内容。也可将这些具体的内容高度概括，整合放入周作息时间表中，予以设计与制订。

---

① 吕以新，李方红. 由教师专业发展走向教师生命成长：兼谈“四三八”教师生命成长模式[J]. 当代教师教育，2013(3)：78-83.

总之，人生规划是蓝图设计，要做到高远、具体、定期修改。如果可以，将自己的人生规划告诉亲友，这也会促使你去实现自己的人生规划。人生的意义起于选择，终于觉悟。

第二章

建设环境资源

第一节　成为一个教育朝圣者

在一次教师年终考核述职上，一位年满四十岁的中年老师泪眼婆娑地说道："四十岁了，自己不是高级教师，不是特级教师……我曾经也有梦想，但后来自己慢慢地淡忘了这个理想。实际上不应该说是淡忘，而是不敢奢望了。自己被'现实'磨得光滑透彻，连一滴水都不能停留在身上。我多想再回到二十岁，如果可以，我定无视'现实'，保持棱角，容纳万物。即使我不能实现理想，但至少我努力过，亦无悔，人生不就是求无悔无愧吗？"

伴随着中国的崛起，人们的物质生活日益丰富，然而精神世界如果不跟上，就会出现"信仰危机"。对一些人来说，物质生活水平的提高并未带来精神上的愉悦，财富积累越多，精神反倒越迷茫，生活失去方向，过得浑浑噩噩；一些人见财起意，不惜铤而走险；人与人之间的关系变得冷漠，人与人之间缺少了信任。在教育领域，许多教师仅仅把教师职业当作谋生的饭碗，而不是当成为之奋斗的事业；有的教师还失去了作为教师最起码的道德良知和人性，肆无忌惮地追求教育的名利而置学生的身心健康成长于不顾。究其原因，是这些教师丧失了教育信仰，丧失了对学生和教育事业爱的情感，丧失了执着的信念和崇高的理想。化解教师教育信仰危机，重塑教师正确的教育信仰势在必行。[①]

① 郭念龙.当代中学教师职业信仰问题研究[D].长春：东北师范大学，2011.

相关研究资料显示，师范生教育信仰同样存在很大问题，只有12%的师范生愿意承诺终生执教。师范生中存在大量逃避身份的压抑性“师范情结”和“非职业化倾向”的师德取向。师范生教师职业信仰的现状不容乐观。①

因此，一场旨在提升教师教育信仰的行动刻不容缓。近十年来，国内研究者对教师教育信仰问题愈加关注，对其定义、构成、特征、意义及养成等问题进行了大量的探讨。关于其定义的研究，主要侧重于从教育功能、学科教学、教育目标及教育价值角度研究；关于其构成的研究，主要侧重于从整体和局部两部分进行研究；关于其特征的研究，主要侧重于用简洁明了的词语概括；关于其意义的研究，主要从“单意义”和“多意义”角度研究；关于其养成的研究，主要从单一主体和多重主体进行研究。已有研究对重建教师教育信仰有着重要的作用，但也存在不少问题，今后应该加强对教师教育信仰的实证性研究、基础性研究和分析性研究。②

一、教育信仰的概念

在讨论教育信仰的概念前，有必要对相关的一些概念进行探讨。

（一）信仰

《辞海》对信仰的解释是对某种宗教或主义极度信服和尊重，并以之为行动的准则。信仰有盲目的信仰和科学的信仰之分。盲目的信仰是迷信。科学的信仰来自人们对自然界和人类社会发展规律的正确认识。

信仰是对某种主张、主义、宗教或对某人信奉和尊敬，并把它奉为自己的行为准则；信仰带有情感体验色彩，特别体现在宗教信仰上，极致的信仰甚至会使人丧失理智。

信仰作为人类世界特有的精神现象，是伴随着人类的产生而产生的。信仰是一个人的基本人生态度，是对一定的价值观、世界观和人生观的信奉和遵循，并映射到对未来的理解和寄托，以此作为自己的行为准则和行

---

① 伊文婷.师范生教师职业信仰的现状、原因与对策[J].福建教育学院学报，2005(4)：46-49.

② 陈婷婷，吴义昌.国内教师教育信仰研究综述[J].徐州师范大学学报(教育科学版)，2012，3(2)：17-19.

动目标。[①]

可见，信仰就是对某种学说、理论、未来、宗教、个人的一种确信、信服、信奉、仰望和尊敬，并将其衍生到个人的行为活动中，指导与监控自己的行为活动。

（二）人生信仰

人生信仰以人生观为基础并通过人生观体现出来，人生观的核心是人生价值观。道德信仰是对道德价值目标的认定，而其认定过程就是对人生价值的体悟和思考过程。人生信仰的确立、人生观的形成、人生价值的体悟和道德信仰的产生是一个有机的统一过程，人生信仰与道德信仰具有内在的统一性。[②]

从社会角度分析，人生信仰是通过民族、社群及社会所表现出来的最终价值理想和人生追求，其社会意识形态特征极其显著。然而从个体角度来看，人生信仰则是作为一种成熟的个体意识表现在生活实践当中，且通过主导价值观的导向来合理分配个体的社会行为，它对于个体的影响是决定性的。在对人生理想及价值进行确认的同时，人生信仰对于个人生活也有着不可替代的重要意义，无论是从基础经验还是后天感悟来看，都值得我们深刻反思。[③]人生信仰可以帮助个体珍惜身体、诗化生活和升华生命。

可见，人生信仰就是对个人人生观、价值观的一种确信、信奉与尊敬，并将这样的人生观与价值观作为自己的行为准则和行动目标。其表现为对人生目标、人生道路、人生过程的一种坚定信念和信奉状态。

所以，广义的人生信仰，对于每个人，都是一种文化觉醒，它让人有一种使命感、一种清晰的自我存在感，不人云亦云，不迷失混沌。方向明确，道路则明确。其就是对我是谁、我将去何处、我将如何达到等问题的深思与确信，对自我选择的一种坚定与投入。这有两种情况，一是对别人人生观与价值观的内部认同后的一种信服与投入，二是对个人提炼的人生观与价值观的信服、尊敬与投入，并坚定地投身到追求自己人生价值的过程中去。

---

① 郭念龙.当代中学教师职业信仰问题研究[D].长春：东北师范大学，2011.

② 魏长领.人生信仰与道德信仰[J].吉首大学学报（社会科学版），2009(5)：7-11.

③ 刘红红.论人生信仰在个人生活中的重要意义[J].赤峰学院学报（汉文哲学社会科学版），2015(1)：83-84.

目标与梦想会不断改变，但一种对自己人生选择的确信与投入，一种对自我存在的自信与勇敢，一种对未来的向往与坚定是不应该变的。简单地说，就是相信自己，欣赏自己，鞭策自己，控制自己。

（三）教育信仰

对于教育信仰的概念，学界有不同的界定。

北京师范大学石中英教授指出，教育信仰是人们对教育活动在个体和社会发展过程中的价值及其实现方式的极度信服和尊重，并以之为教育行为的根本准则。对于教育生活而言，教育信仰是一种前提性条件，是一种超越性、凝聚性和教育性的力量。①

有研究者认为，教育信仰是对教育应然理想和价值的信服和尊崇，建构教师的教育信仰在本质上就是回归对教育的本真理解。回归教育本体的教育，关注人精神世界的可能性和超越性，这是本真的教育的意义主旨。②

教育信仰是指在对教育进行理性认识的基础上所形成的观念体系，其凝结着以教育为手段促进人的发展的精神追求与价值性关怀，并影响着教师的专业发展和职业发展以及教师具体的教育实践。③教育信仰作为信仰的一个子系统，是教师在教育教学实践中形成的对于教育本真价值的追求，是教师成长与发展的持久动力和精神支柱。④

教师教育信仰是教师在整个教育活动过程中对教育形成的一种挚爱、相信和依赖的信仰。教育信仰是一个教师内心所信仰的东西，是教师在教育过程中的永恒的、持久的、激励性的力量，是教师在教学中找到自我价值、提升自我水平的依靠。教育信仰决定了教师的言行举止和道德水平，在教师的职业发展与学生的学习生涯过程中发挥了重要作用。⑤

教师教育信仰具有主导性、坚定性、独立性、实践性和超越性等特征。教师教育信仰的内涵集中表现在以下三个方面：对生命的敬仰和尊重，对

---

① 石中英.教育信仰与教育生活[J].清华大学教育研究，2000(2)：28-35.

② 李军.从休谟的信仰概念看教师的教育信仰[J].河北大学成人教育学院学报，2010(3)：90-92.

③ 张晓娟.教师的教育信仰及其养成[J].现代教育管理，2013(2)：96-99.

④ 郭念龙.当代中学教师职业信仰问题研究[D].长春：东北师范大学，2011.

⑤ 刘旭，李玉洁，李兰冬.教师教育信仰及其特征[J].教育文化论坛，2014(3)：137.

爱的理解和感悟，对智慧的崇敬和追求。①

可见，研究者们都认为，教育信仰是教师专业发展的重要推动力，是教师对教育价值与实现方式、教育应然理想、教育的价值关怀与精神追求，对教育系统的挚爱与信任等的一种信服与尊崇，并以此作为自己教育行为的准则与行动目标。简单地说，就是教师热爱教育事业，对教育的价值充满正向期待，并严格按照教育的本质规律从教，坚定地追求自己教育理想的一种心理状态与倾向。其表露为对事业的爱，对学生的爱，对事业的高度理解，对教育的智慧行动与感悟。

综上，信仰是上位概念，人生信仰属于信仰中的一部分，教育信仰又属于人生信仰中关切教育的部分。教育信仰会受到人生信仰的驱动与影响，教育信仰又会对人生信仰起着重要的补充与完善作用。

二、教育信仰的内容

信仰就是对某事、某人的一种信服与尊仰，并以此作为自己行为的准则与行动的目标。这个信服与尊仰的本质就是系列知、情、意、行的过程。所以，教育信仰的本质，就是教育工作者对教育的一种知、情、意与行的确信与投入，始于认知，通过情感予以维系，终于一种教育投入与对教育事业的坚定追求。

（一）教育认知

教育信仰的主要对象就是对教育内部各结构的一种认知与确信，包括对基本的教育价值的信念，对教育理论的信服，对自我教育行动的一种认识，对自己教育事业发展的体知，等等。

1. 教育信念

作为教师，如果对教育的价值没有一种确信感，是很难喜欢上教育工作的。如果你认为学校教育对人的成长没有多大价值，你就不太可能会自觉投入学校教育的工作中去。一个人愿意做某件事的前提是对这件事的认

① 武玉婷.论教师教育信仰[D].太原：山西大学，2009.

识。教育也一样。除对教育价值的确信外,教育信念还包括教师对自己教育行为的效能与价值的确信,相信自己可以成为一名好教师,相信教育的价值与功效,并将这种相信内化为一种确信与坚定、信奉与尊崇。

2.理论信服

除了对教育自身价值的确信外,教师还应该相信知识。知识本质上就是一种信仰,只有当主体相信知识的真理性与价值性时,才愿意去接触它,知识才能内化为个体的文化素质。教育信仰当中自然也包括对教育本质规律的一种确信与自觉运用,这些规律是指导教育行动的指南,这些规律表现为各种教育理论。注意,这里的教育理论是指经过教育实践证明是符合教育规律,揭示教育本质规律的相关理论。

3.自我觉醒

除了对教育的价值确信与本质规律的把握外,教师的教育信仰还表现为对个人教育生涯发展的一种觉醒与确信。也就是认识自己,认识自己是谁,将去何处,如何达到。对自己的认识是人一生都在做的事。对自己的认识在教育上表现为对自己特长的认识,对自己教育行为的价值的确信,对自己未来教育生涯的理解与寄托,并将这些认识内化为一种行动准则与力量。如我坚信自己在十年以后可以成为特级教师就是一种朴实的信仰。

4.道路确信

自我觉醒与教育信念本质上必须包含道路确信,即教育工作者对教育方式的认识与确认、信服与尊崇,是教育工作者对自己教育生涯发展与阶段性教育行动历程的路径的认识与确信、信服与尊崇。比如:我们坚信开展自主、合作、探究式的教学对学生成长发展有好处,杜威的教学五阶段模式对探究性课程的学习非常适用;我们坚信通过自身努力,不断学习,积极钻研,认真教学,在十年后定可以达成成为特级教师的目标。这些都是教育信仰中的道路确信。

（二）教育情感

信仰中的信服与尊崇的调节与发起，源于一种本真的情感关切。情感在心理学上的解释就是对某事的一种心理倾向。教育情感是教师对教育的心理倾向，它一方面影响着教育信仰的形成，另外一方面也是教育信仰的内部结构，是教育信仰中对教育价值与方式信服的心理因素。我们说某位老师具有较坚定的教育信仰，往往也说明这位老师对教育事业极富热情，并投入了大量的精力，他是真爱教育，所以才有了一种深深的确信与信服。

1. 爱的情感

爱的情感不难理解，就是喜欢教育、喜欢学生、喜欢从事教育事业、喜欢教书育人、喜欢上课、喜欢研究、喜欢学校。拥有爱的情感的教师也许不表露任何心理情绪，也不把爱常挂嘴上，但他们会真真切切地去关爱每一位学生的成长，对学生一视同仁。他们忘情地投入教育工作中，不为名利，只为一种本质的爱，他们不觉任何乏累。他们在教育工作中也会遇到各种挫折与困难，但他们不畏任何问题，他们一生都与教育同行，他们的生活、生命与教育融为一体，他们自身就是教育。

2. 价值追求

价值追求指教师希望通过教育完成更大的抱负与追求，如通过教育改善民生，提高国民素养，促进经济社会发展，促进世界大同。具有价值追求的教师的内心深处绝不仅仅关注简单地上一节课，让学生学到知识，他们还关注学生是否养成了良好的行为习惯，养成了乐于探究的兴趣，掌握了探究学习的方法，具有了大爱的情怀、民胞物与的责任感、积极的生活态度与人生观、崇高的价值观。总之，他们对教育的价值追求已超出了简单的直接价值。

3. 理想使命

人其实都是带着使命来的，《理想国》里的“金银铜铁”的分级实际上讲的就是一种和谐，和谐从行为的角度讲就是各司其职，各尽其才，各得其所，各美其美，美美与共。“穷则独善其身，达则兼济天下。”在自己活好的同时能尽量带给他人和社会一些价值与快乐，是一种朴实的信仰。

具有教育信仰的教师，在内心深处都有自己的理想与使命。他们坚信，通过努力可以实现自己的理想，也乐于承担自己的责任与工作、自己的使命与任务，不辞辛劳，因为远方有一盏灯在导引着他们冲破困难，走向光明。

（三）教育意志

将教育与自身教育行为的认知转为教育行动还需要一定的意志力作保障，教育信仰本质上就是一种意志力的体现，表露为对教育事业坚定不移地确信与投入，行动与奉献。

1.精神力量

教育信仰的生发机制是从思想、信仰到力量的系列演变过程，并最终体现为一种精神状态与行为力量。

思想是人类区别于其他动物的可贵标志。所有的人类活动，均有思想的参与。思想的发生基于个体自身对周遭世界的体认，并以个体的归宿为根本指向。思想的结果是出现期望与现实之间的差距，这种差距则会引起精神上的痛苦，尽管对此的反应程度会因人而异，但是可以肯定这种感觉并不轻松。若想要消除这些痛苦，必须采取行动。事实证明，坚定持续的行动需要巨大的精神支持，这就是信仰。

在思想引发痛苦之后，人们常常会寻找可以给予合理解释或者指明未来出路的精神力量，以缓解痛苦，为人生提供明确的方向。这种精神力量就是信仰。不同的人在信仰的选择上也会有所不同：有的人选择信仰宗教，有的人选择信仰科学，有的人选择信仰理性……不管信仰的内容有多么不同，信仰者对信仰的态度是相同的，即将信仰内容视为统整人生各个方面的最高原则，所有的活动都以这个原则为指向。

所有的人都有自己的思想和期望，但是梦想成真的人却是少数，关键的区别就在于有没有坚定的信仰。因为人一旦拥有了信仰，就拥有了巨大的精神力量，这种力量就体现为永不放弃的行动。

拥有信仰的人会十分明确自己的人生方向和价值追求，信仰也使得他们在面临任何挫折和困境时，都百折不挠，不言放弃。

2. 道德良知

当然，作为教师，还需要坚守一定的职业道德、专业道德。道德本质上是对行为的一种向导与规范。作为教师，遵守基本的师德规范，并以师德规范为行为的基本准则，这既是教师教育工作的必然要求，也是教育信仰的重要组成部分。

（四）教育行动

信仰最终的体现形式就是坚定行为活动，行动力量。

1. 职业投入

教育信仰通过对教育价值的确信、教育理论的信服，最终在职业活动中去确认与进一步体知，反复体察与修正，并在职业活动中得到加强。具有教育信仰的教师往往会自觉投入教育工作中，不会因为外界的障碍而放弃，不会因为他者的阻拦而屈服，表现为自主投入、自主享受的高境界工作模式。

2. 坚定坚持

坚定坚持是对所做事情自始至终的一种投入。目标与梦想会不断改变，但一种对自己人生选择的确信与投入，一种对自我存在的自信与勇敢，一种对未来的向往与坚定是不应该变的。简单地说，就是相信自己，欣赏自己，鞭策自己，控制自己。

3. 得失平衡

在教育实践工作中，定有得有失，有成功，也定有失败。有些奋斗目标达成，有些目标则未能完全实现。这个时候，信仰就展露为一种正确看待得失的良好心态，直面挫折及一直向前的勇气与力量。

三、教育信仰的培养

信仰在生涯规划上对人的影响主要有以下九点：人生目标的确立，奋斗历程的把握，情操的陶冶，遇挫勇气的养成，道德魅力的塑造，身心关系的调整，人我关系的处理，乐观情趣的培养，紧张情绪的疏解。

教师教育信仰具有重要价值。首先，教师教育信仰有助于使教育回归到本真的状态中来；其次，教师教育信仰对于促进教师个体专业发展和教师个体的生命发展具有重要的意义和价值；最后，具有科学教育信仰的教师通过其言传身教影响和感染着自己的学生，促进学生生命的成长和发展。

可以说，信仰确立了个体的人生意义和价值标准，也成为个体毅然前行的巨大动力。反之，信仰的缺失将使人生变得迷惘彷徨，了无生趣。

教师教育信仰的形成是内外因素共同作用的结果。首先，教育认识、教育情感和教育意志是教师教育信仰形成的内因，起决定性的作用。其次，社会环境、教育制度、学校文化等外在因素也会对教师教育信仰的形成产生作用和影响。[①]

（一）社会：提升教师地位，关注教师生存，促进职业认同

社会层面上，应该重塑尊师重教的文化传统与氛围，切实提升教师的经济待遇与社会地位，关注教师的生存状况，从而促进教师的职业认同。这是教师教育信仰形成的外在客观条件。

1.合理利用民族、社群及社会的价值理想激发教师的理想使命

作为教师，要充分认识教育在社会发展进程中的重要作用，牢固树立终身从教，为人民的教育事业贡献毕生精力的坚定信念。邓小平同志反复强调：“实现社会主义现代化，科技是关键，教育是基础。”也就是说，实现四个现代化，关键是科学技术现代化，科学技术现代化的关键在于人才，而人才的培养要靠教育。所以，发展教育事业是民族振兴、国家强盛之基础所在，而教育事业的发展要依靠在各级各类学校的广大教育工作者充分发挥自

① 武玉婷.论教师教育信仰[D].太原：山西大学，2009.

己的聪明才智。教师的价值远非培养一个优秀的学生，教师是提升国家国力的关键杠杆。教师应该有爱国爱民的情怀，应该有立志为中国教育事业奋斗终生的斗志与理想。哪怕是小学教师、幼儿园教师，也应该知道，教育无小事，育人须同力。

2.以中国特色社会主义教育体系作为愿景，促进教育信念的形成

中国特色社会主义教育体系的显著特点就是教育的基础性、普及性、义务性与公益性。中国教育固有的优秀教育思想闻名于世，孔子的因材施教甚至是被国际公认的教育原则。这些优秀的教育传统思想以及中国各代教育家孜孜不倦的奋斗精神都应该成为我们相信中国教育大有可为的基础，为我们构建中国特色社会主义教育体系奠定坚实的信念基础。

3.政府要广泛弘扬教育宗旨，凸显教师地位，提升职业认同

就政府而言，更要注重广泛弘扬教育宗旨，切实关心教师的社会地位，促进教师职业情感认同。

4.重兴教育仪式，促进价值追求

古代书院、私学都会举行各种各样的教育仪式，类似于现在的开学典礼、毕业典礼。在中国，各地现存的孔庙，就是古代举行教育仪式的重要场所。教育仪式一方面对学生树立崇高的理想有很大的促进作用，另一方面也是社会尊重教育、尊重教师的表现。有必要重兴教育仪式，从而促进教师的价值追求。

5.社会各界应加强对教师的理解和关爱

社会应多给教师一些理解和关爱。社会、学校、家长、教育管理者首先要为教师提供良好的教学环境和条件，给教师正确的职业定位，使其劳有所得，并且对教师多一些表扬，少一些批评，通过各种形式对教师的奉献精神给予嘉奖、宣传和鼓励，从而提高教师对教育工作和教育事业的热情，使教师自觉地为了教育目标和教育理想的实现而努力奋斗，并使教师不断提升自身的教育素养，最终确立对教育的科学信仰。

6.加强和完善教育制度的建设

其一,完善教师教育制度。首先,师范院校应把改变学生朴素的教育信仰作为自己教育和教学的目标之一。教师的专业发展从教师接受师范教育就已经开始,师范教育阶段具有明显的专业定向性质,对培育教师教育信仰具有重要意义。

其二,完善教师资格认证制度。我们必须形成发展性的教师资格认证体系,既关注教师的专业成长,又注重教师个体的提升和发展。注重教师资格认证标准的多元化,注重教师的教学能力,而不仅仅是学历,加大对教师的职业道德素养、教育观念、教育情感、教学艺术等的考察,把教师的职业责任、工作态度、奉献精神纳入教师资格认证的指标当中。

其三,完善教师评价制度。我们在对教师进行评价的过程当中,应奖惩性评价和发展性评价相结合。因为奖惩性评价是对教师过去的评价,它与教师的切身利益直接相关,通过奖惩性评价可以调动教师发展的主动性。发展性评价主要是为了促进教师未来更好地发展而设立的评价,具有长期的发展意义。

(二)学校:加强文化引领,加大培训力度,提升教育情感

学校层面,应加强文化引领,加大培训力度,营造和谐温馨的工作氛围,提升教师在教育工作中所获得的归属感、成就感与幸福感,这对教育信仰的形成有重要的促进作用。

1.加强校园文化建设,引导教师为人师表

学校应努力在教师之间营造一种开放、信任和支持的合作性教师文化。合作性教师文化有助于教师之间形成良好的同事关系,使教师之间能够在专业知识和教育教学信息等方面充分交流,在思想、信仰、态度上相互影响,从而改变有些教师落后的教育思维方式和价值观,为教师教育信仰的确立创造良好的环境和有利条件。

学校还应该加强有利于教师自主发展的制度与文化建设,激发教师教学活动的自主性。学校应建立科学、民主的管理制度,增强教师的主体性,给教师更多的教学自主权。因为科学、民主的管理制度能调动教师教育教

学工作的积极性，使教师能够创造性地运用自己的教育智慧和教育艺术开展教学活动。

2. 加强教师培训，提升教育认知水平

通过教师培训、自主学习、交流经验、科学研究等方式与途径，提升教师对教育的认知水平，提升教师的素养与技能，进而提升教师教育行动力，对于巩固教师教育信仰起着重要的保障作用。可以想象，如果一位老师连站稳讲台都非常困难，他又怎么可能建立起教育的一种道路确信与行动自信呢？同时，在培训的过程中，还应该关注对教师教育理想的引导、情感的熏陶、教育价值追求的确认。同时，通过培训学习，优化教师团队，提升凝聚力，这有助于提升教师的精神力量。

3. 加大榜样人物宣传，提升教师人生追求

人对行动的效能感确认一方面来源于自己的亲身经验或自身文化综合情境的自信预期，另一方面也来源于“相似主体”的间接经验与成功的鼓励。这种相似性鼓励本质上源于对文化主体各因素的相似性必然导致文化结果相似性的逻辑推断。简单地说，是形成“他能做到，我和他并没有多大基础上的差别，我通过努力也定能做到”的逻辑推断。在榜样人物的选择上，既要选择古今中外著名的教育家，也要选择当今有名的教育工作者，还要选择身边的“实体可触”的榜样。“实体可触”的榜样因为文化近缘，更易发挥榜样激励作用。通过榜样人物的宣传、导引、激励、示范，从而对教师的理想使命、价值追求、教育信念、职业投入等教育信仰的形成与发展起到很大的促进作用。

4. 提升教师生活质量，提升教师爱的情感

除了日常生活之外，教师的大部分时间都是在校园中度过的。为教师营造一个良好、和谐、温馨的校园环境至关重要，使教师能够创造性地运用自己的教育智慧和教育艺术开展教学活动，使教师在优美的校园环境中工作，心情舒爽，进而提升教师的归属感与工作幸福指数，为教师教育信仰中教育情感的积累提供基础。

同时,学校也必须关注教师的生存生活压力,提高教师的福利待遇,让教师过上安稳简单的小康生活,从而让他们能安心教书。根据马斯洛需求层次理论,让教师生理需求、安全需求、归属与爱的需求、尊重的需求得到满足,对于教师启动更高层的自我价值实现的需求有重要的保障与推动作用。而自我价值实现便是教育信仰中关乎理想使命与价值追求的重要内容。

(三)个人:树立坚定信念,积极学习实践,促进信仰内化

1.以中外教育家为榜样,向专家型教师目标发展

很多教师刚入行时都会信誓旦旦地定下自己的发展目标,都拥有很远大的教育理想与抱负,但随着教育现实当中种种困难、挫折的出现,随着社会环境中各种利益的诱惑,最终很难达到自己的目标,最后得过且过。面对问题,有的教师选择了放弃,有的教师则选择了奋勇向前,把问题当作研究的对象,把研究当作解决问题的途径,把学习当作研究的重要环节,这样就形成了教、学、研三位一体的循环生态圈,互动相长。普通型教师与专家型教师最为重要的差别就在于此。专家型教师具有研究的意识,通过不断地探索,形成了解决问题的知识结构图,具有对教育系统性的认识与思考。普通型教师则处于零散式的被动应对状态。所以,作为教师,应当向中外教育家学习,把做一名专家型的教师作为自己的奋斗目标,建构系统的教育理论体系,从而树立牢固的教育信念,走向深度的自我觉醒与职业投入。

2.加强自主学习,提升内在素养,促进教育认识

教师的文化程度决定着教师树立科学、理性教育信仰的速度和程度。教师文化程度越高,越有助于教师深刻地理解教育理论知识,创造性地开展教育实践活动,从而使教师形成更加科学、坚定的教育信仰。因此,教师教育信仰的确立,需要教师具备较高的文化修养。哲学家贺麟认为:“盲目的信仰依于愚昧的知识。知识空洞者,其信仰必渺茫;知识混淆矛盾,必与信仰的杂乱反复相依随;知识系统,则信仰必集中;知识高尚,则信仰亦必

随之高尚。”教师通过阅读教育学名著、各类教育刊物以及向身边同事学习等途径，提升自己的思想境界，完善自己的教育理论知识结构，提升自己的综合素养，从而促进与保障教育信仰的持续发展与完善。

3. 以理论为指导，积极实践，提升自己，促进情感认同

教育信仰虽然受教育认知与教育情感的影响，但信仰的形成与确立却是发生在教育行动的过程中。实践出真知，实践育品格。坚持以理论作为教育行动的指南，积极投身教育实践，及时反思总结自己的经验，发现问题，寻找解决办法。不断积累点滴收获，并继续朝更大的目标前进，朝为教育事业贡献自己最大的力量的夙愿前进。反思是自我体察与批判，自我激励与驱动的过程。通过反思，教师及时强化成功的教育体验与经验，从而加强自己的道路确信与情感认同。通过实践与反思，不断提升自己的境界与水平，磨炼自己的意志，锤炼自己的能力，真正为教育信仰打下坚实的根基，在实践反思中内化信仰与发展信仰。

4. 正确看待信仰危机，重铸教育信仰，提升教育意志

在教育信仰的形成过程中，可能会存在短期或暂时的信仰危机，会存在茫然无措的时候。教师要认识到，这是正常的，也应该允许短暂的“留白”。信仰虽然作为一种重要的驱动力与调节器，对维持行为朝向正性方向发展大有裨益，但信仰有时候也会让心灵空间少了一份“随性与留白”。创新机制揭示，人在轻松、自然、舒适、自由的环境中往往易于激发创造力。所以，人生需要目标，需要信仰，也应该允许随性与自由的存在。但要注意，这里的随性与自由非完全的随意与放纵。事实上，这个时候信仰已经内化为一种习惯，就不需要特别强调自己的信仰，信仰已经从一种意识内化为潜意识，这时候信仰的力量反而更大。

所以，当信仰遭遇危机时，也不要过于着急，一方面等待“留白”后可重塑信仰，另一方面也要意识到当信仰进入潜意识层面时，实际上是更坚定的“深层信仰”。这正是信仰的内化与转化机制，生发与发展机制。教师只有确立起对教育的信仰，才能把教育当作培养“真正的人”的事业来看待，才能意识到自己所从事的职业的崇高性和神圣性，从而坚定地选择教育，

把自己的一生奉献给学生，奉献给所热爱的教育事业。

朱自清先生说过：“教育者须对于教育有信仰心，如宗教徒对于他的上帝一样；教育者须有健全的人格，尤须有深广的爱；教育者须能牺牲自己，任劳任怨。我斥责那班以教育为手段的人！我劝勉那班以教育为功利的人！我愿我们都努力，努力做到那以教育为信仰的人！”

第二节　利用与建设好周边的环境资源

当你到了一个新的单位，意味着教学是你的首要职责与工作。同时，你将在这个单位及其所在的城市开始学习、研究、生活等。学校可供用于教、学、研等相关的资源有哪些？该怎样利用它们？学校周边的资源又可以进行怎样的利用？同时，还应看到，资源不仅包括自然资源、社会资源、物质资源，还包括人力资源、信息资源等。而且，应该从一种被动的“环境在场”走向一种“资源造场”的主动建设境况之中，以便积累资源，服务发展。

人生成长从内容上看就是主体生命力的发展，综合人力的成长。从外在的场域上分析，就是对资源的合理利用与建设。“孟母三迁”讲的是环境对于人成长的重要性，“他山之石，可以攻玉”言指利用他者资源的重要性，“近墨者黑，近朱者赤”也说明了环境对于人成长的影响。总之，自古以来，人们都非常重视环境、资源、文化对于人成长的价值。

一、从资源利用到资源建设

很多教师仅关注身边有哪些资源，缺少对资源内涵系统性的理解，缺少对一般学校资源内部结构的认识，缺少生态性地理解资源本质的思维。

狭义上，资源是指一国或一定地区内拥有的物力、财力等各种物质要素的总称。在自然界及人类社会中，有用物即资源，无用物即非资源。因此资源既包括一切为人类所需要的自然物，如阳光、空气、水、矿产、土壤、植物及动物等，也包括以人类劳动产品形式出现的一切有用物，如各种房屋、设备、其他消费性商品及生产资源性商品。

广义上,资源是指为了保证资源开发利用中人、资源、生态三者能够协调发展的全部要素,包括自然资源、经济资源、社会资源三大部分。这三大部分的有机结合,构成了广义的资源的外延。

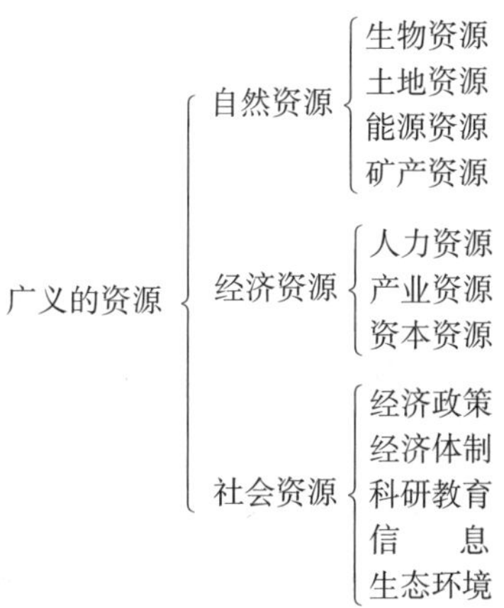

图2.1　广义的资源

在学校范围内,我们所说的资源利用指的就是对学校里自然资源、经济资源、社会资源等的综合利用。从本质上说,资源就是主体生命成长的外在场,既包括静态物的成分,也包括动态精神的成分。所以,从更加广义的范畴上来理解,资源可以包括文化。

作为主体,利用周边资源的情况,决定着主体发展的质量、成长的进程、生命的优化。这就需要我们认清一所学校所拥有的资源的内部结构,教师人生成长最为关切的资源又有哪些,该如何利用它们服务于教师的成长。

同时,如果仅仅是利用资源,资源便成了一种身外物。一是资源里有一些是不可再生资源,有烟消云散,逐渐用尽的时候;二是在资源的使用过程中,便会存在“己外感”,不会做到循环使用、有效使用、科学使用,甚至也会滋生浪费;三是缺少可再生、可分享、可循环生态机制,缺少对资源供造主体的关照与培育,资源逐渐“静化”,不可持续,影响教师自身成长;四是利用一词无形之中也会窄化资源的内涵,将资源理解为物质设备、环境在场、社会资本等,看不到资源内部的人力、文化、管理、活动等内容,利用变成了一种索取,一种被动式地使用,不能使我们的生命“外在场”丰厚起来,更好地为我们的成长服务。

所以,应该从资源利用走向资源建设,资源建设还原了资源本真的丰富内涵,腾置出了多向主体,提升了共生的意识,使主体从“外在场”走向“本在场”,能提高资源的利用效率,同时更能实现资源的生态发展,实现“再生、分享、循环”的动态资源生长,更好地服务于教师的人生成长。可见,从资源利用走向资源建设,本质上是一种生命主体解放与腾置,是资源活化与再生的必然之路。

二、“九内容、九路径”的资源建设理论

从上文可知,在学校范围内,资源建设从广义上讲就是对学校及学校外部各种自然、社会与经济资源的利用,包括对物质层面的环境、房屋、设备等的利用与建设,对社会层面的政策、领导、管理、活动、信息、人际、主体、智力、知识、网络等的利用与建设,对经济层面上的经费、待遇福利、技术、产业等的利用与建设。

(一)资源的内部结构

对资源的内部结构可以从物质、经济与社会三个维度进行解析,但为了更加突出对传统狭义资源的超越,走向广义的图景,可将学校范围内的资源进行重新建构。

资源本质是主体成长的外部环境。在学校范围内,主体的成长实际上是在一定文化思想导向下,在一定领导管理范围内,在特定环境中,利用一切资源,依托一定的媒介所进行的社会化活动。这就是教师人生成长在学校范围内的本真图景。

实际上,这也是一个资源建设的内部结构。也就是说,成长一方面意味着资源的利用,同时也在进行着资源建设。因此,学校范围内教师的成长活动就是资源建设的活动,从这个视角出发,成长的内部结构可供我们把学校的资源进行划分,这样的划分既让我们拓展了对资源内涵的认识,也更加透彻地展示了资源建设的主要架构。

从主体成长的外在环境、主体成长的本真阐释可以看出，学校资源包括文化思想、领导管理、生命主体、组织机构、校园环境、物质经济、学校活动、社区社会、媒体媒介九大主要内容。这样的划分既是对主体成长内部结构的再现，同时也是对资源建设的框架呈现，更是资源范畴的直观体现。实际上，从物质、经济与社会三大维度上划分资源可以看出，学校资源还包括很多内容，本文仅是把主要的内容抽取出来进行分析。

（二）教师人生成长的九路径分析

教师成长既包括教师的专业成长，也包括教师的身心成长，还包括教师的个人生活等。于此，形成了包括身心、生活、教学、学习、研究、事务、交流、资源、文化在内的九大成长内容。这九大成长内容本质上也是教师成长的九大路径，即教师身心的成长只有通过教师身心的锻炼才能达成，教学的提升最为重要的路径就在于教师教学本身。[①]

（三）“九宫格”资源建设的架构

根据学校资源的九大内容，结合教师成长的九大内容与路径，将资源作为教师成长的支持，就可以对应地列出一个表格，见表2.1。

表2.1　资源建设一览表

资源内容	教师成长								
	身心	生活	教学	学习	研究	事务	交流	资源	文化
文化思想	情绪，睡眠，社交，饮食，运动，医护	淡泊明志，宁静致远，循序渐进	专注，钻研，专业	博闻，深思，强记	主题研究，及时整理，撰文出著作，成果宣讲	脚踏实地，努力拼搏，着紧用力，力争完美	宽以待人，严于律己	多拿来，多建设，多分享	

① 吕以新，李方红. 由教师专业发展走向教师生命成长：兼谈“四三八”教师生命成长模式[J]. 当代教师教育，2013(3)：78-83.

续表

资源内容	教师成长								
	身心	生活	教学	学习	研究	事务	交流	资源	文化
领导管理		政策，制度，氛围	评价导向，团队互助，赛课历练，常态坚守，外出交流	多引领，树典范，强支持	课题管理，团队建设，平台展示，成果物化，经费资助	管理，引领，示范，支持			
生命主体						协作	共生		
组织机构		校社团，工会活动，同事活动	师徒结对，年级组，科组，课题组，教务处		课题组，项目组，学科组，年级组	学校各部门，上级领导管理	院校，校际，校社，校家		
校园环境		健身设施，活动场所，校园环境，社区环境，城市环境	教学设施，课室，教学环境，活动环境，研究环境			办公设施，管理系统，办公环境	学校环境，交流环境，文化交流		
物质经济		经费支持，福利待遇，生活资源		图书馆，数据库					
学校活动	素质，拓展，基地，活动								
社区社会		社会舆论，社会媒体，社会资源，社会活动							
媒体媒介		实体空间，网络平台，第三空间							
资源建设总目标：安全、绿色、宜人的环境资源									

从表中可以看出,对于教师成长的各个方面,我们都可以通过九大资源内容予以支持。同理,任何一个资源内容都可以对教师成长的九大内容与路径予以支持与服务,从而形成一个资源与教师成长路径的交织表格。当然,有些资源可能同时对几大内容起着相似的作用,便可以列在一起。

三、资源建设的实践

在具体的资源建设实践中,又该如何还原我们自身的主体意识,走向建设的图景,将学校已有的资源与自身的建设结合起来呢?下面就以重庆市巴蜀小学为例予以说明。

(一)文化思想:"与学生脉搏一起律动"的办学思想

重庆市巴蜀小学的办学理念是"与学生脉搏一起律动",要求教师读懂学校、读懂儿童、读懂学生,做到关注人人,成就人人,因生而动,因律而美,美美与共。既关注生命主体的人文素养,给予其人文关怀,通过优秀的文化来达到育人的效果,同时也关注科研在教、学发展中的重要地位。从资源建设出发,除了主动适应与内化学校层面的文化思想外,还应该建构起自己的一套文化理念、资源建设思想。如在身心与生活两大路径上,资源建设的总体思路应该是关注食物、运动、情绪、睡眠、为人、做事、学道、宏文、调心九大方面。在教学、学习、研究、事务、交流等其他人生成长路径上,也需要设计出对应的思想指导。

(二)领导管理:"三文治"校本化学校管理模式

所谓"三文治"校本化学校教育管理模式就是指从人的物质行为、精神行为与社会行为三主体进行适切性、系统性的理论建构,法律与制度、文化与活动、伦理与道德是对应于三主体的三大管理方式。[①]对应巴蜀小学的管理模式,民主、法治、程序是三大关键词。这就给了普通教师在人生成长之路上争取相关合理权利、资源的机会与平台。教师应该从主体建设的层面上考虑,了解学校的相关政策、制度,主动适应学校氛围,认清管理架构,

① 李方红."三文治"校本化学校教育管理模式刍论[J].教育观察,2019(17):8-10.

合理利用学校的支持为自身的身心发展服务。同时，在教学、学习、研究上，也需要主动适应管理，在学校的引领下自主进行资源探寻，进而获取最大范围的支持。

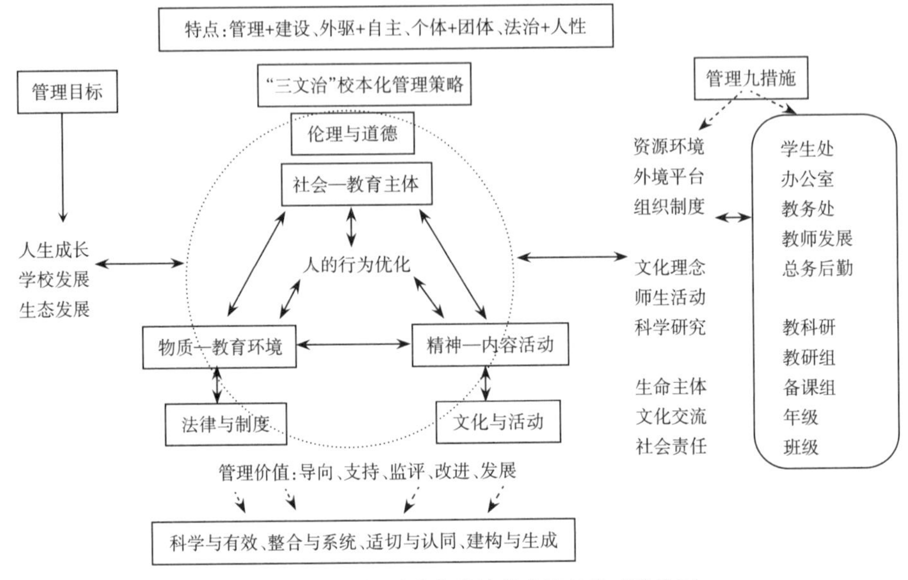

图2.2 “三文治”校本化学校教育管理模式结构图

（三）生命主体：构建“共同体”

在主体上，巴蜀小学的特点是打造“共同体”，搭建起了从结队到同伴互助，到级组共同体，到学校层面的共同体四个层次。在四个层次中，最外一层是基于学校内部、学校与学校之间、学校与高校间、学校与社会家庭间的共同体结构。这些共同体中，学校内部形成一个整体——校本共同体，即全校教工组成的大联盟。这一层面更多的是为教师专业化发展提供外部平台与资源支持。

除了第四层面的外部平台建设，在第三层面的共同体中，将整个年级统整为一组，整个科组也整合为一组。厘清组内共同目标，彼此合力，资源共建共享，实现了“3+2＞5”的效应。第三层面是学校层面的下级共同体，是学校大联盟的缩影。到了第二层面的学研共同体，则更为深入，更加具体，更具有针对性。共同体的命运更为紧密，专业性更为一致，共同体成员们同呼吸，共命运，共进退。这些共同体主要包括三种实体机构，分别是课题组、教师工作室、移动同盟。其中，移动同盟是巴蜀小学学研共同体的一大创新，结成同盟的原因各不相同，有的是兴趣相投，有的是研究结盟，有的是教学任务一致。

对教师来说，最为直接的共同体是师徒结对。师徒结对很多学校都在实施，但大部分学校将师傅限定为知识传授者，徒弟限定为知识的接受者。巴蜀小学将师徒结对进行了优化与发展，师傅与徒弟形成了多层次的角色关系，总体来说是互助相长的关系。

可见，这样的一种共同体打破了师生间的二元对立格局，并将一些组织也纳入主体的范畴。同时，在内容上，共同体不仅关注教学研相关活动，也注重生活上的分享与相互支持。

（四）组织机构：基地与共生的组织建设

重庆市巴蜀小学是多所师范大学的实习基地，是国培重要基地，是教育部与市教育科学研究院等多个科研单位的实验研究基地，主动发起“1+1+N”的教育帮扶计划，主动担当教育示范引领的责任。加之重庆市巴蜀小学地处母城渝中区，拥有得天独厚的地理优势，形成了与大学、各科研单位、各兄弟院校、各联盟牵手，与各海内外友谊校保持共生的校际关系，从传统的校际协作走向共生互持的图景，从而实现了资源共享共生。

（五）校园环境：共建“绿色、和谐、法治、幸福”校园环境

巴蜀小学以“设备先进、资源丰富、环境怡人”为校园环境建设目标，通过购置先进的电教设备，依托联盟校一体化资源共享，建设人人图书馆，建设电话网络一体化的信息技术系统，扩展绿地面积与运动面积至50%的校园面积等措施，建设“安全、绿色、数字、文明、和谐”的幸福校园。学校里先进的教学设备、干净温馨的课室、舒适整洁的办公室、美丽怡人的环境对教师的教学、学习、研究都大有裨益。学校处于渝中区黄花园大桥头巴蜀中学后一处幽静之地，闹中取静，为教师的生活提供了各种便利。同时，教师也应该主动营造一个温馨的家庭环境，主动为学校的环境建设献一份力，

大家共同守护这得天独厚、美丽怡人的校园环境。

(六)物质经济:打造“移动、共享、生态性”资源平台

在物质上,学校内部教学设施、办公设备、网络设备、健身设备等一应俱全。学校图书馆每月为每位教师提供购书费,所购图书在入库后可免费借阅6个月。同时,教师还可以到附近图书馆借阅书籍。学校购买了多种数据库,为教师的教、学、研服务。巴蜀小学将传统的资源利用变为一种分享生态资源建设,打造起了系统性的“移动、共享、生态性”资源平台。如在校园内,有移动共享图书角,教师、学生可将自己的图书放置在这里,相互分享,自主阅读。教学设备在每学期结束后都归档共享,为教师的研究与学习提供了更多的资源。教师们的课件也将分门别类地上传到学校电子管理系统中,教师彼此可以相互借鉴、分享,共同进步。这样的资源平台还有很多,在这些平台上,每个人既是使用者,也是创造者,相互支持,实现了资源的最大化、最优化建设与利用。

(七)学校活动:开展“阅读、跑步、艺术”三大活动

巴蜀小学为了践行“每天锻炼一小时,健康工作五十年,幸福生活一辈子”的健身理念,开展了全员健身活动。教师们每天都抽出一个小时进行锻炼,强身健体,从而精神百倍地投入教学中。学校每学年还会举行马拉松比赛,教师们充分感受到了锻炼身体带给自己的好处。与此同时,学校还将阅读、艺术与跑步一起作为学校发展的三大战略、教师成长的三大法宝。学校经常开展系列读书活动,包括读书汇报会、移动图书角、阅读沙龙等。在艺术上,通过音乐会、话剧、校内文艺活动等提升教师的精神修养、艺术修为,使其养身、养心并举,真正抓牢教师成长的本质与根基,使每位教师内心澄明,工作有力,身体健壮,走向幸福。

(八)社区社会:“大社会,大学校”的资源建设格局

在外部环境平台的建设上,整合了家、校、社三大力量,通过建设“一基地、二家庭、三社区、四校际”的举措,使巴蜀小学能充分借助外部力量,依

托外在资源,拓展办学资源环境,提升巴蜀小学的办学品质,增强办学力量。具体来说,一基地指巴蜀小学师生活动的素质教育基地,这些基地并非固定的一处地方,而是通过多渠道沟通形成比较稳定的基地联盟,如重庆动物园、重庆科技馆、重庆博物馆、军训基地等等。二家庭指学校内部的家委会正式组织和基于班级的非正式家长爱心服务队。巴蜀小学实现了从家校协作到共建共生的过渡,充分利用家庭教育资源,增强办学力量。三社区指渝中区社区、重庆市社区、国际环境大社区,即把社区的范围扩展至国际交流的时空范畴,这样的教育是开放性的,是多元化的,是前瞻性的。四校际指校校交流、校院交流、校厅交流、校企交流。

(九)媒体媒介:“三位一体”的资源载体建设

巴蜀小学拓展了活动展开的时空场域,整合了“实体空间”(即学校实存的各种场所)、“网络时空”(虚拟的空间,我们开发了学校官网、学校内部电子管理系统、微博、博客、优酷、微信群等等)、“第三空间”(包括个体心境环境,其他一些时空环境)等资源,让所有教师学有所在、学有所展、学有所得。同时努力拓展学、研、教的时空环境,突破传统的单一资源限制。最后将学习的过程、学习的资源、学习的创造作为一种生产性资源分享在网站、档案室、博客、视频中。实现资源的重复利用,有效整合,实效高效建设,实现可持续发展。

第三节 永远保持一个好心态

一位新教师到学校,第一学期每天都寝食难安,总担心明天的课不能上好,担心课题申报是否能顺利通过,担心学校领导交给的任务不能顺利完成,担心与家长不能很好地沟通……进而长期处于紧张、抑郁、焦虑的状态。

心理学中把使个体产生紧张状态的刺激反应称为压力。所谓教师职业压力,是指教师在一定的工作环境中,个体目标受到长期、持续的威胁,而产生的一系列生理、心理和行为反应的过程。教师和其他职业一样,压力自教师职业产生之时便有,只不过不同个体有不同的压力,有压力大小之别。对于同一个个体,压力有不同阶段、不同类别、不同量的差别。压力普遍存在,只不过存在大小之分。真正做到毫无压力的是极少数人。事实上,心理学研究已表明,适度的心理压力会引起人们情绪上适度的焦虑和紧张感,并引起体内一系列的生理变化,使有机体释放较多的能量进行活动,使人反应速度加快,记忆能力和思维能力增强,从而使智力活动效率提高。当教师职业压力过大或过于持久时,便会给教师带来苦恼,使教师产生生理、心理问题以及行为失调反应,甚至在日常活动中产生焦虑、心悸、神经衰弱、消化不良、沮丧、注意力不集中、自我评价过低、工作效率差等现象。分析当前教师的压力现状,厘清压力的主要来源,有利于我们自身进行压力调节,从而更好地工作与生活。

一、教师心理压力的现状

美国压力研究机构列出的十个最具压力的职业中,城市中学教师名列第一位。由于教师在工作性质、工作对象、工作形式和工作责任等方面的特殊性在各个国家的表现大体一致,其职业压力的普遍性也被世界各国学者所接受。英国、美国、澳大利亚、马耳他以及西印度群岛等地的教师职业压力研究结果表明,教师压力普遍存在而且并不仅局限于某一文化背景。

有研究者对山东省251名中小学教师进行调查,采用相关分析和结构方程建模等方法考察工作压力和职业幸福感的关系以及心理授权的中介作用。研究发现:工作压力负向预测职业幸福感,即中小学教师工作压力越大,其职业幸福感越低。①

对上海市中小学教师心理健康发展现状的抽样调查表明,教师的心理压力主要来自工作负担重、社会要求高、高升学率期待等方面;教师缓解压力的方式以休息、娱乐、旅游等简单的休闲方式为主。②

农村中小学教师心理压力现状也不容乐观。有研究者对490名农村中

① 代乐娇.中小学教师工作压力与职业幸福感的关系:心理授权的中介作用[J].教育导刊,2020(8):31-37.
② 杨彦平.中小学教师心理健康发展现状分析与对策思考[J].现代教学,2020(24):36-39.

小学教师进行调查，调查结果表明：农村中小学教师总体的工作压力较大；农村中小学教师工作压力总体或相关因子在性别、年龄、学历、婚姻状况和教龄上存在显著差异；农村中小学教师工作压力与抗挫折心理能力之间相关显著，工作压力对抗挫折心理能力有正向预测作用。①

过重的教师职业压力往往会引发不良的情绪及行为反应，具体主要有以下几方面表现。

一是攻击。攻击是指对因心理障碍而导致的苦闷、烦躁、激动等情绪产生的歇斯底里、冲动等行为，并且这种行为往往会指向引起心理障碍的外在因素进行宣泄。攻击可以分为直接攻击和间接攻击两种行为方式。直接攻击是对造成心理挫折的因素表示不满、敌意、对抗和反对。间接攻击（或称转移性攻击）是当某人受到挫折时，他能意识到直接地表现自己的愤怒和不满，不仅会损毁自己在他人心目中的形象，而且对今后进一步去实现自己的预期目标将会造成不利的局面，因而就将内心的不满朝着其他的方面发泄出来，或者指桑骂槐。而教师特殊的工作对象决定了他攻击的对象最有可能就是他的学生，这种攻击最终将影响到学生的心理健康。

二是忧郁。忧郁是由多方面的不良感受组成的一种心理压抑的情绪，如自卑感、认同危机感、失落感、孤独感、负罪感、自责感、失望感等。这些不良感受往往会使人表现出郁郁寡欢、疾首蹙额等神情，以及产生忧心忡忡、伤感、烦闷和愁苦的心态。

三是焦虑。焦虑是指人内心的不安、恐惧、困扰和紧张的感受，有时还伴有生理上的不适，如心跳加速、肌肉紧张、呼吸急促、胸闷、淌汗、恶心、不思饮食、注意力涣散、尿频、失眠等现象。

二、压力的主要来源

教师是为人与为师的统一。在为人上，教师和一般的人一样，也会因为身体、交际、做事、家庭、生活等而滋生心理问题。在为师上，教师的主要任务是教、学、研，自然会因为教学、研究、职称、绩效、升学率等问题而产生压

① 张世晶，李春婷．农村中小学教师工作压力现状及其与抗挫折心理能力的关系研究[J].肇庆学院学报，2015，36(6)：91-95.

力。可以从教师人生成长的内容视角来分析教师压力的来源，人生成长就是指教师的完整生命成长，其核心内容包括“身心、生活、教学、学习、研究、事务、交流、资源、文化”九大内容与路径[①]。教师在这九大内容发展上受阻，自然就会产生压力，也就是在塑身、养心、为人、做事、治学、立爱、持家、生活等问题上做得不好，便有了压力。已有研究者通过调查揭示，中小学教师的压力主要集中在工作、绩效、评价、自身发展等问题上。[②]作为教师，工作压力是心理压力的主要来源，但对教师其他方面的压力分析与对策建构也应该重视，如此才能还原教师为人与为师的统一，真正促进教师完整生命成长，既享受工作，又幸福生活。

三、如何释放压力，从而幸福地工作与生活

教师的主要心理压力来源于工作本身，但不可忽视其他压力源的影响。要系统地分析，对症下药方为上策。

（一）疾病：强身健魄——锻炼、阅读与艺术

教师应保持身心健康，其最为重要的途径与方式依然是锻炼。“每天锻炼一小时，健康工作五十年，幸福生活一辈子。”身体是革命的本钱，有了好的身体，即使在面对各种压力时也不会被击垮。当然，选择一个比较轻松的健身方式也非常重要，如跑步对抗性小，对场地要求不高，也不需要高昂的费用，是最经济实惠的锻炼方式之一。此外，强健体魄的同时，教师还应该广泛阅读，在阅读中滋生为人处世的智慧，在阅读中提升自己的专业素养，从而轻松地应对工作，通达地处理各种人际关系，成为一个受欢迎的人，一个学校不可或缺的人。

（二）交际：外圆内方——宽仁、倾诉与放下

在与人交往的过程中，一定要做到圆方互容。所谓圆，指的是宽以待

① 吕以新，李方红．由教师专业发展走向教师生命成长：兼谈“四三八”教师生命成长模式[J]．当代教师教育，2013(3)：78－83.

② 李琼，张国礼，周钧．中小学教师的职业压力源研究[J]．心理发展与教育，2011(1)：97－104.

人，对于他人不应严苛，对于他人犯的错误，应该做到宽容、包容，给人改错的机会。要做到既能敬畏君子，也能忍让小人。既然是人，就不可能是完人。只有宽仁待人，才能做到不卑不亢，专注自我，不生嫉妒之心。对待自己，则必须严于律己，守住做人的底线，为人师表，谨言慎行。人只有战胜自己才能战胜别人，管住管好自己是成功的第一步。当然，在面对一些压力时，也可以及时向朋友倾诉，遇到一些喜悦忧愁的事情，也应该多与朋友分享。对于一切人际冲突，是非恩怨，都应该学会放下，忘记该忘记的，记住该记住的，放下不能改变的，改变能改变的，如此我们才能直面未来，把握现在，成就自己的人生价值。如果行有余力，还应该多多布施，做到慈悲为怀，仁厚爱人。

（三）角色：为人师表——谨言、谦行与立德

在面对角色期待时，教师首先必须修炼自己的真本事，做到业务精湛，品德高尚，为人师表。堂堂正正做人，踏踏实实做事。平日不做亏心事，半夜不怕鬼敲门。教师要特别注意，在任何场所都要谨言慎行。孔子一生潜心育人，被后世称颂、崇仰，靠的就是他自身的修为及教育的功德。

（四）工作：精进治学——学习、钻研与提升

教学是教师的立身之本，即使有压力，但在教学上尽善尽美应该成为一名教师的终身追求。工作上的压力本质上都是来自能力的不足，素养的不够。任何事情引发的压力其根源实际上来自两大方面，一是对这件事的认知，二是对这件事完成的效能感与准备情况。如果我们觉得这件事无足轻重，事不关己，则成败都不会有压力。另外，如果我们做好了充足的准备，能轻松完成这件事，也不会有压力。由此可见，教师要减轻工作上的压力，主要的方法还是得精进治学，不断学习，反复钻研，研究提升，使自己能从容应对教学。有一套成熟的教育教学理论体系，具备处理各种教学问题、完成学校各种事务的能力，并享受教学的创新性与艺术性，工作就会变成小菜一碟，教学就会变成一场自我才华的展示，又何来压力呢？

（五）生活寡欲知足——释爱、尽力与随缘

俗话说得好，知足常乐，人的很多困苦都源于不合理的比较。凡事应该做到尽人事而顺其自然，过分追求完美反而适得其反。人生成长更是一个循序渐进的过程，急功近利往往让我们对现实感到不满。当然，作为教师，在生活中，应该多培养自己的兴趣爱好，让我们的闲暇时间变得充实。在周末或节假日，可以放下工作，和朋友、家人一起放飞心情，享受午后的阳光，亲吻蓝天，拥抱大海，聆听花开。一树一菩提，一人一世界。这个世界从来不缺少美，缺少的是发现。人生也如此。尽力而为，顺其自然，随遇而安，随缘而生让我们有一种坦然，一份宁静。

第三章

倾心教育教学

第一节　学校建设，匹夫有责

在学校你是否有这样的经历，要去办一件事情却不知道到哪个部门，找谁办？自己一学期要做的工作也比较混乱，感觉每天都很忙碌，效率却不高，甚至对明天要做的事也有一些焦虑。如果有，你需要清晰地、系统地了解一所学校内部的基本结构与运作程序，需要了解每一位在职教师的基本工作与活动有哪些。同时，了解学校建设的基本结构也对研究大有裨益，在思考教学的各种问题时从系统性、整体性、关联性与生态性出发，在视野上就会更为广阔。

一所学校由哪些部门组成，从系统性与整体性方面来看，又包括哪些基本结构呢？教师了解这些情况，一方面对其从事教育工作有所帮助，另一方面，会让其树立宏观视野，在研究中既见树木，也见森林。

一、几种典型的学校建设结构

学校建设就是指学校的运营与发展，是基于有机体意蕴的动态性探查学校的本体论而提出的一个词，区别于学校发展、学校管理。相比于发展，建设不光突出结果，也彰显过程。相比于管理，建设更加重视人的主体地位，更加关切主体的自觉性，更加观照系统的结构性。

学校建设是根据一定的发展目标，通过对内部结构的优化、资源的优化配置、各项活动的开展，使学校朝着预期目标前进。简单地说，学校建设就是对学校进行优化，使学校发展得更好的过程。

要理解学校建设，必须先理解与阐释学校内部包括哪些基本结构，对此的探查已有研究者做了很多努力，下面介绍四种基本的学校结构模型。

（一）文化时空理论基础之上的学校建设结构

把学校建设理解为一种文化建构与优化活动，则可以从文化的构成与发展要素出发分析学校的内部结构。文化是一系列主体在时间与空间维度所进行的文化内化与文化外化的历程在场。时间维度上文化实现了发展与进化，空间维度上文化实现了拓展与延伸、缩减与优化。时间维度上，学校建设包括三大主体，即学生发展、教师发展与学校发展时间上的进化与发展。空间维度上，学校建设包括内部的校园建设、活动组织（包括管理、教务、德育、后勤、工会等）、各科教学三大方面。学校作为文化在场与文化进化的载体，还包括与外部文化之间的交流。在外部空间上，学校建设又包括院校协作、家校共生、校际互动与校社共育几大方面。因此，学校的结构包括学生发展、教师发展、学校发展、校园建设、活动组织、各科教学、院校协作、家校共生、校际互动、校社共育十大单元，相应地就包括这十大活动内容，这些活动内容就是学校建设的文化实体。具体结构图见图3.1。

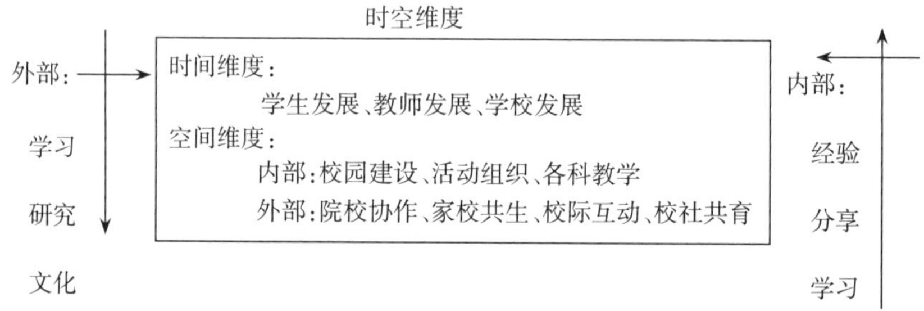

图3.1 文化时空理论基础之上的学校建设结构图

（二）以人为本的学校建设结构

学校本质上是人们教育交流的活动场所。一方面学校为人们交流提供场所，另一方面，学校也是一个动态性的活动场所，其中进行着人与人之间的交流互动，最终使人得到成长与发展。这样，把人看成学校工作的中心，围绕人而展开的系列活动就是学校活动的内容，围绕这些活动所进行的建设就是学校建设。

学校交流体系可分为人与人、人与环境、人与社会三大交流体系。人与人的文化交流包括学生、教师、家长三大主体。人与环境的文化交流与建构包括实体性环境与功能性环境两大方面。所谓实体性环境就是指物质性的环境内容，功能性环境则指精神方面的环境内容。人与社会的文化交流包括院校协作、家校共生、校际互动、校社共育四大活动内容。

综上，从人的角度出发，学校建设的结构包括学生发展、教师发展、家长发展、实体性环境建设、功能性环境建设、院校协作、家校共生、校际互动、校社共育九大方面，相应地也有九大活动内容（见图3.2）。

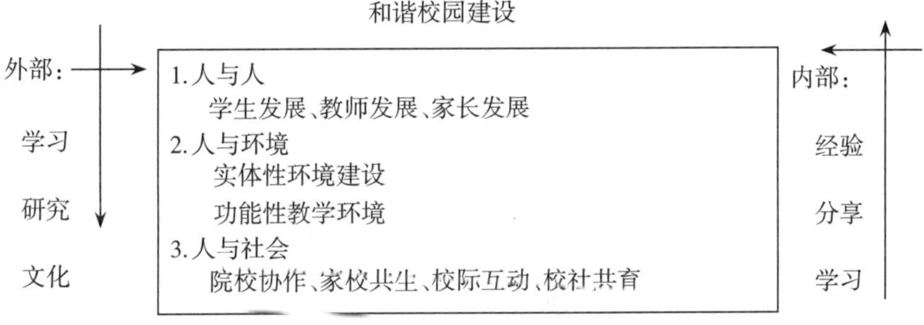

图3.2 以人为本的学校建设结构图

（三）基于活动理论的学校建设结构

学校还可以看作一系列以人为中心的活动实体，内部的维系就是靠系列活动得以支撑的。静态的建筑，从活动论的视角出发，可以把它理解为一个动态建筑建造的结果，从中也可以看到建筑物当初建造的过程与活动。当然，学校的存在与发展，主要还是靠以静态物、环境、资源为基础条件的人所进行的思想和文化交流与建构的活动维系的。所以，把学校理解为人所进行的系列行为活动是一个非常具有文化视野、生态视野的视角。

因此，须从人的行为活动内部的结构出发去探查学校的内部结构、主要的建设活动。人的行为根据行为的对象、内容载体与行为的目的导向，可以分为物质行为、精神行为与社会行为。物质行为是人与物之间进行交流的行为，以物为对象，最终实现对物的改造，进而为人的发展服务的一切行为。精神行为则是人与精神介质，主要是文化所进行的交流的行为，以精神为对象，实现精神的继承与超越，创新与进化，最终服务于人的成长与发展，这是学校所进行的主要行为活动。社会行为则是以交往为主要目的，以内部与外部的沟通为主要方式，所进行的具有社会化的行为活动。当然，三种行为活动之间存在一定的交叉与融合，有的行为活动既可归于物质行为，也可以归于精神行为，因为可能既需要物质的参与，也需要精神的叠加，见图3.3。

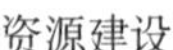

图3.3 基于活动理论基础之上的学习建设结构图

进一步探寻，通过对学校的系列活动排列，对某一活动的主要特征进行归纳，进而确定把某一活动归于何种行为。在此基础上，建构起了活动理论基础上的学校建设结构，包括物质行为方面的资源建设、后勤保障与医疗支持，精神行为方面的学校发展、文化建设、课程教学、学生德育实践活动、学生身心健康支持、班级建设、教师发展、教育科研等活动，社会行为方面的招生工作、组织机构、工会活动、家校共生、院校协作、校际互动、校社共育、学校社会活动等。具体见图3.3。

（四）基于有机体意蕴的学校建设结构

一所学校，从生态学视野理解就如一个有机体，有机体的运作既需要内部保持平衡，也需要与外部进行能量、信息的交换，还需要不断新陈代谢。从内部来说，学校建设结构包括文化理念、资源环境、组织机构、生命主体、内部活动。学校可以阐释为这样一种文化图景，即主体在一定的文化、物质资源环境中，依托组织机构所进行的一系列生命活动，这些活动指向发展、诉求管理，这样的一种生命优化的文化历程就是学校建设。这里的学校不仅指物质空间场所，还指生命优化的精神世界。

这些活动的展开还需外部支持，包括研究创新、外境平台、文化交流、评价反馈、社会融通。即一所学校还必须求得外部的能量、资源、信息供给与交换的帮助。外境平台是物质维度的资源支持，文化交流是精神层面的交流互动，社会融通直指学校的社会功能与社会依靠，研究创新则属于外部的一种文化更替机制。如此，基于有机体意蕴的学校建设结构就展露在我们的眼前，如图3.4。

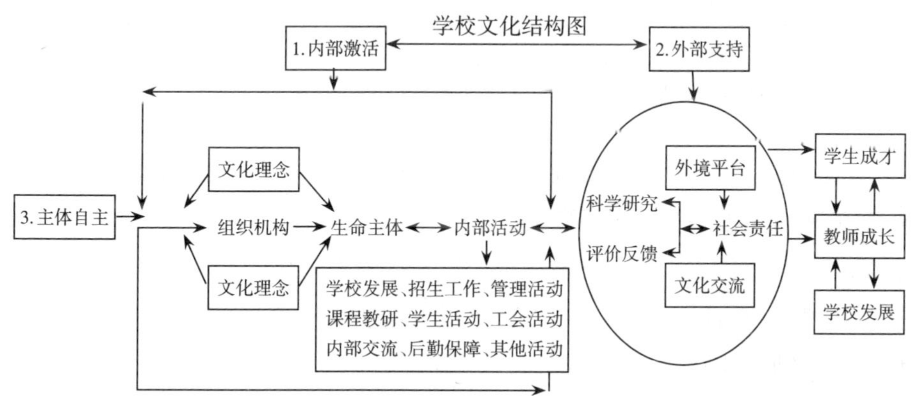

图3.4 基于有机体意蕴的学校建设结构图

二、基于有机体意蕴的学校建设提纲

下面，以有机体意蕴的学校建设为例，具体阐述学校各个结构的主要内容。

（一）先进的文化理念

办学理念是一面旗帜，是导向标。人大附中的办学目标是“国内领先、国际一流，创世界名校”；办学理念是“尊重个性、挖掘潜力，一切为了学生的发展，一切为了祖国的腾飞，一切为了人类的进步”；培养目标是“全面发展+突出特长+创新精神+高尚道德”，准确把握成才本真；校训“崇德、博学、求实、创新”接地气，厘清了行为思路。

文化理念总的来说包括学校办学目标（教育目的）、学生培养目标、办学理念（教育的方式方法）、校训（全校师生遵守的行为守则）、校风（呈现出来的精神面貌）、学风、师风、管理理念、教师专业发展理念、课程教学理念等，是一系列成体系的办事思路、行事方法，更是精神内涵。一所学校要寻求发展，首先必须厘清文化理念，只有理念先进、科学、激励人心，才会导向行为的成功。总体而言，文化理念应包含目标、路径、方式方法、评价、管理、发展机制等。在文化理念上，必须要做到体系性、远大性（只有目标远大，才能成就一流）、科学性、具体性、生态性（注重发展）、人文性、思想性、激励性。

（二）优质的资源环境

先进的文化理念是精神的引领，接下来还需要在物质层面，以及物质与精神交融的层面进行建设、资助、管理、供给、交换。如一所学校必须拥有良好的硬件条件、怡人的校园环境、丰富的课程设置、优质的资源支持（为学生提供平台、舞台）、优秀的师资队伍。要把这些资源环境从静态的线性供给转为动态生成，并定期更新，实现内部自营自给。人大附中为一个学生创生一个班，为一位桥牌教师开设桥牌选修班。人大附中拥有科学完备的课程体系，有校本选修、大学选修课和研修课程200多门，创办了“三高”足球训练基地、拔尖创新人才早期培养基地，开设近百个学生社团，为学生搭建了多元素质教育的大舞台。

(三)完善的组织机构

学校是一个有机体,有机体的存活靠各细胞、组织、器官协同运作。一个良好的机体还需要进行外部沟通与交流,促进信息、能量的交换更新。组织机构的设立上,需要遵循教育规律、人才成长的规律、机体生长规律、社会发展规律进行优化、整合,进而逐步完善。好的学校组织机构建设完备的表征是事事有组织、责任到人头。同时,还表现为一种补位机制,即使缺少了一位领导或一个组织机构,学校照常能够存活与运作。就好比人,健康的表征一方面包括机体完全无病害,另一方面还包括某一方面受损,依然能健康生活。中国恒大足球学校的组织机构值得参考,该组织机构是非常完善的,包括招生办、小学部(包含德育处与教务处)、中学部、后勤处、办公室、体测处、医疗康复处、专家处、竞赛处、训练处、信息技术处、品牌处、财务部等部门,这样能保证学校各部门分工明确、协作共进、相互补位。

(四)自由的生命主体

一所学校的发展与管理关键在于挖掘、发挥、培养生命主体的活力,并从外在管理、建设走向自主投入,树立每个师生员工的归属感、认同感、成就感与使命感,进而缔造师生的幸福。如此,他们便会倾尽全力,自主优化,为学校献计献力。人是一切活动的出发点与归属,以人为本是教育的主体。人大附中重视人、尊重人、欣赏人、激励人、培养人、优化人,缔造幸福的人。这要求学校必须民主、人性化管理。人大附中原校长刘彭芝能做到才尽所用,因材施教,靠的就是尊重。她为了不放弃对有心理问题的学生的教育,就创生了一个人的班。她尊重与欣赏每一位职工,才有了食堂农民工王峰获得全国摄影大赛铜奖的案例。人大附中的成功在于刘校长充分激活了每个人的生命力,他们在这里得到了尊重,获得了支持,得到了激励,有了舞台。所以,教育有时候真的就是为学生搭个台,做好两件事,一是去发现学生的潜在天赋,二是创造一切可能的条件去培养他们。同时在对待学校发展、学生成长上,一定要摒弃僵化线性的思维,具备生态生命视野。没有条件,可以创造;没有老师,可以聘请;不够优秀,可以培养。正如刘校长所说:“一个学校绝对不能藏龙卧虎,是龙就得让它腾,是虎就得让它跃。能不能发现人才是水平问题，发现了人才而不使用是品质问题。一个老师能翻多大的跟头，学校就为他们搭多大的舞台。”

激发了人的活力，也就缔造了学校发展的根基与动力。每个人其实都充满了魔力。试想，人为什么到了二十多岁就和儿童完全不一样了呢？洛克的“白板说”看起来荒谬，但它至少说明了一个道理，其实我们都具有从事很多行业、学习某一专业的基本条件，的确潜在天赋有差异，但更为重要的是培养与训练。

（五）丰富的内部活动

教育就是培养人的活动，指向主体生命优化。如何培养？活动是最为重要的路径。活动是主体经验积累的主要载体，活动是培养综合素养的最佳策略，活动也是促进主体交流的最好方法。活动融通了知识的界域，走向一种整体性、系统性的教育旅程，相比单一的学科教学，凸显出它的优越性，这种优越性是资源与文化优越性的集中表现。当然，这里的活动包括教学活动、德育活动、校级各项活动。在人大附中，各项活动比赛每年可能有几百项。教育即生活，教育即社会，教育即经验的改造。学校通过活动，激发了学生的生命激情，培养了学生的综合能力，还促进了师生、生生间情感的交融，缔造了师生幸福情绪等。教育已经不能只发生在课堂，单一的讲授形式必须予以改革。教育的创新、方式的借鉴其实就在生活、生命、文化、学科之中。教育必须融通外部支持环境，甚至可以毫不夸张地说，生活有多少种形式，教育就有多少种形式。教育的目的就是走进生活，生活之道本就渗透在教育之中。

学校作为一个有机体，还需要不断更新与发展。学校建设并非仅指对学校的投资，促进学校的发展，还包括学校常态化的管理、常态化的运作等等。管理容易使人滋生被动性，思维僵化，人性固化。建设则指一种主动投入的行为，指向主动性、生态性、生成性与开放性。一所学校的建设，应该秉承“人文+思想+制度+人性”的管理，并依靠民主、目标规划、标准化、模型化、统一化、协同化、互动化来促进这一建设的达成。有了民主才有解决问题的多样思路的选择与优化；有了标准化才有了整合的资源与行事的常规版本，可致效率提升；有了目标规划，才能有条不紊，张弛有度，充满自信，坚定信念，持之以恒地开展工作；有了协同化才有了资源的节省、整合与优化，才有了补位与互动。学校的建设还要走向一种健康可持续的生态发展，不能只顾眼前，这需要领导有前瞻意识，敢于尝试，敢于创新，敢于接受挑战。

（六）实力雄厚的外境平台

学校的运作不仅需要内部协同一致，不断更新，也需要外部环境支持，需要实力雄厚的支持平台。人大附中依托人民大学，并得到政府的直接支持，同时与世界多所一流大学、一流中学建立了合作关系。人大附中的家长资源也非常丰富，能参与学校建设，由家校协作走向共建共生。人大附中还拥有多个实验，实习、实践基地，既打通了家校社的连接通道，也连接了国内外知名企业、单位、学校的资源。有如此高的平台，如此实力雄厚的外部环境支持、资源供给与交换，这样的学校注定会缔造辉煌。

（七）深度的文化交流

学校在场所上看是一个固定的存在，但从精神的内涵上解析，则是一个文化场的存在。一所学校必须拓宽它的时空场域，变固化静态的生活场为生动活泼的文化场。这需要进行文化交流，以拓展学校的文化场域。人大附中定期与国内外一流名校进行交流，互派师生学习，彼此借鉴参考。还不定期聘请国内外知名学者做讲座，甚至做客座讲师。教育从认知信息加工的角度解析，则是信息的输入、加工与输出的工程，没有信息源、优质的信息输入，何来输出呢？

（八）惠济的社会责任

学校即社会，一方面说明学校的发展、运作、更新可以参照社会的文化基因与元素，另外一方面则说明作为社会的一分子，学校应该担当一定的社会责任。毫无疑问，学校要为社会输送优质的人才，这是学校的天职。这需要学校全体师生有高度的责任感和为中国梦奋斗的使命感。一所学校自身发展好了，还需要帮扶其他学校，为社区的发展献计献力。一所学校有能力，还需要承担更多的社会责任。信息时代为沟通提供了便捷的条件，网络课程、世界课程（全世界共享的资源库）、泛在课程（一种唾手可得的资源，如手机平台的资源）都已能够很方便地获取。这一方面有利于学校自身的发展，驱动教师成长，同时也有利于树立学校的社会责任感，还有利于整个中国国民素质的提升以及教育理念的推广与传播。人大附中以优质资源“帮扶”带动教育均衡发展。从2002年以来，与延庆永宁中学等学校合作，共享优质教育资源；承办“中国基础教育卓越校长卓越教师培养基地”；承担“国培计划”项目，为全国各地培养教育家型校长和专家型教师。此外，还先后合并西颐实验学校，委托管理蓝靛厂中学，与北航附中深度共建，受海淀区、朝阳区、丰台区委托分别建立人大附中西山学校、人大附中朝阳学校、人大附中丰台学校，派出管理团队和骨干教师，形成区域内优势互补、特色发展的联合办学机制，有效地扩大了人大附中优质教育资源的覆盖面。

（九）创新的科学研究

学校在发展过程中必然会遇到无数问题，面临多重阻碍。需要以历史唯物主义和唯物辩证法的眼光来看待这些问题。研究是解决问题的必然路径。这种研究融通了学习、借鉴、继承、创新、探索、反思、变通、总结等元素，这些是研究的内涵与路径。人、自然、社会、文化是我们研究的素材，也是研究的灵感来源。当遇到难题，看看他人如何解决，从书中，从自我经验中，从他人行事中可以找到一些灵感。同时也可以自身探索，不断思考与寻找，不断反思与变通，在变通中形成突破，在突破中形成决策。这是刘彭芝校长对创新的阐释。其实，创新、研究就是一种文化更新，文化创新的机制是文化的继承与修改。一所学校的发展必须要经历初创期、磨合期、研究期、发展期、巅峰期、稳定期、更新期的生命循环，需要我们不畏艰难，守望理想，勇争一流。当然，研究创新需要厘清研究思路，创建研究团队机构，形成常态机制，建构激励反馈评价机制，等等。总之，研究就是学习、参考、变通、经验总结、反思、实验、探索、创新的整合体，统一体。①

① 李方红.基于有机体意蕴的学校发展探析[J].现代中小学教育，2014(12)：9-12.

（十）全景的评价反馈

评价好比一面镜子，客观、真实、科学、及时地反馈学校发展的情况，依次比对建设愿景与目标，诊断发展中的问题与瓶颈，分析原因，寻找解决对策。评价就是系列导向、反馈、改进、激励、自省与预见的旨在提供内生力量与探寻更好发展的关联因子的过程。即评价基于过程与结果，基于现实与境况，去寻找怎样才能更好地优化与发展的策略与方法，进而促进主体发展。评价既可看成是有机体内部的重要文化建构活动，也可看成是宏观层面上对整个学校建设的总体反馈与改进活动，这里取后意。

三、学校部门、机构设置与职能介绍

作为一名老师，应该对学校的部门、机构有一个清晰的认识。当然，每所学校的部门与机构不尽一致，但大体上相似。根据上文中文化时空理论基础上的学校建设结构分析可以看出，一所学校一般都会有校长室、办公室、教导处、德育处、总务处、工会等几大部门，也会有校务委员会、教职工代表大会、行政会、年级组、学科组、备课组、课题组等组织（相关人员组成的共同体）。

下面以重庆市巴蜀小学为例，将小学的主要部门与相应的组织图呈现如下，见图3.5（图中括号内的为对应部门的组织）。

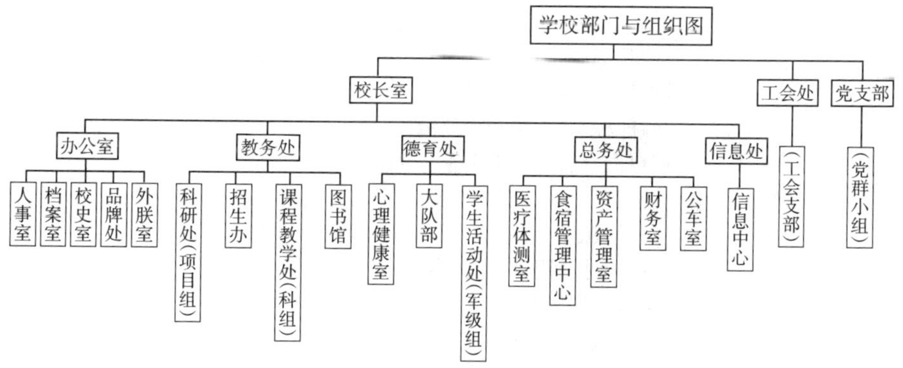

图3.5 学校建设部门架构

四、学校学年主要活动与工作清单

学校建设工作一般有哪些具体内容呢？根据上文中的有机体意蕴的学校建设十大模块，再结合所在学校的行事历、实际工作情况，予以总结，提取重要的活动进行罗列，再进行分类，我提炼出了学年主要活动与工作清单。不同人群通过这个清单可以大概了解学校的基本工作，从而开展好各自的具体工作。

普通老师可以在未开学前的假期做好自己负责内容的准备工作，未雨绸缪，做到心中有数；新老师可以对学校的基本学年工作有一个粗略的认识与了解，这样才不至于忙乱；管理者可从宏观上进行工作规划，抓重点，突破难点，对学校工作进行科学规划；研究者可从中获得系统性视角，拓展研究视野，寻找适当角度进行教育研究。具体见表3.1。

表3.1 学校每学年主要活动与工作清单

项目	细目	活动与工作内容
文化理念	办学历史	校史整理、学校年鉴撰写与归档
	规划总结	拟订并实施发展规划、制定并实施年度工作计划、撰写学校年度工作总结、整理记事本《足痕》(行事历与新闻记)
	办学理念	定期修订学校办学理念、管理理念、学校建设理论体系、教师人生成长理论体系、课程教学模式、学生培养模式等。撰写学校教育理论图书
	学校文化	修订办学宗旨、培养目标、发展目标、办学思路、校训、校风、学风、教风、校歌、典礼与仪式 编印校刊(学校刊物编辑与出版) 管理校网、校内电子管理系统等 校名(题字)、校徽、校旗、校服、校卡、校证、校园(建筑物、景观、图书馆、课室、功能室、操场等)、校车等管理 PPT模板、请柬、宣传海报、奖状、信封、笔、笔记本、袋子、台历、明信片、纸杯等 品牌宣传、媒体沟通
	学校制度	修订章程与制度

续表

项目	细目	活动与工作内容
组织机构	常规工作	机构重新组建、各部门与机构职能分工、学校各部门工作手册编印
	校长室	聘任和解聘学校教师和其他工作人员，重建各级代表大会(教师代表大会、工会委员会、党员大会、行政会议、校长办公室会)，召开校长办公会
	办公室	办公室是学校党政工作的综合办事机构 常规工作、校车管理、公文工作、会务工作、档案工作、接待工作、统计工作、印信管理、宣传工作、人事管理、招生工作、退休教师、证件年审
	教导处	教导处是学校负责教学运行、教学指导、教学管理、教学研究、教学质量监控与管理、教师专业发展与培训等工作的管理机构
	德育处	德育处是学校负责学生思想政治教育工作的职能机构，是学校德育、班级管理、校园常规等工作的管理机构。少先队是学校实施德育的重要组织
	总务处	总务处是学校后勤工作的综合管理机构
	党委	学校党组织是学校的政治核心
	校务委员会	校务委员会由学校党政领导成员和职工代表组成，由校长兼任委员会主任
	年级组	学校设立年级组。年级长负责本年级学生日常学习活动的管理，实施行为习惯的教育；处理突发校园伤害事故，确保学生的安全；组建家长委员会参与学校管理，组织和开展家庭教育，构建和谐的家校关系
	学科组	学校设立学科组。各科各设科组长1—2名。另外，语、数、英各年级设集体备课组长1名。学科组长和备课组长共同负责本组的校本培训、校本教研与教学科研的组织落实
	教职工代表大会	学校成立教职工代表大会，加强学校的民主监督和管理。制定、修改学校章程，审议学校发展规划，审核预算决算，审议学校工作报告，讨论决定教职工福利方面的重大事项
	工会	学校工会是教职工民主参加管理的组织和途径，工会负责做好教职工和学校的沟通工作，组织教职工开展有益的文娱体育活动，同时关心教职工及退休教师的生活

续表

项目	细目	活动与工作内容
资源环境		硬件设备建设、校园环境建设、学校软件建设(信息技术管理)、社会资源建设
		拟订和执行年度经费预算方案,保护和管理校产
文化主体	教师成长	教师招聘、教师人事、教师培训(网络继续教育培训)、教师管理(值班管理)、教师职称、教师绩效(教师工资管理)、教师考核(定级)、职称评定、教师档案
	学生成长	学生开学分班、学籍管理工作(新生学籍资料采集、验证、审核、学籍信息录入;每学期全校学生人数的统计、名单、成绩等信息的文档打印、核对、存档)
内部活动	学校发展	会务工作(各种会议与纪要撰写,校长会、行政会议、教职工大会、年级教师会、科组大会、备课组大会、班级导师组会议、学生级会) 统筹协调(制定学期与周行事历、各种通知、学校公文、信件、邮件、报纸杂志的分送) 文秘工作(通知发布与转接、各种文书工作)
		开学工作(一年级新生入学报到、插班生考试、购买与分发图书、发放教师教参、学生入学教育、校长报告会、专家讲座、国旗班鼓号队开学典礼准备、开学典礼、告家长书)
		教育培训(专题讲座)
		接受审计
		上报各类材料[每年填报省基础教育学校(机构)统计报表、各种材料)]
		学校年度档案管理
		年度评审与总结工作(述职考核、各部门上交计划与总结)
	招生工作	一年级招生、插班生
	管理活动	教师管理(教师值周表、签到表)
		建设资源环境、外境平台建设、规范组织制度、厘清文化理念; 优化师生活动、持续科学研究、激活生命主体、定期文化交流; 兼及社会责任
		校务公开与民主监督(保证和监督党和国家各项方针、政策在学校的贯彻落实,坚持社会主义的办学方向)

续表

项目	细目	活动与工作内容
	课程教研	教育教学改革
		教师队伍建设(人事安排,通知和安排教研活动;交流研讨、观摩展示课堂等;培养、组织大科组长、备课组长和骨干教师的力量;组织教师完成各级各类基础培训)
		课程研制与课程安排(课程开发、教材教参征订、安排课表、兴趣班开课、调课)
		各级各类教研活动(校内教研活动、工作室、科组教研、师徒结对、参加各级各类教研、校内公开课、教案检查)
		教育科研管理(课题相关工作、组织教师研究)
		培训学习与研究活动(课题研究、培训学习、讲座、教师交流互动活动、读书汇报会、课题结题会)
		教学管理、督查与引导[听课、教学常规检查(教案检查作业检查)、各类测试、印发学生奖状、教研检查督导、教学质量监控、教学引导管理等]
		考务工作(学期期中期末考务工作、出题工作、考试分析)
		教学交流与合作(实习、校际交流)
		各级各类教研比赛(辩课、教学比武、优课录制)
		各级各类学生比赛(语、数、英各种学习竞赛活动开展,如数学游戏活动)
		期末工作(通知、评语、学籍册)
		总结与档案归档工作(布置、督促和期末收集、统计学校各学科教育教学工作计划、教学进度安排、复习计划和总结;学困生转化情况登记表、培优补差工作计划表及总结表;各学科教学活动的计划、方案和各类总结。科任老师填写好学生手册成绩,班主任老师填写好学生手册与学籍册上学生的成绩与评语,教师的教学业务档案,做好教师的获奖、教师发表论文与学生发表作品的收集、整理和定期统计)
		机构与平台建设(开播红领巾电视台、面向学生的期刊、组建大队委员会、中队委培训、班级建设活动)

续表

项目	细目	活动与工作内容
	学生活动	养成教育活动（“学会自护”宣传语设计、漫画设计、专题讲座、知识讲座、各种演练演习、安全教育活动）
		学生常规训练与管理（墙报、电视台开播、上交德育作业、发放《中队活动手册》、学生日常行为规范教育、安全教育）
		各种会议（级会、中队会、班会、少先队委会）
		各种仪式与庆典活动（升旗仪式、开学典礼、散学典礼、毕业典礼、节日庆典等活动，学雷锋活动）
		学生校内校外各种活动（召开年级级会、主题中队会、校运会、学军、学农、素质拓展、社会实践活动、春秋游活动、社区活动、专题活动、换牙节、捐赠活动、捐书活动、文艺汇演）
		专题与特色活动（清明节扫墓、学雷锋、社会主义核心价值观进校园、儿童节、教师节、建队日、学农、学军、户外拓展、十二个学会、每月之星评比）
		学生自主与社团活动
		各级各类比赛活动（爱校之星评比、合唱比赛）
		校级各类队伍培训活动（国旗队、鼓号队、学校管乐队、弦乐队、田径队活动）
		校内评比活动（温馨课室评比、竞选活动、XX之星评比、三好学生评比、“十佳”学生评选、优秀学生干部竞选、上报区市省及全国表彰、手抄报评比）
		后勤管理工作（午休、午餐管理）
	工会活动	组织建设、沟通桥梁、权益保障（知情权、参政权、评议权、获益权）、教工生活与活动（全民运动、全民阅读、艺术修养、特色活动、关照教工生活、组建各种队伍、节日庆典、各种教师活动、年度教工体检）、教育工作、其他活动
	内部交流	家长会及其他各种会议

续表

项目	细目	活动与工作内容
	后勤保障	校园硬软件资源管理与维护（学校固定资产盘点归库、学校土地、房屋、设施设备等国有资产的管理和使用。通信网络设备、设施的维修、维护及通信管理工作。水、电、暖等后勤服务保障系统的管理工作。校园环境建设的规划、绿化和环境卫生工作）
		安全检查（检查教学设备、电路检查、设备检查、保洁与消毒）
		财务管理（编制学校经费的预算，并定期向校长报告执行情况，管理好财务档案，定期进行审计）
		校车管理
		门卫室管理
		医疗卫生保障（食堂管理、学生城镇居民基本医疗保险系统的学生信息录入，学生体检表的存放和管理工作，学校医疗、卫生、保健、防疫工作）
		师生支持服务工作（登记教师用餐、课后托管费、水费收取、购买校服、住宿、图书馆购书与借阅，教参教具）
		工程审议招标监工（学校维修、修缮、装修等基础设施工程的设计、论证、招标及建设管理工作）
	其他活动	
	获奖情况	
外境平台		学生拓展基地建设、与企业公司联系工作、院校协作、社区资源争取工作
文化交流	教研交流	
	各类主体交流	校际交流（接待与交流）、院校交流、国际交流、校社交流
	实习交流	
社会责任		送课、支教、交流
科学研究		参加区教研室活动
评价反馈		上级教育督导部门督导评估 学校内部自我系统评价（课程、教学、学生、教师、管理等） 学校年度总结与规划 制定与修改评价方案

五、学校学年普通教师工作与活动清单

了解学校的整体工作对于一名管理者是非常重要的。普通的老师则需要对自己的工作有一个全局认识，以便做到未雨绸缪，心中有数。

教师在学校里的主要工作内容就是教学，其他工作本质上来说都是对教学工作的支持。不管是教学工作还是教学支持工作，其本质都是服务于学生发展，服务于教师自身人生成长、生命优化的。当然，这里有个前提，那就是教学工作及其他教学支持工作都是精心规划了的，对教师身心发展、生命成长是有益的。

于此，打开了一个新的视角，探究教师工作可以从教师的成长路径与教师的教学工作、支持工作综合进行分析。通过文献梳理与经验总结，我们提出了教师人生成长的九个方面，分别是身心基础、生活立身、教学为本、学习促进、研究提升、事务塑能、交流共生、资源保障、文化衍生。这九个方面既是教师教学工作与教学支持工作的主要内容，又是教师自身成长的主要内容，还是教师工作与生活整合的主要内容。也就是说，教师作为为人与为师的统一，作为教学与其他工作的统一，大体上，都进行着这九个方面的内容优化。而优化的路径就在这九项内容对应的方式之中，如身心健康的优化路径与发展路径就在身体锻炼与心理调适这两大方式之中。于此，内容与形式实现了统一。同时，为了突出班级建设的工作内容，我们将班建工作单独罗列，最后汇总为表3.2。

表3.2 学年教师教育工作概览

类别	细目	需交材料
教育工作		
身心基础		
生活立身		

续表

教学为本	教学计划与总结(教学历程表)	教案本 教学反思、教学案例、教学总结 出试卷、题库 公开课PPT与教案 考试分析 培优补差情况登记
	八课活动:研、磨、仿、备、听、评、说、展课(备课本、教学案例与反思、教学反思、听课记录、评课反思、录制微课、批改作业、辅导学生、学况整理)	
	各级各类教研活动(校内公开课、区市教研)	
	各级各类比赛(教学比赛、赛课)	
	开展各类教学活动(大讲坛、游乐场等)	
	教学研究与成果编印(编印学习宝典、玩转数学杂志)	
	考务工作(试题库、出试卷、监考、成绩登记、考试质量分析、考试成绩质量分析)	
学习促进	自主学习与校内学习(读书笔记、读书报告)	教学学历进修材料(含学时证明)
	各级各类培训与学习(会议记录、学时证明、学习笔记)	
	网络继续教育	
	撰写学习反思与培训总结	
研究提升	课题研究(申报、开题、结题)	教师公开发表、获奖的教育论文
	论文撰写	
	教学研究资料收集与整理(教学日志、教育随笔、教学案例)	
事务塑能	学校各级各类各层各方面的事务(值周值餐等)	
交流共生	家师交流(家长会、定期交流)	帮助领导做的一些事情
	团队协作(同事交流)	
	校际及其他交流	
资源保障	科组材料	
	行政工作(职能部门的其他材料)	
	其他杂事	
文化衍生	获奖证书	个人获奖情况、个人工作总结

续表

班建工作		
建设夙愿	班级夙愿制定、班级奋斗目标、班级建设规划	
文化建设	班训、班风、班级格言、班徽、班歌、班刊、班级比赛口号	班级简介
组织建设	班干部选拔与任聘、各种团体建设	班干部名单
制度建设	班规:①行为:生活卫生、学习训练、活动集会、社会交往(沟通制度)、组织建设;②物质:财务管理(公物,私物);③精神:班级文化、个人修养	班规
	日常行为管理,每天值日制度(把班干部职责、全员学生每天工作呈现在一张表上)	
	学生个体作息时间表制定	
	德育量化登记制度	
	活动建设制度	
	每日通告制度:每日之事PPT通报,规训	
场域建设	学习三位一体场域建设、环境资源建设(班级图书分享)	
外境建设	家校交流平台建设、家校共育与沟通、家校社融通	
班级活动	活动建设:学期活动规划方案、活动规划一览表、班级活动行事规划、班级行事历、周计划	
	后勤服务:扶贫、奖学金、放假、体检等各类报表	
评价反馈	德育量化登记、学习考评反馈、班级活动评价、班级建设成效评价、班级周总结、班级评优	德育量化考核
		班级评优统计
		班级获奖荣誉
自主优化	全班学生档案管理制度(花名册、座位表、登记表、学生信息一览表、其他特殊报表、学生个性档案管理) 学生方面材料(通知书、成绩单、假期作业、素质手册、评语、荣誉证书、奖品等)	
班级研究	班级日志、班级学习生活周记、班主任工作随记、论文撰写,著书等	班级管理工作总结、班级管理案例

任何教育的思考必须从系统性、生态性、生命性、开放性、生成性、差异性角度进行思考，在不断思考寻找中，在不断反思变通中，寻求突破，形成决策。学校的发展亦如此。

第二节　如何管理好你的班级

有人说，老师不当班主任就难以成为一名优秀的教师。实际上，教学活动仅是教育活动的冰山一角，同时教学活动也内在地包含着班课建设活动，或者说教学活动与班级建设活动本就并行不悖，相互交融。所以，作为一名老师，即使不当班主任，也应该了解班级建设、班课建设（学科、课时为单位的班级建设）、学生行为问题处理、学生心理问题处理等基本的知识。

如果说学校是学生成长的主要阵地，那么班级则是学生生命成长的大本营。这里，班级为具体的实体空间。事实上，当我们言说班级时，展现在我们面前的是一幅生动的立体多维图景，包括实体场域、功能主体、文化组织、学研机构等。不管从哪一方面理解，都不可否认班级作为组织载体、文化机体、实体环境、学研主体在学生生命成长中的教育价值。

如此，班级的内涵则应该重新定位。可以把班级定义为以一定单位内所有学生为中心，教师、家长等多主体协同构筑的生命机体。生命机体需要进行内外能量交换，承载着文化继承与创新的责任，构筑在一定的时空场域之中，呈现一定的生命规律。班级的文化内涵应呈现出一幅富有生命的动态画卷，不再是传统意义上的实体环境。如此，班级还原了它现实境况下的真实身份：一是以单位内全体学生为主要组成体；二是内部呈现一定的运行规律；三是承载了文化的创造价值；四是处于内外交流的生态链中。事实上，现实生活中，“你在哪个班？”“你们班真好！”“你们班真团结。”“班级的力量真的很大”等才有了解释的蓝本。[①]

可见，只有从文化范畴对班级进行客体主体的整合，从环境文化的互流视角入手，才能把握它的本真。也只有从这样一种立体多维生态视角出

① 李方红.从生命体角度探析班级建设及班级活动[J].教育探究，2015(2):75-79.

发，才能发挥班级的最大功效。下面从班级管理走向班级建设的文化释义、班级建设的基本结构与班级建设的实践探索三个方面予以陈述。

一、从班级管理走向班级建设的文化释义：班级建设的内涵与价值

班级最初作为一种组织，在建设上强调管理，依靠制度，着眼规范，容易引导一种被动性的文化滋生。即班级内部主体的生命活力难以激发，文化优越性难以发扬，班级处于一种内部封锁的结构中，缺少交流、对话与建构。

班级建设的思路则进了一步，诉求于主体生命投入，强调整体协同，整合内外合力，展露生态视野。可以看出，班级建设扩展了班级的内涵，班级衍生为组织、主体、客体、文化与载体、媒介等的交融。其核心从教师管理走向师生、家社共建，其目标追求由平衡走向一种进化，还原班级对于学生成长的平台、资源、环境、主体结构的多元价值。其路径从单一线性走向立体多维。其实就是把班级当成了一个生命体，而不单是一个静止的时空场域。从生命体的高度出发，我们提出了以建设来统领班级的发展机理，建设指向未来、进化、生态、调整、主体、合力等。

班级建设是教育活动的重要元素，是培养人才的重要机体，因此，必然要厘清班级建设的目标、结构与操作。对目标的认知首先来源于对教育目的的识知。教育的目的是什么？这是一个任何从事教育工作的人首先要厘清的主题。对此问题的不同解答即对教育哲学的不同思考。

教育目的是一个不断发展变化的文化实在。有研究者指出，教育目的应该包括四个层次的内容，即自食其力、潜赋俱扬、幸福高尚，惠仁世界。[①]自食其力就是培养学生基本的生活、学习、做事的能力。但教育还应该思考另外一个主题，那就是挖掘孩子的潜在天赋，教育应该为孩子的生命优化提供资源、平台与机会等外部环境与条件，甚至可以说这是教育的首要目的。如何才能真正挖掘孩子的潜在天赋，让每个学生因为个性、特长的肆意挥洒而感受到幸福呢？

① 李方红.教育目的"四层说"——从考试说起[J].教育科学论坛,2013(8):32-34.

首要的就是要让孩子有自我觉醒的意识与能力，也就是教育需要给孩子自由选择、自主发展的空间。如何抵达这样的图景呢？行为主义提供了一条路。只有让渡学习的主体地位，给孩子尝试的时空场域，他们才可能知道自己擅长什么，知道自己在哪方面有兴趣。潜在天赋和兴趣并非是统一的，有时候存在距离。潜在天赋与兴趣有时候也潜藏至深，需要探索与发掘。甚至兴趣和潜在天赋还有可能转移，也不会是一个单线的组合，即有的人有多重潜在天赋，有的人可能存在将此潜在天赋转移到另外一种行为上，这就是迁移。当然，潜在天赋与兴趣的发现还有一个过程，也要遵守历史唯物主义和唯物辩证法的一定规律。

可见，孩子自我觉醒的过程即他们认清自我的一个过程。我是谁？将去何处？如何抵达？这既是三个永恒的哲学问题，也是人一生不同阶段都必须回答的问题。觉醒的内核是对“我能”的识知。以上三个问题的回答都必须依托于“我能”。而“我能”不是一个存在物，应该是类似哲学里的“感触”与“应和”，即一个尝试、触碰、行动的过程。

以上的思考，回到了生命成长本身，对“我能”的阐释则回到了生命优化本身，这便是生命教育要做的事。生命教育事实上是文化教育、生态教育、生成教育的整合体，解读生命的本真，诉求文化的生成与进化，呈现为生态系统的建构。

基于生命教育，教育的目的则可以概括为“生命优化”。教育是培养人的活动，指向主体优化，最高的境界是使教育对象成为最优秀的人，较低的境界是使其向最优化的生命体迈进。

回归到班级本身，基于生命教育的班级则应该把班级当作一个生命体。班级作为主体、客体、文化、组织、活动、场域、机构，各种定位都融通在一起。

这就要求班级必须还原主体的生命活力，给予主体充足的探索、尝试、思考、自主、操作的时空场域，必须从被动的规约、控制走向投入与建设中来。这也必然要求班级从过去的单一线性的实体空间走向功能主体、生命机体。这还必然要让班级主体学生、教师成为班级教育活动展开的主人，树立他们的认同感、成就感、效能感、价值观与幸福感。即班级一方面变为他们的建设客体，另外一方面，班级又是一个功能主体，反哺班级所有成员。这样的互动、互流、生态性特征其实就是一种生命体特征，即是把班级拟人化，从生命机体的思维方式去思考班级。这便是班级由管理走向建设的必然，这便是班级建设的核心内涵。

可以看出，班级建设强调的是班级作为文化主体的生命特性，对班级建设的解读也必须回应其应有的内部结构、运行机制、文化生成。这便是下文要回答的主题。

二、班级建设的基本结构：基于"三环流"班级建设理论的思考

生命的优化事实上在外部展露为文化的进化，内部表现为主体的文化内化与文化外化。简而言之，就学生个体而言，他们需要从文化知识中吸取营养，而学习的效果如何就在于他们的文化创造，即外化的过程。从生命教育起点出发，生命优化正是文化的不断继承与创造。在个体身上，就是主体的觉醒与成长。把班级当成一个生命体，亦需要这样的觉醒与成长，即班级作为一个活生生的主体，需要内外合力，优化内部结构，注入生长能量，实现进化。

已有班级建设理论把班级建设分割为几大块，对每块进行详细解剖，这是工具理性思维的再现，并非不可取，但有待改进。"三环流"班级建设模式则是从生态学的视角出发，整合工具理性与人文关怀的各自优势，详细分析班级运行的机制，系统生态性地建构班级建设的架构。见图3.6。[①]

① 李方红."三环流"生态化班级建设模式的理论研究[J].教育视界，2019(17)：8-10.

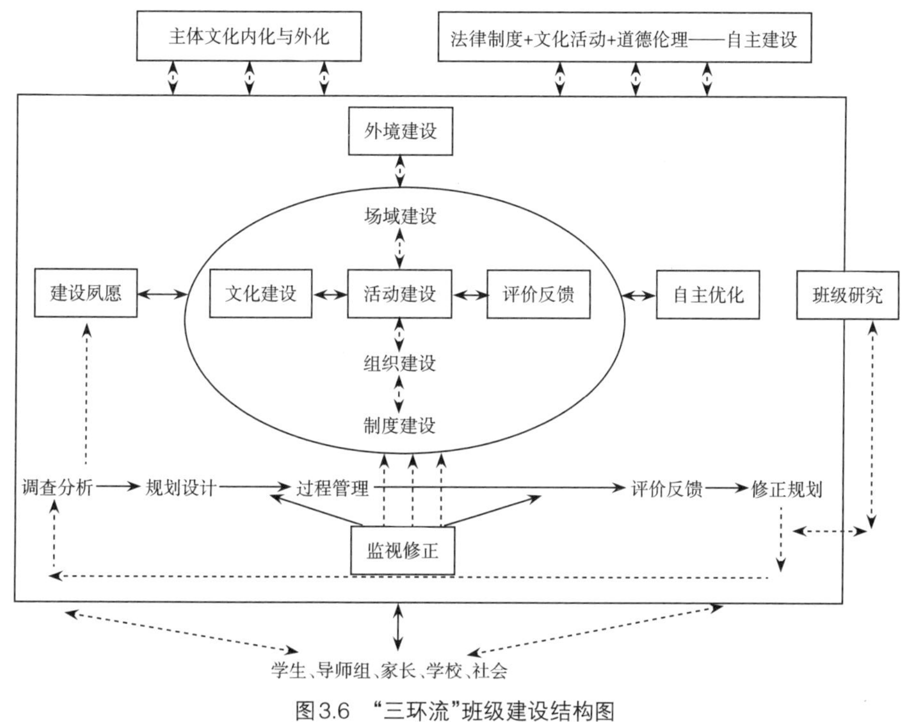

图3.6 “三环流”班级建设结构图

(一)第一环流:班级建设运行程序

如其他建设的文化图景一样,班级建设需要进行精心设计,并进行过程监控、适时评估与调适。在班级建设中,需要把班级看作一项工程,一个生命机体。班级是如何实现能量流动,新陈代谢的呢?

首先,调查分析,即在班级建设伊始,对班级的环境资源条件基础、学生情况、导师组情况、家长情况、学校特点等进行系列调查分析,把收集的数据整理为调查报告。一方面形成个性化的班级建设文化基础,另一方面为开展班级建设创造便利。其次,规划设计,要厘清班级建设的理论基础、建设模式、核心结构、主要内容、评价反馈机制等,做到精心策划,狠抓落实,办事高效。接着便是过程管理,定期评估,适时调整。最后基于过程分析报告,收集新问题,提出新对策,厘清新方向,对班级建设的整个过程进行调度,并修正规划,即又回到了起点。这便是第一环流,如生态圈一样,环环相扣,保证班级机体的有效运转,最大效度地为学生成长提供支持,发挥班级的教育功效。

(二)第二环流:班级建设十内容

“环流”班级建设把班级视为生命主体,当然也是我们主体“人”的建设客体。首先需要厘清班级建设的愿景,即对班级建设目标的识知。有了愿景以后,则要思考班级文化建设,这是班级建设的生命线。有了班级愿景与班级文化的导引,接下来如上文所分析,就要思考班级建设的系列活动了。这是班级建设的重点与核心。如何保障活动的顺利展开呢?组织、制度、场域与外境(包括家校共育的建设、外部社会环境资源的利用等)则为此提供支持。活动的展开需要不断评估与调适,贯穿整个班级生命体运作的全过程,评价反馈就是在做这样的事情。这样的班级组成了一个以活动为中心,以目标为指引,以文化资源为保障的立体结构。但班级建设的宗旨应该指向生命优化,生命优化与自我觉醒是相关联的。无疑,定位班级建设的宗旨,应该落脚在自主管理与自主优化上,即要让班级从混乱、困境走向秩序、规律。实现自主优化就好比钟表的进化一样,以前需要上发条,现在只需要上电池,三两年更换一次,平常也不需要去管它,因为它已经有规律地运行着。这便是班级建设的高层次境界与追求。无为而无不为!而要抵达这样的图景,班级研究必不可少。

综上,班级建设夙愿、文化建设、活动建设、评价反馈、自主优化、班级研究是班级建设的主线。组织建设、制度建设、场域建设、外境建设则是对主线的支持与辅助,是辅线。由此,由夙愿出发,经活动与评估,再进行研究与优化又回到了起点,同样是一个大的循环,但这样的环流并非线性的程序环流,而是点线结合的网状环流,即随时任意一点都可以实现与另一点的沟通与链接,任意一点都可以作为起点,与其他任意一点产生关联。这样,夙愿、文化、活动、评价、自主优化、研究、组织、制度、场域与外境十大班级建设内容就构成了班级建设的核心结构。这实际上是班级建设的内部运行机制,是班级作为有机体的内部生成结构。

（三）第三环流：班级建设的文化生成、能量循环机制

对于作为有机体的班级，还需要对其内部与外部文化的交流生成机制进行分析，对班级有机体能量交流进行深度解剖。就如同对人所生存的外在环境、人生成的能量系统的分析一样。

首先，文化生成的核心因素是人，班级建设中主体不仅包括教师与学生，还包括导师组（班主任、科任老师、教练组、生活老师、后勤人员等）、家长、学校（环境资源、领导等），相关的社会群体都应该成为班级建设的力量，贡献他们的智慧。这样有利于实现内外主体的协同，保障班级运行的内外能量平衡。

其次是文化的生发、创造机制。班级要保持平衡与发展，必须不断更新内部结构，滋生文化养分，包括环境、资源、条件、内容、活动等的更新与进化。而保持这样的文化生态平衡不在其他，就在主体文化的内化与文化外化的平衡与和谐，共进与互动。即一方面要保持班级的外在文化支持，如学习、借鉴、研究其他班级建设的成果，做到取长补短，同时自身内部也需要不断加强调控与研究。遇到问题时，用集体力量去解决它，在解决过程中更新、发展。这便是文化的生发创新机制。其实也可以说这也是能量循环的重要保障。

最后，班级建设还需要有充足的能量与养分保障，这种保障诉求于外部的供给与交换，但主要来源于内部的生产与缔造。这便是上文分析的班级觉醒与自主优化，需要激发主体的生命活力，让每位成员树立认同感、使命感、责任感，让每位成员自主贡献自己的一份力量，从而保证班级的正常运行。小学生不可能像成人那样明晓事理，需要借助思想、制度、活动的力量来对其进行教育。思想引领他们的心灵；制度消除班级发展的部分障碍，消除他们不应有的行为、破坏力；活动促进主体交流，提升他们的综合素养。活动相比于单一学科学习而言，更强调综合能力的培养，重视整体素养的提升，需要整合多科知识。所以用活动来评价学生应该成为考试的有力补充。可见，活动既是文化外化的评价，还应该是生命优化的主要路径与方法、内容与结构。最后落脚点才回归到自主建设、自主优化的高层次境界上来，即遵从学生身心发展的基本规律，循序渐进，不断纠误，探索进

化。如此，思想、制度、活动成了保持班级运行能量的基本元素，也是班级建设的重要思路，而自主管理、自主建设、自主优化则是三者协力后的结果，后续也成为一种主导力量，共同保障班级有序、高效、健康地运行。

三、班级建设的实践探索：班级建设手册、班级行事一览表的使用

以生命教育、文化教育与根基教育为基石，依托“三环流”班级建设模式，以笔者曾在2013—2014学年工作过的恒大足球学校（寄宿制足球学校，文化与足球双教学）六年级二班的班级建设为例，介绍班级建设的具体操作与实践。

（一）利用班级建设手册厘清建设思路与策略

要理解班级建设，从宏观层面进行系统性把握，就需要在上文陈述的“三环流”班级建设的架构基础上厘清班级建设的各部分内容的设计与规划。可是如何呈现每个板块内容的设计呢？可利用班级建设手册来统领班级建设思路与纵览班级建设的框架，以表格的形式呈现，并定期进行修改与完善。

班级建设手册顾名思义，就是班级建设的指南与思路，见表3.3。

表3.3　恒大足球学校六(2)班班级建设手册

类别	项目	细目	备注
夙愿	建设愿景	做到人人爱班、人人建班、人人享班，建成一个温暖、舒适、团结、奋进、向上的“家”	
	班级格言	像军人一样勇敢战斗，像哲人一样智慧思考，像农民一样辛勤劳作	
文化	建设思路	“夙愿、文化、活动、评价、自主优化、研究”是建设主线，“组织、制度、场域、外境”是支持辅线	
	奋斗目标	超越自我，勇争一流	
	班名	六(2)班——超越班	

续表

类别	项目	细目	备注
	班徽		
	班训	远志近为、笃行超越	
	班风	自信、秩序、勤奋、团结、向上	
	班规	安全、健康、守纪、文明、发展	
	班歌	在一起	
	班刊	刊名:《超越》(每周一期); 栏目:本期导航、班建探索、活动剪影、小题大作、妈妈的话、导师箴言、下期预告	
	学习刊物	《学习宝典》《玩转数学》	
	班级资料	班级建设档案文件夹(电子版、纸质版双重存档)	
组织	班干部	1. 人人能干事,事事有人干,人人干好事:每人一职、全民建班 2. 组织架构 班委会:班长、学习委员、生活委员、体育委员、宣传委员、文艺委员、后勤委员;语文科代表、英语科代表、数学科代表、音乐科代表、信息科代表、品德科代表;寝室生活委员、教室生活委员、生日筹划员、卫生督察员、邮递员、仪容仪表检查员、医疗员、理发师;赛况记录员;小记者委员、情报员、班务箱管理员、学况记录员、成绩记录员、班级资料管理员、考勤记录员;公物管理员、图书管理员、电教管理员	
	团体打造	导师组(教师、教练、生活老师、校领导等)、学生团体、家校社、个体	
制度	制度框架	班级内部活动:文化、组织、环境、活动 班级外部支持:外境 主体生命优化:自主优化与发展 系统评价研究:考评与研究	

续表

类别	项目	细目	备注
场域	实体空间	教室、训练场、校园、校外基地 教室环境设计：后墙——左侧为荣耀殿堂、中间为班级时空画廊、右侧为作品展析；前墙——左侧为学海无涯、中间为班级文化、右侧为每日之事；侧墙——左侧为班级格言、右侧为名人格言	
	网络空间	博客、视频库、QQ群、微信群等	
外境	多位外境	家庭、社会（班际互动、校际互动、社校协作、与恒大俱乐部交流等）、导师团、文化与环境	
	家长团	家长爱心服务队、家师交流、家校共育（会议活动等）	
活动	活动原则	民主协商、同甘共苦、共同进步	
	规划总结	年度活动行事历、周活动计划与总结	
	活动类型	身体与心理、情感与生活、学习与训练（主题班会）、交往与社会、资源与环境（组织建设、后勤服务、财物管理）	
	活动落实	1. 每日之事：每天班级日常行为，重要通知整合呈现在一张PPT上 2. 活动记录：班级日志、学生作品 3. 学况量化记录表：（成绩、在校情况、德育量化整合为一个表格）	
评价	评价内容	学生评价、教师评价、班级运行评价、活动效果评价、班级建设整体评价	
	评价办法	1. 量化评价：学生积分制（学况量化记录表） 2. 档案袋评价：红黑榜单、班级荣誉、个人获奖、在校学况积分与成绩表 3. 表现性评价：学生作品	
自主优化		1. 建立学生名册一览表：学生所有信息，用于学籍、信息提取用 2. 建立个性化的作息时间表：目标与路径规划	
研究		1. 班级周记——反思与研究 2. 班级行事——回顾与调试 3. 个案教育——案例与研究	

(二)利用班级行事一览表开展班级活动

接下来是根据建设手册的内容与建设思路,对学年班级建设的活动进行规划。

基于管理学视角的班级缺乏生命力,呈现一种被动、线性、单一的活动图景。班级建设还原了班级的生命机体内涵,展现为有机体与生态系统的融通图景。存在与进化是主体生命优化的主题,从生命哲学的视角出发,活动是主体存在的主要方式,以活动搞活班级建设,这源于活动自身的文化优越性,同时也是由班级建设的生命优化一致性所决定的。这里特别要说明,并非放弃其他路径,只不过是把活动当作主线而已。

接下来要阐释的是通过哪些活动来实现班级建设的夙愿与主体优化境界,或者说要开展哪些活动才能很好地实现班级的优化与进化。说得简单一点,即如何通过活动的系统设计与展开来保障"三环流"班级建设模式中的班级建设十大内容的落实,从而提升班级生命体的质量,抵达不断优化与进化的图景。

要回答这样的问题,首先需要找寻到活动设计与班级建设设计的适切性与匹配性。

第一步是分析与阐释学校班级活动的构成。

活动是由共同目的联合起来并完成一定社会职能的动作的总和。活动由目的、动机和动作构成,具有完整的结构系统。班级建设作为一种活动,是为了让班级得到更好的发展,发挥教育功能的最大效能,班级进化后能反哺每一个成员。可见,把班级建设作为活动,即要求把上文分析的十大内容活动化,而不是知识化、静止化,即把制度活动化,把场域活动化,把研究等也活动化。这种活动化集中表现在几个环节:一是发起与设计的动态性、生成性与系统性;二是建设的长期性与反复性;三是评估与调整的及时性与修正性。班级建设不是一蹴而就,而是一系列发起、落实、评估与改善的过程。

反思主体活动,把班级当成一个生命体,班级建设的活动架构则可以从人的生命活动内部进行探析,即将主体人的分析迁移到对班级建设的分析上。

接下来则要分析主体的生命活动包括哪些结构。

主体的存在是一系列生命的存在,也是活动的存在,即生命性与活动性是人体的存在本能与永恒追求。主体的活动存在的主要内容,从文化哲学的角度看,就是一系列文化内化与主体文化外化的过程,亦即依托文化资源发展自身与创造文化的过程。文化内化诉求于外在的文化条件与主体的内化条件,即活动首先要有内容、资源与环境作为保障,同时还需要具备主体身心条件。

而文化的创造首先需要分析创造、创新的机制。创新的机制实际上是对文化的继承与改进,即必须要有现实的"模板或原型,诉求与需要"。由此,文化的创造过程或文化的外化过程还需要不断学习、交流、研究。由此,动机、学习、交流、研究等也成了人活动生存的必要内容与路径。

事实上,你会看到班级建设中的夙愿、文化、组织、制度、场域、外境、活动、评价、自主优化、研究等内容在这里得到了匹配与适应、弥合与融通。笔者结合恒大足球学校特殊的文化基础,结合上文的学理分析,从人的生存活动论视角出发,把班级建设活动分为了"身体与心理、情感与生活、学习与训练、交往与社会、环境与资源"五大块,对应班级建设十大内容,表现为班级建设的五大路径,同时也承载着十大内容,即五大活动展现为目的、内容、路径,甚至是评估与进化的整合体。举例见表3.4。

表3.4　2013—2014学年六(2)班班级建设活动规划一览表

项目	活动内容	目标	备注
身体与心理	安全健康讲座、各种演习(地震逃生演习) 学军、素质拓展活动 "温馨课室、寝室"座谈会与评比 各级各类艺体比赛(拔河比赛、合唱比赛、毽球、跳绳、趣味运动会) 春游、秋游活动 周六足球比赛	培养健康身心基础 养育强健顽强身躯 打造坚毅远志心灵 增加学生集体荣誉 促进学生情感交流	

续表

项目	活动内容	目标	备注
情感与生活	新旧生交流活动(班内周末足球赛) 孩子生日庆祝会 儿童节、中秋节、国庆节、元旦节庆典活动 带领学生广州一日游,清远一日游 六(2)班班级电视台微视频(纪录片)录制、班歌MV录制 恒大足球学校校园歌手大赛 观看电影、观看球赛 班内社团与兴趣小组活动,周末小活动等	快速适应足校生活 创建班级向上文化 营造和谐奋进氛围 打造舒适文明环境 增进学生团体情感 增进学生幸福情感 拓展学生文化视野 提升学生生活质量	
学习与训练	举行“足球梦、中国梦”主题报告会 读书万卷活动——建设图书角 班刊《超越》征稿与编辑、出版学习宝典 开展五大活动:课堂间、大讲坛、游乐场、研究坊、俱乐部 各层次的学习训练交流活动(班际、校际等) 四个学会教育(做人、做事、学习、共处) 兴趣班、兴趣小组、社团活动 主题班会 各种学科竞赛、游戏(课堂常规比赛、口算技能大赛、温馨课室寝室比赛) 文体艺乐班级比赛(包括歌唱、演讲、辩论、舞蹈、科技、艺术等) 考试复习 学期颁奖典礼	培育爱学愿学动机 培养主动积极习惯 养成良好学习方法 培养良好学习习惯 提升学习训练质量 扎实学生发展根基 实现学生充分发展	
交往与社会	整顿纪律、秩序周 寝室联谊、班际联谊活动 与他校交流活动 家长网上在线讲座,家生师交流活动	促进社会认知发展 提升交往交流质量 增加团体情感力量	
环境与资源	班级文化建设(班训、班风、班歌、班规等) 组织机构建设,聘任班干部 收听网上课程,微课 出黑板报 读万卷书活动(建设班级图书角) 建设班级“虚拟家庭”	构建优质环境资源 打造多元环境平台 实现泛在及时交流 建设温暖宜人家庭	

（三）利用班级名片驱动主体自我建设

班级建设手册是对班级建设的框架与内容、建设的思路与策略的展析。班级行事一览表则是基于建设手册对学年班级建设的五大活动内容进行规划与安排。通过一览表，我们可以清晰地看到班主任在学年中的主要工作。当然，以上两个表格仅是样例，大家还可以进行自主创编，如一览表中加入活动安排的具体时间、注意事项等，使规划更加详尽，还可以在一览表中添加班主任一学期要上交的各种材料。

实际上，有了这两个表格，班级建设的总体思路与主要工作，班级建设的结构与内容，都已经非常清晰了。不过，如果想让学生形成班级建设的共识，借用此两个表格是颇为低效的，毕竟学生希望看到的是一个他们能理解，同时非常简单，又具有行为指导意义的文本。于是，班规与班级名片就显得尤为重要了。班规是对学生行为层面的引导与规范、劝解与契约。班级名片则是通过全面精辟地概括班级的主要建设思路与文化，使全班师生形成凝聚力，共同为班级建设贡献自己的力量。

下面以恒大足球学校六(2)班的班级名片（班级简介）为例。

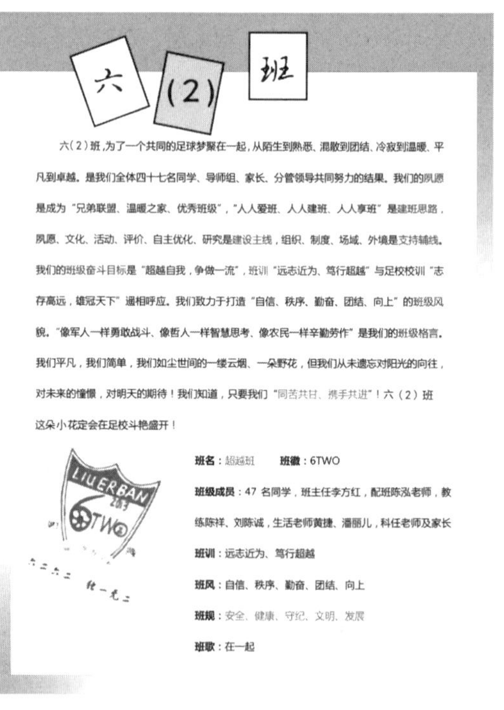

六 (2) 班

六（2）班，为了一个共同的足球梦聚在一起，从陌生到熟悉、涣散到团结、冷寂到温暖、平凡到卓越。是我们全体四十七名同学、导师组、家长、分管领导共同努力的结果。我们的夙愿是成为“兄弟联盟、温暖之家、优秀班级”，“人人爱班、人人建班、人人享班”是建班思路，夙愿、文化、活动、评价、自主优化、研究是建设主线，组织、制度、场域、外境是支持辅线。我们的班级奋斗目标是“超越自我，争做一流”，班训“远志近为、笃行超越”与足校校训“志存高远，雄冠天下”遥相呼应。我们致力于打造“自信、秩序、勤奋、团结、向上”的班级风貌。“像军人一样勇敢战斗、像哲人一样智慧思考、像农民一样辛勤劳作”是我们的班级格言。我们平凡，我们简单，我们如尘世间的一缕云烟、一朵野花，但我们从未遗忘对阳光的向往，对未来的憧憬，对明天的期待！我们知道，只要我们“同苦共甘、携手共进”！六（2）班这朵小花定会在足校斗艳盛开！

班名：超越班　班徽：6TWO

班级成员：47 名同学，班主任李方红，配班陈泓老师，教练陈祥、刘陈诚，生活老师黄捷、潘丽儿，科任老师及家长

班训：远志近为、笃行超越

班风：自信、秩序、勤奋、团结、向上

班规：安全、健康、守纪、文明、发展

班歌：在一起

把班级当成一个生命机体，从生命哲学与文化哲学角度对机体生存的单一活动意蕴进行解析，是否经得起考究，还需要进一步探明。同时，班级建设系列活动的内部实现精简与整合，实现教育价值最大化，最大限度地为学生生命优化服务依然是需要进一步研究的主要问题。

第三节 怎样高质量地开展教学活动

课堂教学是教师的基本职责、立身之本、幸福之源。要立足课堂，教师必须具备课程研制、教学设计、教学实施（上好课）、教学评价的能力，更高层次的要求是能构建个体教学理论体系，进而基于育人本质规律，基于教学理论理念设计教学，上出富有理论支撑的精彩的课，上出真正促进学生更好成长的课。

本节以数学圈互生课程开发与实施、五步备课法、大单元整体教学实施、好课的六大分析维度与标准等为出发点，谈谈怎样高质量地开展教学活动。

一、课程开发：数学圈互生课程开发与实施

基于文化时限，如何选择、精确地开发与实施课程构成了教育的核心轴。当下，小学数学课程体系的建构点面性、极端性（去国家课程）、随意性（缺乏学理论证）问题依然存在。如何基于学理基础，从学科定位、学生需求、社会文化、生活实践、未来发展、环境资源与学习机制等七方面进行系统、科学、生成性建构是课程研究的主旋律。一种“聚焦学力、自研互生（自学互享互相生成）、融汇（课程、学习与评价）一体、个性发展”的课程应运而生。[①]

① 李方红.“互生课程”的提出、结构与实践[J].教育导刊，2017(6)：54-58.

(一)数学圈互生课程的提出

1. 数学本真诉求:三重定位

数学作为研究数量与空间关系的学科,不仅承载着育人功能,还是未来生活的工具之一。这要求数学课程必须关乎文化传承、人力培养与生活服务三重价值定位。[①]

2. 学生需求满足:多元学习

孩子具有无限的好奇心、与生俱来的探究欲,好玩好动,喜欢多感官参与学习,如画、做、用、说等。

3. 核心素养落地:自主实践

课程能培养学生良好自主的学习习惯,为学生提供实践创新的机会。学生自组织,自发起,群学共享的实践活动课程便是培养核心素养最好的土壤。

4. 未来生活预见:关注人力

培养未来社会需要的人,需要我们探索生活与生存力本质结构,以及适切任何社会的人力系统,即价值、认识、改造与审美力。

5. 环境资源限度:生态扩容

课程依托一定的环境与资源支持,仅限于学校环境与资源难以满足个性化课程的实施,这就需要打通家、校、社三重资源围墙,实现资源生态扩容。

6. 学习理论基础:建构互生

多元智能理论认为,人有各自擅长的认知领域,合理利用认知优势可提升学习效果。建构主义认为人自主发起的建构与实践是重要的。信息加工理论建立了一个学习系统,包括“发起、感知、内化、外化、反应、调整”等系列认知过程。学习金字塔理论认为“讨论,实践,教别人”更利于记忆与迁移。可见,从学习机制上,主动建构,并分享转述,实践探索的课程无疑

① 李方红,王朕照.还原数学本位:“类研数学”教学的理念与实践探索[J].教学月刊小学版(数学),2018(9):48-51.

有了生长的空间。

综上，课程应承载“自主、合作、研究、多元、分享、主题、个性化”学习方式，关注现世生活，扩展学习资源，建构互生。

（二）数学圈互生课程的概念

数学圈互生课程是指以国家课程为主干，以互生课程为拓展，融通了数学学科“传承文化，培养人力，服务生活”三重价值，学生多感官参与，数学与万物互相联动，形成了时间序列基础上的主题序列，真正培养学生的数学生态圈课程。

经过长期探索，数学圈互生课程形成了以“国家课程为主，学生互生课程为辅”，以“预、学、结、练、用、创、展、评”学习八环节为组织主线，以文本、操作、绘画、实践、表达，即“文、做、画、用、说”为主要形式的“数学圈互生”课程体系。具体结构见图3.7。

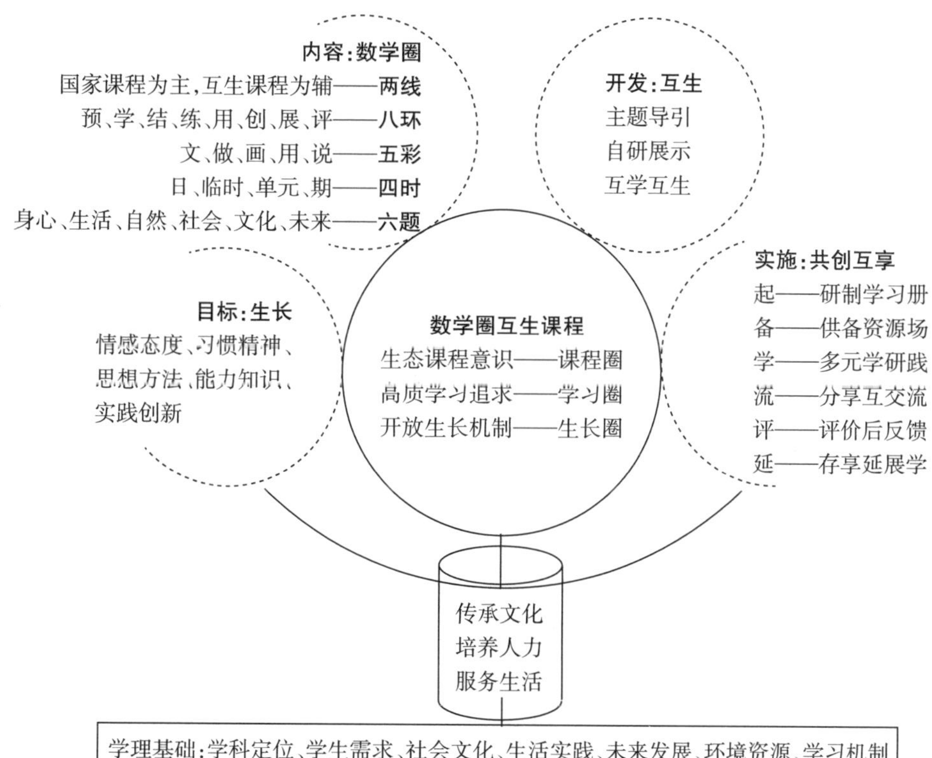

图3.7 数学圈互生课程结构图

(三)数学圈互生课程的内涵

1.典型的生态课程意识——课程圈

课程圈,即课程的“系统化,生态化,个性化”。系统化体现在结构非常清晰。生态化体现在将所有学习活动赋予课程意义,将所有课程纳入体系思维,将所有体系予以开放生成。个性化体现在课程开发给予学生一定权限,课程的生成前提是学生个性化自主学习。

2.科学的高质学习追求——学习圈

基于最新学习理论,课程可让学生既可操作,画画,实践,也可言语表达,多感官参与。基于认知信息加工和建构主义理论,让学生经历“预、学、结、练、用、创、展、评”完整的学习历程,提升学力。学习金字塔理论认为最好的学习是实践经历与学后分享。

3.开放的数学生长机制——生长圈

数学本质就是生活数学化与数学生活化的抽象与具象的反复生长,关涉学生身心、生活、自然、社会、文化与未来六大主题。

(四)数学圈互生课程的开发

课程的开发需厘清目标体系、内容体系、研发机制。

1.目标体系

数学学科应包括“传承文化、培养人力、服务生活”三大核心价值,综合立德树人总方针、中小学生核心素养、数学课程标准、人力结构、学科特性,将小学数学教育目标界定为“情感态度、习惯精神、思想方法、能力知识与实践创新”五大部分。①其中,能力知识具体包括“数学抽象、逻辑推理、数学建模、直观想象、数学运算、数据分析”六大核心能力。

① 李方红,董顺.核心素养评价的路径探析:学生评价与成长记录册的设计与使用[J].上海教育评估研究,2017(5):72-79.

2.内容体系

基于五大生长型目标构建起目标、学习、课程、评价融汇一体的课程内容体系，其具体内容见表3.5。①

表3.5 数学圈互生课程内容体系一览表

<table>
<tr><th colspan="7">设计:内容体系</th><th rowspan="2">开发</th><th rowspan="2">评价</th></tr>
<tr><th>目标</th><th>环节</th><th>日</th><th>临时</th><th>单元</th><th>期</th><th>课程资源存享</th></tr>
<tr><td rowspan="8">情感态度、习惯精神、思想方法、能力知识、实践创新</td><td>预</td><td></td><td></td><td></td><td>学习册</td><td>计划表贴入学习册</td><td rowspan="8">主题导引自研展示互学互生</td><td></td></tr>
<tr><td>学</td><td>数学课</td><td></td><td>玩数学</td><td></td><td>“玩数学”录像存百度网盘</td><td>过程:学况登记,评情感态度、习惯精神</td></tr>
<tr><td>结</td><td>说书</td><td></td><td>画数学</td><td></td><td>说书群分享并存网盘;画数学个体贴入学习册,入网盘</td><td>过程:量表评价,评思想方法、能力知识</td></tr>
<tr><td>练</td><td>综合练
专项练</td><td></td><td>易错练</td><td></td><td></td><td>过程:学况登记,评情感态度、习惯精神</td></tr>
<tr><td>用</td><td></td><td></td><td>用数学</td><td></td><td>个体贴学习册,集体入网盘</td><td>过程:作品分析,评实践创新</td></tr>
<tr><td>创</td><td></td><td></td><td>说数学</td><td></td><td>视频存入网盘</td><td>过程:量表评价,评思想方法、能力知识</td></tr>
<tr><td>展</td><td>微信交流</td><td></td><td></td><td>数学旅行记</td><td>个体学习册,集体旅行记书刊存入网盘</td><td></td></tr>
<tr><td>评</td><td></td><td></td><td></td><td>学习册</td><td>生、师自存</td><td>评价报告汇总</td></tr>
</table>

（1）“国家课程、互生课程”两条主干道

对应数学学科三大价值定位中的不同点，国家课程主要承担传承文化价值，互生课程主要承担培养人力与服务生活的价值。

① 李方红.数学圈互生课程的提出、内涵与研发[J].数学教学通讯,2021(7):9-11.

(2)“预、学、结、练、用、创、展、评”互生课程主线

互生课程以学习八环节为主线,包括“预、学、结、练、用、创、展、评”。每个环节都镶嵌着课程点。

学习本质上是系列文化内化与外化的统一,包括总结建构、练习应用、创新发展、分享交流展示、评价反馈系列环节。[①]具体来说,八环节中的课程点设置如下:

计划表是学生在开学前一周,对本期要学的课本知识、具体的学习方法、每周的学习作息等进行详细规划。学是学习的核心,倡导自主、合作、探究、分享、互生、主题、多元与个性化的学习。“玩数学”是基于单元统整,由学生来分享自学或自创的数学游戏,还包括针对需要操作建构的部分内容进行操作练习。结是学习的提升,内化。“说书”是每日让学生及时口头复述当天所学的一种微视频课程。“画数学”是单元结束时总结单元知识、思想方法、易错题等非常好的一种方式。用是实践,创是创新,其中,“用数学”是数学化的主要形式与载体。“用数学”有特定的年段主题,如四年级的主题是数学与社会,在学习了统计知识后,恰好可以利用所学知识去收集某城市的房价信息,进行数据分析。六个主题是数学化介质与载体的不断升级,恰好配合国家课程知识的螺旋上升。“说数学”是学生在特定平台用言语表达自己数学学习的思、问、得、玩与践等。展是学习的外显,以历程的集册形式再现,可激发学生学习的成就感、价值感、获得感与幸福感。《数学旅行记》就是这样一本师生一起编著的班内刊物。评是学习的反馈,评在于促进更好发展,是为了改进与优化。学习册中评价指标就是五大目标,评价项目就是表3.5中的对应项目。学况登记是学习册中的一个表格,填写学况登记表是让学生从学习准备、听课、作业、复习总结、改错等五个方面予以自省反思评价的一项评价活动。以四年级下册为例,学况登记表见表3.6。

① 张成尧.学习成效金字塔理论在中小学信息技术课堂中的应用与实践[J].中国电化教育,2013(10):125-127.

表3.6 每日学况登记表(同桌互评+家长填)

星期	学习准备(0.2分)	认真上课(0.2分)	复习总结(0.2分)	练习作业(0.2分)	改错登错(0.2分)	总结与沟通
	物资分类并整理入袋;按时上交作业;课前做好准备(摆好物资、喝水、上厕所、坐端心静)	静、序、勤(看、听、思、做、说)	记笔记入记录册中;复习板书课本;说书复述;不懂就问;每日总结方法知识入记录册	按“备、复、改、做(画、序、查)、理、交、结”有序完成作业,做到“书写工整、答题规范”	错题及时改正;找类似题再做;将错题登记入错题本中;单元结束时再做错题本上的题	
每日每项0.2分,每日满分1分,每周满分5分,20周满分100分。实际得分×20%为该项分数						
周一						
周二						

(3)“文、做、画、用、说”为互生课程主要形态

从多感官学习、结构化学习到高质学习。在各个环节的课程点上,依序在形式上以某一种主要形式展开某课程的学习,包括文本、操作、绘画、实践与表达五种主要形式。

(4)按“日、临时、单元、期”有序实施各课程

环节中的某课程点有序地安排在各个时段或时间点后,以期实现该课程点的价值最大化。如“展”环节中的《数学旅行记》,是一本全景式记录学习的班级内刊。将课程点以时序排列,形成“一日三餐,细嚼慢咽”的良好“饮食”习惯。

(5)“用数学”镶嵌“六大主题”

“用”环节单元时序中的“用数学”,以数学化六大具象载体为年段主题组织互生课程。逐层推进,螺旋上升,真正实现“有方向,不迷路,无约束,自探索”的课程通道。学生可以选择主题下的老师拟定的小主题进行实践探索,基于小主题提出问题、撰写研究计划、展开研究与实践、历练成果、分享汇报、评价总结,经历完整的高质学习旅程,经历互学互享互生的完整生长历程。“用数学”六大主题下的课程内容预设体系如表3.7。

表3.7 “用数学”课程体系一览表

<table>
<tr><th>主题</th><th>具体内容</th><th>开发</th><th>实施</th></tr>
<tr><td>1年级
数学与身心</td><td>身体上的数学、细胞与数学、器官与数学、情绪与数学、美体与数学……</td><td rowspan="6">教师导引
学生自研
分享互学
留存复学
共生延学</td><td rowspan="6">1.申报与规划
每学期开始时,学生到科代表处填写“用数学”课程实施计划单,包括主题初定、研究问题初拟、研究日程计划、汇报日期、汇报方式预设、评价指标修改建议等栏目
2.研究与实践
3.发布与汇报
汇报日期一般为每周三下午托管课上,个人或团队五分钟内多形式展示所学,小品、相声、话剧、歌曲、舞蹈、演讲、沙龙、讲座、座谈、海报推介等形式均可</td></tr>
<tr><td>2年级
数学与生活</td><td>三餐中的数学、运动与数学、睡觉中的数学、劳动中的数学、建筑与数学、医疗与数学</td></tr>
<tr><td>3年级
数学与自然</td><td>动物与数学,植物与数学,水、阳光、空气、土壤与数学,山川与数学,大海与数学,风雨雷电等自然现象与数学</td></tr>
<tr><td>4年级
数学与社会</td><td>职业与数学,基层民主与数学,网络与数学,交际中的数学,经济与数学</td></tr>
<tr><td>5年级
数学与文化</td><td>文学中的数学,电影、音乐、美术、话剧等艺术与数学,奥运与数学,棋牌与数学,传统文化与数学,本土文化与数学</td></tr>
<tr><td>6年级
数学与未来</td><td>科技与数学,人工智能与数学,地球村(各国)与数学</td></tr>
<tr><td colspan="4">核心理念:让数学学习真实发生,让数学学习富有生气
主要特点:目标导向、问题驱动、提前规划、有序实施、多样展示、互学互生</td></tr>
</table>

3.研发机制

互生课程总体的步骤是“支架导引、自研展示、互学互生、云端存享”。支架导引即开学时,启动本学期学习活动规划。导引还包括给出半结构化的主题清单,供学生选择、学习与分享。自研展示就是学生学习后,以特定形式来展示,可以是报告单、绘本、图画、情景剧、演讲等。展示的现场或其他课程的录像视频学生可在特定平台相互分享学习,复学延学,互生共生。最后将对应课程分类有序地存放在百度网盘,成为固化下来的课程,可实现跨域分享。

（五）数学圈互生课程的实施

数学圈互生课程的实施是一个完整的课程生态链，包括规划、实施到评价的系列完整历程。下面以数学圈课程中的“用数学”课程为例，阐释实施的全程。

1.起：研制学习册

数学圈互生课程的起始阶段就是撰写整体课程设计，开发与实施计划。学习册中有一个板块就是“我的课程”。“我的课程”下有一个栏目就是“各具体课程的实施计划表”。以“用数学”为例，开学前一周，初步拟定“用数学”规划表，包括主题、细化参考主题、组织办法、人员安排、时间、分享平台、可链接资源、评价办法、储存分享、复学、延学等内容。第一课，发布初稿，孩子们参与讨论，修改完善规划表。规划表并非结构性、固化性的，而是半开放的，如“人员”一栏留有空白，组织者（一般是科代表）可自行安排，可自愿申报，可抽号定序等。让学生自主组织，科代表负责统筹安排，组织学生分组排好，定日期，定主题，定分享人，定评价人。可以以个体或小组进行研发，个体或小组拟定、安排好研学计划、分工、问题、工具、方法、历程、成果呈现、彩排事宜等。

2.备：供备资源场

学生寻找与准备好对应的学习资源链接途径，可以寻求家长或社会专家帮助，也可以运用文献、访谈、调查、历史、实验等方法获取。

3.学：多元学研践

自主或合作性的探究学习是“用数学”的内在基础与核心。以四年级为例，学生可基于这一主题自创小主题，如针对经济发展中的数学这一主题就有同学研究“重庆市2019年房价走势”。书上没有现成资源，需要学生自主深入研究，最后梳理研究结果，想好呈现方式，再予以成果发布。学生自学历练的过程是一个多元性的学习样态，是导学、自学、互学一体，线上、线下结合，家庭、社会、学校合力的跨域合作。

4.流：分享互交流

学生展示可以以多种形式来呈现，但必须含有数学语言的表达。演示、实验、操作、画图、座谈、情景模拟等形式均可。可以以美篇、初页、word、PPT、乐秀、乐拍等包含文字、图片、视频、声音等内容的媒介呈现研究历程与成果。自定主题，自主组织。

5.评：评价后反馈

"用数学"采取显性及时评价，现场由学生、老师、专家、家长组成的评委进行评价。评价要做到科学、及时、客观与发展性。在规划表中规约了详细的评价指标，包括"积极参与、方法适切、内容科学、富有价值、富有创意"五个细化的指标，每项2分，满分10分，实际得分为该项分数。评委应及时打分并写上质性评语、改进建议、发展预见（潜能何在，怎样发展）等，并将此评价计入学生"评价报告单"中，在学习册"我的评价"板块中予以呈现。

6.延：存享延展学

"用数学"成果汇报时，教师应安排专人负责视频录制、课程资料收集、整理、编码、上传至网盘、归档、推送给家长等工作。视频按"类别、日期、主题、班别、作者、版本"进行编码。如"用数学 20190320 2019年重庆市房价走势 四(6)班××× 第1稿"。并把网盘账号、密码公布在群里，学生和家长可回看，还可帮助学生自我分析、复学、延学。延学即延续学习，重复学习。

课程固化下来后，还可适时跨域推广，实现复学与延学。跨域包括时间、空间上的跨域。空间上，可以实现跨班、跨年级、跨地域分享。

二、教学设计：五步备课法

一线小学教师的主要职责是教书育人，是教育理论的实践者，是课堂教学的负责人。教师的最大成就来源于教学，源于一堂堂精彩纷呈、营养丰富的好课。一堂学生思维荡漾其间而乐此不疲，教师沉醉其中而流连忘返的好课，它既是中小学生核心素养落地的主阵地，也是教师专业精进、教力提升的主平台，还是学校育人质量最核心、最直接的体现。然而现实不容乐观，很多老师并未体会到教师最基本的成就感与幸福感。

怎样享受课堂教学带来的快乐，守住教师职业成就感与幸福感的根基，是每一位老师的基本功，也是学生人生优化的奠基石。

备课是基于特定教学内容、针对如何展开教学设计的系列活动。它必须基于教育教学的一般规律，基于学生成长的基本规律，基于特定学科发展的基本规律，基于社会文化进化的基本规律而展开。这就需要教师具备必备的教育教学相关的专业知识，也需要教师日积月累的教学经验，理实结合，方可备出一堂好课。

（一）熟读教材，厘清认知结构

数学教材是全国最权威的专家们研发出来的具科学性、普适性、系统性、基础性的传承数学学科文化成果的重要载体。教材既要考虑数学学科知识的系统呈现，也要关注学生文化建构的基本方法与过程，还要基于学生身心发展规律考虑表达方式。教材内容的选择、组织、编排，充分考虑了学科、生活、学生、文化、社会等多方面因素，可以说是最好的学习载体。不过教材的普适性决定了它可能存在不切合部分地区学生生活实际的情况。因考虑生成性，也不尽将所有学习内容一一呈现，甚至可能存在纰漏。但一线教师对教材应有最基本的敬畏，只有在吃透教材的基础上，才能去拓展。

所以，备课的第一步便是熟读教材，厘清认知结构。认知结构就是知识结构，也就是我们常说的各知识点及相互之间的逻辑关系。教材内容是育人的载体，是素养培养的载体，是文化传承的载体，更是服务生活的载体。《义务教育数学课程标准（2011年版）》将知识技能、数学思考、问题解决、情感态度作为四大课程目标。知识技能是基础，是问题解决的基础；是载体，是承载数学思考，累积情感态度的载体。问题解决离开知识技能便缺少了根，数学思考与情感态度离开了知识技能便没有了本。

怎样去读教材呢？读书百遍其义自见，教材内容不多，但句句都是经典。每一句话都是编者精心设计与安排的，需要授课教师记住每一句话、每一幅图，理解每一句话的含义，进而厘清知识结构。

如人教版数学教材六年级上册“比的意义”一课中，教材中有这样一句话，“在两个数的比中，比号前面的数叫做比的前项，比号后面的数叫做比的后项。比的前项除以后项所得的商，叫做比值。”对这句话不断地读，不断地悟，逐字逐句剖析，便会分析出一系列知识结构，包括隐匿的知识、比的价值、比的现实表征、比的概念、比号的概念、解决问题等，也包括显性的知识、前后项的概念、比值的概念、怎样求比值、比与除法的关系、特殊的比、特殊的比值等。

（二）细读教参，明晰建构方法

教参是编写教材的编写者合力撰写的解读教材的最权威蓝本。教材是给学生看的，从学生学的视角进行编写，帮助学生更好地理解教材的设计意图，对于初入职教师有些困难。教参是以老师教的角度进行撰写的，主要呈现知识的组织建构逻辑，聚焦深度的知识解构，还包括教学目标拟定、资源拓展建议、教学建议等。教参是对教材内容的深度解读，是对教师怎样展开教学的导引。当然，与使用教材一样，不是教教材，而是创造性地使用教材，对待教参也应如此。

细读教参，弄清每一句话、每一幅图的意义和作用。如人教版数学教材六年级上册“分数的乘法”一课中，有两幅图帮助学生理解与建构分数乘法的意义、计算算理、量率转化，如下。

$\frac{1}{2}$公顷的$\frac{3}{5}$是多少公顷

$\frac{1}{2}\times\frac{3}{5}=\frac{\square\times\square}{\square\times\square}=\frac{\square}{\square}$（公顷）

可以看出，1/2 公顷是 1 公顷的 1/2，把长方形看成 1 公顷，平均分成 2 份，其中 1 份就是 1/2 公顷。

然后再把 1/2 公顷看成单位“1”，求 1/2 公顷的 3/5 是多少公顷，就是把 1/2 平均分成 5 份，另 1/2 也平均分成 5 份，其中的 3 份（涂色部分）就是“1”的 3/10，也就是 3/10 公顷。

同样,看下图,与上图的区别在于1/2公顷的3/5用了虚线表示,意在通过把长方形看成单位"1",将1/2的3/5理解成"1"的几分之几,进而得出是多少公顷。

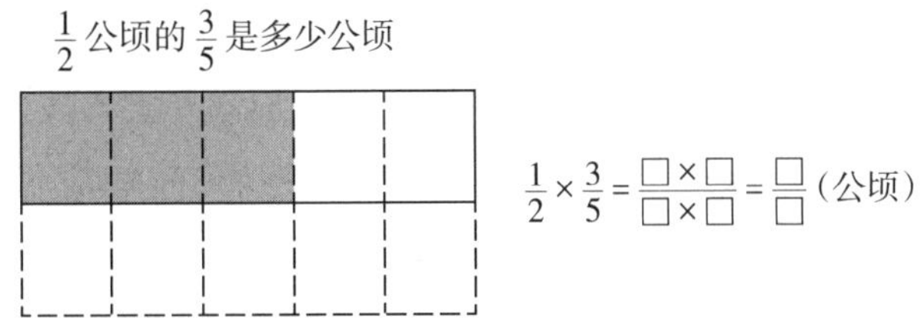

通过分析发现还可以更简化,如直接思考分率,然后根据单位"1"是1公顷,得出最后的对应量。且上图将各个理解的过程合为一张图,学生难以理解,应基于教参,又超越教参,可以将上两图改为如下这幅图,且上课时用动画展示过程,并在学生理解基础上,用数与符号表达思考的过程,实现了具象到抽象、操作到建模的思维进阶。

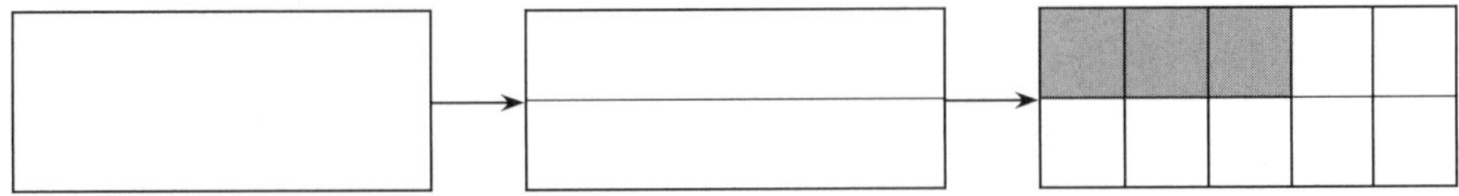

1/2的3/5,就是把其中的1份与另1份,都平均分成5份,这样把单位"1"平均分成了2个5,即10份。取了其中的3份。所以结果是3/10。1公顷的3/10就是3/10公顷。

列出算式,2个5,1个3,也就是分母乘分母,分子乘分子,得出结果。

由此,学生概括出分数乘法的法则,并理解了各步骤的意义。

最后,再让学生去思考2/3的2/5是多少。同样地,把取的2份中的每一份都平均分成5份,剩的1份也平均分成5份,共分成了3个5,共15份。取了最初2份中的每一份都平均分成5份中的2个2,即4份,所以得4/15。

(三)精雕细琢,拟定教学目标

教学目标是教学的导向标,是衡量一节课质量的重要标尺,是教师组织教学的线索,是学生学习的方向,是教学设计的依据。能准确拟定教学目标是彰显一个教师把握教材能力最直接的体现。

《义务教育数学课程标准(2011年版)》倡导教师们从知识技能、数学思考、问题解决与情感态度四大维度进行思考与拟定，这四大维度并非每节课都要一一落实，且对每一维度也并非平均用力。针对不同的课型、内容，应重点拟定3个以内的目标，1个教学重点，1个教学难点。教学目标的拟定也不能照抄教参上的原话，而应在精准分析教材、教参基础上，教师结合班级学情实际及个人教学目标的序列设计来撰写教学目标。

如人教版数学教材五年级下册数学实践活动“打电话”。基于教参分析、班级实际发现，数学广角重在激发学生的探究欲望、感受数学价值、培养学生实践和创新的意识与能力。所以本节课，目标拟定如下：

一是通过自主探究、操作实验、合作交流等活动，完整经历发现、提出、分析与解决打电话问题的过程，积累探究经验。

二是构建起在一个人开启通知情况下打电话次数与获得通知人数的数量关系模型，体悟模型思想的价值与运用。

三是感受数学与生活的联系，能利用相关探究经验，解决生活中类似的问题。

（四）冥思苦想，撰写教学过程

拟定好教学目标后，不要急着去撰写教学设计详案，而是要先想明白，再动笔。具体应包括以下几步：

1.分析本节课的知识生长点，找到教学突破口

数学知识按是否有同化的固着点、联结点可以分成两类：一类是新生型，以前没有学过，也缺少同化的固着点；一类是迁移型，可以通过已学知识，迁移推理。如人教版数学教材二年级上册“七的乘法口诀”一课是在学生已经学了2至6的乘法口诀基础上进行的迁移型学习，对于乘法计算方法与算理、口诀的编写，学生都已积累了丰富的经验，形成了比较清晰的认知结构。本课的生长点就是根据已学口诀的经验，在本课引入设计上，结合上课学校重庆市南岸区珊瑚实验小学，创生性地编了一首七言七行珊瑚颂的诗歌。

“珊瑚小学红又红，珊瑚孩子亲又亲，亲亲课堂有特色，以人为本敢创新，亲和亲证又亲在，珊瑚精神伴我行，珊瑚精神伴我行。”这就自然引入了

本课的学习。

2. 冥思苦想，穷其智慧，提纲式教学设计流程

设计好引入后，还需要对全课教学流程进行梳理。不要急于动笔写，而是基于前面的知识结构、建构方法、教学目标，在脑海中先理出教学流程的主线，将主线及对应的副线提纲写出来，且反复地思索，甚至可以先写出几个不同的方案进行对比。坚守教学的科学性，是正；坚持教学的创新性，是新。意想不到、精妙绝伦的教学设计，不仅是锤炼教师教学设计能力的重要路径，更是打开学生学习兴趣的一把钥匙，还是教师课堂教学成就感与幸福感的直接来源。

如“垂直”一课的教学设计，笔者在一直没有找到一个适切的引入的情况下，放下笔，到璧山街头散步，无意中被当地的一首民歌吸引，民歌的伴奏是民众用家里的各种生活用品，如筷子、锅碗瓢盆进行演奏的。一双筷子正是两条直线（本身是线段，但可以延伸出直线的概念），用筷子敲盆，最后停下来，便会出现不同的相交情况。这样找到的相交的生活原型，既切合学生生活经验，又弘扬了璧山的传统文化，一举多得，且有新意。最后将本节课的教学流程提纲设计如下：璧山筷子演奏民歌，引入新课；画出筷子相交情况，相交分类；类别取名，学习垂直（概念、验证、画法、与平行及相交的关系以及变换）；垂直相关的数学文化；练习巩固；生活应用；小结提升，课外拓展。

3. 基于提纲，把脑海中呈现的教学场景及细节详细地记录下来

有了提纲后，把每一环节先想好，且在脑海中构建起师生教学的具体场景，像放电影一样在脑海中反复播放，再动笔把提纲演变为具体详细的教学设计。

（五）博采众长，完善教学设计

很多一线教师备课的第一步就是去上网搜索，参考别人的教学设计。网上的教学设计水平参差不齐，各个教学设计者设计的逻辑可能大相径庭，拼凑出来的可能是一节合格的课，但绝不是一节好课，更不可能是一节

具有一定原创性,营养价值非常好的课。这样复制粘贴,剥夺了教师教学设计的过程,不利于教师教学设计能力的提升。备课不仅是为了完成教学目标,服务学生,也应该是教师自身教学设计能力的培养。

他山之石可以攻玉,在经历了完整的自主思考过程后,撰写出教学设计初稿,然后再去参考一些名师同课题的教学设计,查阅CNKI中相关课题的教学设计与思考,然后比对,分析自己设计的优缺点,决定是否需要推翻全盘重启,还是在借鉴参考基础上进行优化。通过参考,在修改完善、定稿后再去制作课件、学具教具,设计研究单等其他相关教学设计工作。

以上五步备课步骤虽名为五步,但实际操作中并非严格按照这五步展开备课,第一步熟读教材也可思考教学目标,构思教学过程。同样的,在第五步博采众长,完善教学设计的过程中,有可能重新回到第一步,再读教材,厘清认知结构。五步是立体多维的交织状态。

教学无定法,贵在有法。同样的,严格意义上讲,备课也无定法,贵在有法。备课是教师一生的修炼,如何才能备好课,了解与会应用相应的备课方法还远远不够,需要教师从方法论视角中跳出来,走向本体论。备课方法好比功夫的招数,只有招数,没有基本功,犹如高楼大厦地基不稳。而教师备课的基本功修炼可以概括为三大方面,即坚持写设计,打造专属资源库,做个有心人。

(1)坚持每天写设计

训练备课能力最基本、最直接、最简单的方法就是坚持按照以上五步每天对每节课都写出设计。窦桂梅在曾经接受采访时谈到,她刚毕业时,每节课都坚持手写教案,且写出详案,甚至有时候一节课写了十几稿,每天花在备课上的时间是一节课上课时间的好几倍。

(2)打造专属资源库

联合国教科文组织研究表明,创新的机制就是不断继承与发展。教师应该建立自己的专属资源库,其中最基本的应包括1~6年级全套自用教材及备课记录,还应包括教学设计案例资源库、生活素材资源库。在参加教研活动、听课的过程中,某节课某专家的观点、教学设计令你印象深刻,具有很强的启发性、操作性,也可以将对应的观点、设计誊抄到教材对应内容处,同时用电子文档或笔记本按年级分类或按小学数学四大板块内容分类进行有序系统记录。

(3)做教学的有心人

建立资源库是一个有意识的、系统性的整理思考的过程。资源库是每位教师备课的重要工具,是激活创新的重要源泉。不仅如此,教师还应在生活中,对捕捉到的素材、思考到的教学方面的一些灵感或是顿悟到的某节课的一些设计,都应该用备忘录或笔记本等及时记录。陶行知曾指出,生活即教育。教育的内容、教育的方式都是重要的"原型"与素材。素材能让学生直观深刻地感受到数学知识的产生过程,激发学生数学学习的探究欲。有这样一句话,谁也不能随随便便成功,它来自彻底的自我管理和毅力。同样,教学设计需要教师用一生去锤炼,备课有方法,备课无定法。

三、教学实施:学力为本的大单元整体教学实施

大单元整体教学利于培养学生的系统思维,利于学生建立清晰的整体认知结构,利于教师教学的有序开展。大单元整体教学切合人脑认知规律(结构性),切合生活实践逻辑(综合性),切合核心素养的生成机制(累积性),在当下展露出蓬勃向上的生命力。各个学科的研究者们都对此进行了积极的探索与实践。然而也出现了系列"偏向"亟待"归正",如:拼凑式的内容堆积或内容重组,增量不增质,浮于表面;主题式的情境创设,变境未变质,将单一课时的情境变成了连续性情境,形变神不变;助长式的"短平快",缩短课时,学生吃得多、吃得快,但消化不良;放养式的翻转实践,学生先自主探索,后分享总结。这些方式对于小学段数学学科而言,则不太适用,因数学的根基是数学研究的方法、数学思想、探究过程、建构过程,部分自制力差的学生可能只记结论而漠视过程,特别是在单元整体教学环节,学生缺乏学法指导,也可能因不知道怎么自学而囫囵吞枣,导致学习事倍功半。导是学的基础,学是导的应用,导学互生在任何学段都是教育教学最基本的原则之一。[①]新的学又需要新的导(这里的导不仅指教师,也指他者的启发引导,包括文献作者的启发引导),可见教育的过程从主体互生角度看就是"导学互生的不断循环的过程"。

① 李方红."互生课程"的提出、结构与实践[J].教育导刊,2017(6):54-58.

综上,单元整体教学急需由表及里,由外向内,由形向神,由仿到研,向深度、高质、精值学习(单位时间内更好的生长)的转向。“学力为本”的大单元整体教学的实践就是对此的探索,根植于学生的学力培养、为学生更好地生长打下坚实的地基,无疑应成为大单元整体教学的旨趣与路径的应然选择。

学力指学生学习行为发生的综合力量,如探究欲、学习内驱力、研究探究能力、模型建构能力、注意力、记忆力、观察力、分析力、逻辑推理能力、迁移能力、实践创新能力、积极情感体验、自省反思与总结能力、评价能力等。就数学学习而言,基于学科发展规律、学习机制,学力主要包括“兴趣与价值观、数学精神、研究方法、数学思想、数学学习法、解题方法”等内隐性识知与实践力。①

以人教版小学数学六年级上册“圆”单元教学为例,按数学学习力的核心内容——研究力、价值观、思想力、学习法四个方面,以具体课例来展示学力为本的大单元整体教学的实践探索全貌,望抛砖引玉。整体设计见下表。

表3.8 人教版小学数学六年级上册“圆”单元整体教学设计一览表

内容与课时	学力目标聚焦点	活动环节	评价设计
认识圆	研:操作与抽象、操作探索、抽象概括力	生活中套圈:圆的价值 分享生活中的圆:丰富表象 尝试画圆:认识圆的各个部分及特征 规范画圆:进一步认知圆的属性特征 文化渗透与回应开头圆的应用:体悟圆的本质 小结练习,巩固提升	1.练习测评 2.说书(口头复述当日所学)检测
利用圆设计图案	价:“美趣用”知识三重价值、创作中培养美感	设计师的成长情境体验(学习、设计、应用)	创作大赛
圆的周长	精:求真与钻研 研:实验发现(化曲为直)、测量与实验	猜测、分组测量实验(化曲为直)、结论分享、组间验证、数学文化(数学家的探索历史)	原创题设计

① 季仕健.培养小学生数学隐性学力的思考[J].小学数学教育,2020(8):23-25.

续表

内容与课时	学力目标聚焦点	活动环节	评价设计
确定起跑线	研:实践、技术使用力 精:合作	理论学习、实践规划、实地实践、成果发布	项目式主题实践"各类起跑线"
圆的面积	思:转化推导、推理、极限	研究计划、操作探究、结论推导(小组分享、多元转化、互生共生)、公式变式、练习巩固	手抄报"转化思想的应用"(小学阶段转化思想学习新知的系统总结)、送校外参加市级数学文化节
圆环的面积、方中圆与圆中方间的面积	法:迁移应用	情境创设、多法探索、多境变式练习应用	解决问题小能手比赛
扇形	思:类比、转化、自学探究发现	自学、分享、总结、应用(扇形是圆的一部分,扇形的弧长、面积、扇环的面积等于对应圆周长、圆面积、圆环面积的几分之几<圆心角/360>)	说数学——生活中的扇形与圆形
整理和复习	法:关键词联想	整理法大家谈、参与式联想复习法复习、方法内化迁移	单元学习导图整理、资源拓展小视频分享
设计理念	总理念和真数学教学理论:真学力(价值、精神、研究方法、数学思想、学法、解题方法)、真经历、真发展 原则:整体性、学本性、多元性、互生性、生态性 活动设计追求:有趣、有序、有质、有长 教学策略:整体研读教材、系统梳理结构、精整设计目标、全局规划课时、精巧设计活动 教学重构:调整内容——理顺认知逻辑;调整课时——学力点面培养;调整场域——活动场域拓展;调整评价——多元发展评价		

(一)研究力:操作探究、抽象概括、实验发现、生活实践

让学生像数学家一样去研究、去思考,促使学生真正学会学习,学会建构,学会探索,不断累积学习的信仰与自信。培养学生的研究力,首先就是在教学中不断让学生体验不同研究方法的价值与应用,从而掌握研究的基

本程式,为自主学习奠基。[①]

1. 操作探究与抽象概括:认识圆

本节课设计了以下几个环节:生活中套圈——激发探究欲望;分享生活中的圆——丰富表象;尝试画圆——认识圆的各个部分及特征(拓与圆规画圆的不同处在于用圆规画圆有小眼,从小眼概括总结圆的各个部分及对应特征);规范画圆——进一步认知圆的属性特征(圆心确定位置,半径确定大小);文化渗透与回应开头圆的应用(圆,一中同长也)——体悟圆的本质;小结练习,巩固提升。

本节课让学生通过画圆、测量比较、命名等操作与概括活动,培养学生的操作探究力与抽象概括能力,孕育操作探究与抽象概括的研究方法的价值与应用。

如在初次画圆时,体悟到用拓的方法与用圆规画圆的方法画出的两个圆的不同处是用圆规画圆有一个针眼,这个针眼恰好是圆的中心,叫圆心,用字母O表示。没有针眼的圆是不是就没有圆心呢? 你能找出它的圆心吗? 其实用对折的方法,折痕交点便是圆心。对比这些折痕,有什么发现? 发现长的折痕相等,且有无数条,这是圆内最长的线段,叫直径,用d表示。短的折痕叫半径,也有无数条,用r表示。同一圆内,$d=2r$ 或 $r=1/2d$。

学生在不断操作、对比、分析中,有序地探究圆的各部分名称、特点与关系,从而突破重难点,形成了清晰的知识结构。

2. 实验发现:圆的周长

实验是数学研究最重要的研究方法之一。学习"圆的周长",恰好可让学生完整经历"测量、猜测、实验、验证"的科学探究过程,培养学生的求真精神,掌握实验研究的方法。

(1)测量:给菜板围铁丝,给圆形花坛围彩灯,都可用来计算圆一周的长度,引出周长测量和计算的价值。学生拿出圆片、圆形物体,通过围绳、滚圆间接测量出圆的周长。对比分析,发现方法不同,但思想本质一样,都是"化曲为直"。

① 李方红. 让数学化真正发生:"和真数学"教学理念与实践探索[J]. 现代教育科学,2019(11):86-92.

(2)猜测:测量有限制,能不能计算?若计算,圆的周长与什么相关呢?大小。大小又与什么相关?直径。每组选三个圆,测周长与直径,记录、对比、分析三组数据,看看能否找出周长与直径的关系(相差、倍数等关系)。

(3)实验:将学生分组。有的组记录周长与半径的数据,发现周长总约是半径的6倍;有的组记录周长与直径的数据,发现周长总约是直径的3倍。借此,让学生翻开数学书,了解"数学文化"栏目中介绍的2000多年前"周髀算经""周三径一",1500多年前祖冲之圆周率精确到七位小数的研究历史。让学生豁然开朗,原来我们今天猜测、实验的过程,早在2000多年前,智慧的古人们就已做过。感受古人智慧的同时,孩子们的研究兴趣也被激发出来了。

(4)验证:通过其他不同组的数据,间接验证了结论。

3.生活实践:确定起跑线

数学源于生活,服务于生活。生活实践既是数学教学的育人价值体现,也是数学学习的重要研究方法。"确定起跑线"是在学生学习了圆的周长后的一节实践课。本节课首先让学生在教室进行了理论学习,明晰确定起跑线的本质是:"同样起点时,外圈跑线比它相邻的内圈跑线因半圆直径大而总长要长,所以用外圈周长减去内圈周长就是外圈起点与内圈起点的距离。且这个距离在跑道宽度一致时,外跑线与它相邻的内跑线起点距离保持不变。"然后让学生组建小组,制订"校园操作起跑线确定"研究计划,下一课时前带好工具,再实地进行测量、计算与起跑线确定或验证,最后进行小组成果发布。这节课除渗透生活实践的研究方法外,还培养了学生小组合作、研究计划制定、计算与成果整理、技术工具(红外线测量仪)创新使用等能力。

(二)价值观:美育润化

利用圆设计图案这节课的价值在于可让学生系统感受一个知识的"趣、美、用"的三重价值论,并且对激发学生学习兴趣,陶冶情操,培养欣赏美与创造美的意识与能力有着非常重要的意义。

这节课，采取以如何成为一名优秀的“设计师”为线，展开学习。

（1）学习：学习、模仿是任何职业、任何事业的开端，坚持学习也是人生成长中必须树立的一种成长意识。重点以例题为例，解构图案的元素与绘制步骤。同学们通过讨论交流，发现要分析清楚一个复杂的图案的整体和部分的关系，而每一部分又要从含有的圆或半圆或圆的某一部分的元素进行分析，而这些元素最关键的就是定圆心和半径。这个分析的过程实际上是逆向解构的过程，反过来便是绘制该图案的步骤。即定圆心、半径——绘制一部分——其他部分以此类推。

（2）创作与展示：创作在任何工作中都异常重要，是企业的生命力，是国家发展的核心竞争力，是个人成就大小（从社会角度）的关键。创作完成后，让同学们依次自荐上台介绍自己的作品，这既是对学习的评价，又是对学生的表达能力与审美能力的培养。

（三）思想力：转化推理、极限思想、类比思想

在学习了多边形的面积公式推导后，学生已经有了计算不规则图形面积的经验与思维基础，“圆的面积”这节课的目标就在于将圆转化成什么图形、怎样转化、转化前后图形的联系三个问题的研究上。小组首先制定研究计划，然后通过将圆剪拼成规则图形，如长方形、平行四边形、三角形、梯形等，再找出前后图形的联系，进而推导出圆的面积计算公式。如，有的小组将圆平均分成16份大小相等的近似三角形的图形，将8份的近似底边一行连接排开，再将另外8份采取同样的操作排开，将两大块拼组，就拼成了近似的平行四边形，由此发现：圆的面积=近似平行四边形的面积，圆周长的一半=近似平行四边形的底，半径等于近似平行四边形的高，因为近似平行四边形的面积=圆周长的一半 × 半径=πr^2。同样的，其他小组通过类比思想，也可根据他们拼组的规则图形与圆的联系，进而推导出圆的面积公式。当然这只是近似的平行四边形、长方形、三角形。此时追问：“有没有理由说明圆的面积就一定是πr^2呢？”这里渗透了极限思想。学生小组讨论后发现，若平均分成无数份，就可拼组成长方形，长＝圆周长的一半，宽=半

径，所以，圆的面积一定等于πr^2。这节课重在让同学经历转化的过程，经历公式的推导，从而体验转化思想、极限思想的价值与应用。

（四）学习法：迁移应用、自主学习、关键词联想

数学学习方法不同于数学思想，数学思想是数学探索的思考方式，是适合多个场景下多种问题的高度概括的思考程式，如“转化”可以用来学习多边形图形的面积，也可用来学习分数除法的计算。方法更多指向行为层面，是固化的行为方式，如按主体参与分为自主学习、合作学习、集体学习方法，按场域可分为线下、线上学习法，按新知构建的形态可分为发现法、讲解法、讨论法、实践法等。在微观层面还可指学习某个新知用到的具体的、具有针对性的方法，以及解题过程中的具体方法，如选择题代入法、排除法、假设法等。

1. 迁移应用法：圆环面积、方中圆与圆中方之间部分的面积

在学生学习了圆的面积以后，可以紧接着将圆环面积、方中圆与圆中方之间的面积解决问题合在一个课时进行学习。这个课时主要是让学生学会将新知迁移应用，解决生活中的实际问题。但这节课可以不拘泥于典型的两个例题，可以出示一些组合图形以及求交叉图形阴影部分的面积等变式问题，以便让学生建立求图形面积的整体方法认知。小学阶段图形面积的求法大抵上包括“直接求、分合法（总体中去掉一部分，或几部分合起来）、叠去法（叠加合起来，把重复加的一部分一起去掉）”等。圆环面积、方中圆与圆中方都属于用分合法求面积的情况。同时，要让学生学会在一些稍复杂、不便观察的阴影部分图形的面积求解时学会作辅助线。作辅助线可以采取两种思路，一是“草稿随意连点式”，二是“问题追溯连线式”。然后通过连辅助线，根据已知信息不断运算解决。

2. 自主学习法：扇形

在学生学习了认识圆、圆的周长、圆的面积以后，扇形的学习可采取自主学习的方法让学生自主探索，整理总结，练习应用。可以采取“课前自学、课中分享总结、课后应用”的“课外课内互生式”学习方式进行。也可采

取课内互生式学习方式展开学习，在课上先提出问题："关于扇形，你们有什么想要研究的？"然后，学生自主独立选择相关的材料、工具、方式展开研究，并以喜欢的方式整理学习结果，最后在班级里分享，总结提升，进而形成对扇形的总体认识，实施对自主学习法程式的体验与程式积累。

3. 关键词联想：圆的整理和复习

学习"圆的整理和复习"时，需对单元知识内容进行结构化建构，同时还应对单元涉及的研究方法、数学思想、学习方法进行梳理总结。但梳理总结不应由老师代办，而应让学生自主参与，自定方法，进行整理和复习。所以这节课的设计开课可以让学生谈谈自己常用的复习法，分析各自利弊，然后老师介绍一种新型整理和复习法，即"参与式关键词联想法"。

老师可让学生先回忆本单元印象最深的关键词，学生自然会提到"圆心、直径、半径、周长、面积"等知识，也会提到"转化、极限"等数学思想，还会提到"操作、实验、创作、实践"等研究方法。"那你能有序地利用这些关键词整理本单元所学的知识和对应的研究方法与数学思考方法（思想）吗？"然后挑选一幅优秀的作品，让学生介绍，带着同学们一起回顾学习历程与所学知识。然后，老师准备一个"一分为二"的圆："大家喜欢魔术吗？""观察，这个圆怎么变了？""一分为二，分成了两个完全相等的半圆。""你能提出什么问题并解决？""再观察，这是一个正方形，放入两个半圆中间，拼成了一个什么图形，像什么？""像学校的操场。""你能提出什么问题并解答？"通过变魔术，既引起了学生的兴趣，又突破了本单元的难点："组合图形的周长和面积求解"。且通过操作，自主提问与解答，学生经历了多个感官的信息输入，较单纯的纸笔练习，建立的表象更为丰厚与牢固。最后，让同学们课后可继续研究相关圆的知识，或生活中有关圆应用，录制成小视频，在班级群里分享交流，互相评价，并作为本单元评价的重要项目，点燃学生的探究欲望。

大单元整体教学须抓住"学力培养"这条主线，通过整体研读教材、系统梳理结构、目标设计、全局规划课时、精巧设计活动，真正让学习变得有趣、有序、有质、有成长。大单元整体教学要真正从"整体"二字下功夫，从"教学"二字落下脚，不断追问何谓真正的整体，何谓真正好的教学，才能真正形神兼具,助力学生精值成长。

四、教学评价:一堂好课的六大分析维度与标准

“好课分析维度与标准”是课堂教学的导向标、设计源、助推器、评价尺,关涉立德树人任务的落实,关涉学生核心素养的培养。然而一线实践中,存在“心中无标,随波逐流;标准常变,无所适从;心中有标,缺乏落实”等问题,阻碍着课堂教学育人价值的充分发挥,阻碍着教学质量的提升。[①]厘清好课分析维度与标准(后文简称标准)的构建原则、内容框架、达成路径,凸显出必要性与紧迫性。

(一)好课分析维度与标准构建的基本原则

要充分发挥好课标准的“导向、助推、评价”教师教学,助力学生人生成长的发展性价值,必须保障标准构建的科学性、普惠性与生态性。科学性即基于教学本质、学生成长、文化进化、社会更新等规律进行标准结构构建。普惠性强调标准的普适性与引领教学价值的释放。生态性以生态学视角探析标准构建,注重科学基础上的好课结构探察、外部支持系统分析(如好课的课程领导,研究氛围,自身学习等)与标准生长机制(标准的与时俱进,不断更新)的协同与融合,关注标准的适用范畴与不断发展。由此三性结合,保障了好课的“源有据、用有节(引领教学有用)、进有法(发展嬗变有规可循)”。

1.科学性

好课标准的构建不能只是依据个人经验,个别学科随意、散乱、主观的总结,需有严谨的学理论证与实践验证,才能真正发挥导向、助推与评价教学的价值。标准需囊括对课堂教学各核心结构的基本要求,需呼应育人本质规律的教学应用,需着力实现标准指导下的教学真正助力学生精值成长。[②](单位时间内有更好的成长)由此,标准实现了对教学样态由表及里

① 柳袁照.每个教师心里都有一个好课标准[J].中小学管理,2014(12):48.

② 李方红.全景式学习册助力“精值成长”[J].当代教育家,2020(9):77-79.

的本质把捉，实现了教学价值由低至高的充分发挥，实现了教师教学由浅入深的设计与实施能力的进阶，实现了学生成长由好至优的教育升级。

2.普惠性

标准的构建还要尽可能基于对育人本质规律把捉的学科教学导向、助推与评价的普适性。这要求标准的构建必须基于教学全景进行高度概括与凝练，需广泛吸取各学科教学的优质课设计与实施智慧，对各层级的教师教学都起着导向、助推与评价的价值，能在普适性基础上具有普惠性。这对标准的适用范畴提出了更高的要求，对标准引领教学成长的现实实践性提出了更高的要求，对标准的更大普惠价值提出了更高的要求，对标准的系统性、概括性、生动性与层次性提出了更高的要求。

3.生态性

教育教学规律的揭示是进行时，课堂教学生成是进行时，社会人才需求是进行时，师生成长的个性化是进行时，新进文化理论在教学中的引渡与纳入是进行时，新进科技发展的教学赋能也是进行时。由此，好课标准必然也是进行时与发展态的。生态性从纵向上看便是不断地创新发展与生成的。

另外，生态性还强调在内部结构探察的科学性基础上，去探究外部支持系统的结构与对应要求，包括好课源泉、好课氛围、好课资源、好课学习、好课研究、好课磨砺、好课领导等结构及要求的探明与揭示。①

由此好课标准是基于育人本质规律，横向上构建起系列内部结构与外部支持系统结构及对应要求，纵向上构建起开放生成的标准发展态的完整标准体系。

（二）一节好课的六大分析维度与标准

基于上文阐释，好课标准的构建需由表及里、由点到面、由静到变地进行科学性、普惠性与生态性构建。首先是分析何为教学。教学本质就是师生在特定环境中，基于特定目标，依托一定的内容载体，以一定行为方式进行文化内化与外化的活动，促进师生素养提升与人生优化的过程。由此可

① 李方红.班级制度系统建设初探——基于生态学视角的分析[J].教育探究，2014，9(1)：43-46.

见，目标、主体、内容、环境、活动、方式、学习效果等是教学的基本结构。好课标准本质就是对各基本结构对应标准要求的概括与凝练。这是对好课标准构建科学性的探索。其次好课标准还应该关注普惠性与生态性，即关注如何才能有效地发挥好课标准的导引价值与基于好课标准引导下的教学的育人价值，真正基于育人本质规律，基于高质学习机制规律而展开教学，从而真正惠及师生成长。同时还需关注好课的创新与发展，生成与革新。

由此，概括出了“主体：生本；内容：真与正；过程：合配；效果：精值成长；支持：教力（教师教学设计、实施与研究等能力的综合）；进化：创新”六大标准体系。

六大标准体系的构建基于好课标准构建的三大原则而展开。一是对课堂教学核心结构及标准要求的高度概括与凝练，削枝强干，突出关键结构的标准要求的概括。这里把目标放入效果之中进行考量，将目标预设与目标达成统一融合，集中反映为学生学习的效果，即学生在一节课上是否有成长、有进步、有收获、有发展，反映出目标预设的合理性与充分性及目标达成度与生成性情况。这是科学性原则的回应，集中体现为对教学核心结构的把捉与对应“好”指标的概括。二是基于育人本质规律，聚焦在“深度学习、高质学习、自主学习”等学习机制进行构建。“生本”主要是学生的参与与自主，“合配”指教学环境、活动、手段等过程性元素与育人目标达成的优化匹配，实现深度学习与高质学习。“精值成长”指学生更好地成长与发展。可见，“生本、合配、精值成长”实际上就是行为驱动、行为深度投入、行为优化发展的学生成长过程，满足好课标准构建的普惠性原则。三是生态性原则的考量。把好课看成一个有机体生态，必然需考量外部支持系统，即好课如何产生。考量自身进化与生长发展，即好课标准的不断革新。“支持：教力”关注好课的生成。生成主要体现在教师的教力，包括教师的教学设计力、基本功、实施力、评价力、研究力等，集中表露为教师的教学素养。“进化：创新”就是指基于“主体、内容、过程、效果、支持”五大维度标准的一种开放性分析维度与好课标准，相对标准，生成标准，“无标准”。一节课需要不断推陈出新，不断提升其育人价值。

综上，六大好课分析维度与标准是对教学结构的关键把捉，是对高质学习的机制概括,是对好课生长发展的规律性揭示,是基于好课标准构建的三大原则(科学性、普惠性、生态性)对应的三大学理依据(教学核心结构、高质学习机制、生态生长发展)展开的系统性构建与概括。是“由表及里,由点及面,由静及动,由近及远(关照未来发展),理实一体,维度与标准融合,标准与修炼结合,预设与生成联通,多科普适”的真正助力师生更好成长的生态性分析维度与标准,其生命力值得期待。具体结构见图3.8。

图3.8　一堂好课的六大分析维度与标准结构图

下面以人教版小学数学六年级上册“比的意义”一课为例具体阐释分析维度与标准内涵。“比的意义”一课的重点是理解比的意义,难点是对比、除法、分数三者关系的理解。本节课设计了如下几个环节:“谈话引入,呈现素材;多元方式,探究新知(集体探究比的产生、意义与读写;自主学习比各部分名称、求比值、比的另一种写法、比是有序的;小组合作探究比、除法、分数三者关系及比后项特点);情境回溯,小结提升;文化渗透(比号历史),精神引领;生活运用,巩固新知;呼应开头,提升思想。”

1. 主体:生本

“主体:生本”从教学内部结构上看主要是以生为本,突出学生的参与性、主体性、自主性。从高质学习角度探察,需注重内驱力的激活、生活情境的融入、身边素材的呈现,以激发学习兴趣,这是学习行为活动的启动。总体上包括“主体性、参与性、自主性、生活性、生成性、开放性”等。集中体现为以生为本,以学为本,贴合学生身心发展规律,切合学生学习探究需求,切合社会生活场域而展开教学。

本节课课前谈话中的师生比试、生生比试,既激发学生的学习兴趣,活跃课堂气氛,又巧妙地生成本课学习的素材"男生人数"与"女生人数",为新课探究作铺垫,通过男女生人数提出问题并列出算式,还为突破比的意义与比试中的比的差异埋下伏笔。"听说我们班的同学很厉害。""是的。""这么厉害,敢不敢跟老师比试一下。""唱出一句含有爱字的歌曲。""难分伯仲,过瘾吗?""不过瘾。""那这节课我们继续比试,比一比男生学习厉害还是女生学习厉害。统计下,男、女生各多少人?"黑板上板书男生23人,女生20人。学生可提问并列式,男生人数是女生人数的几倍,女生人数是男生人数的几分之几。列式:23÷20,20÷23。

这样的引入润物无声般地引出素材、铺垫新学、组织教学、激活内驱,一举多得,体现了主体性、参与性、自主性、生活性、生成性与开放性的"生"这一标准。

2.内容:真与正

此分析维度与标准指一节课的内容要正确,不能出现知识错误,这是最基本的要求。因任何学科除培养人力、服务生活外,还要实现文化传承与创新的价值。[①]只有真理性的内容才能保证内容承载的形式、方式、方法、思想的科学性。

"真与正"包括素材的真实性、内容的科学性、表达的精准性、知识的信念性、方法的合理性、思想的科学性等内容。

本节课,在知识内容方面,比的产生、比的意义必须学明白,弄清楚,内涵外延必须清晰准确。本节课,采取了让学生在情境中、表达中、对比下、应用中、感悟中,从多个角度,从"初感、深觉、开悟"三个层次,从本质内涵(虽可以从比值、前后项看成各自份数、前后项占总量的几分之几、相除等角度理解,但本质依然表示两个数相除。所以,比的意义是两个数的比表示两个数相除)理解比的意义,真正建立清晰的概念内涵与外延。

如第一次直接出示两个数的比表示两个数相除,包括23:20(男生数:

① 李方红.让数学化真正发生:"和真数学"教学理念与实践探索[J].现代教育科学,2019(11):86-92.

女生数)、250∶5(路程∶时间),初感比的意义环节,学生从比值角度进行理解,如男生数∶女生数表示男生人数是女生人数的几倍,路程和时间比的比值表示速度来理解。

在深觉比的意义环节,出示了全球每年因吸烟而死亡的人数与中国每年因吸烟而死亡的人数之比是5∶1,两杯蜂蜜水中蜂蜜与水的比分别是2∶50、3∶50。这两个练习中,学生从份数的角度理解,从蜂蜜占蜂蜜水的2/52来理解比的意义。学生已经能感受到可以从多个角度来理解比的意义。

最后"开悟"环节,临近下课,学生自主回顾可以从比值、各自份数、前后项占总量的几分之几、相除等多个角度理解"比"。老师指着板书"两个数的比表示两个数相除"追问:"有矛盾吗?"学生顿悟道:"没有,因为它们本质上依然都表示两个数相除。"

同时本节课还让学生对比的意义的外延进行了清晰精准的理解。通过三次"此比非彼比"与相似概念对比,包括"此比与生活中的比试中的比、与常说的表示两个量间的倍数关系、与球赛中的比分"进行对比,发现"生活中的比较范围更广,可表示大小比较、相差、倍数关系等;比不仅表示同类量间的倍比关系还可表示异类量间相除,如路程∶时间,所以比的意义包含但不限于倍比关系;比分表示两队进球数量的记录"。

而对于比的产生则采取了"半复演"式来理解比产生的必要性。[①]"比是用除法算式表示同类量倍比关系与异类量相除的表征系统的优化。"优化体现在两个数的比表示同类量间的倍比关系更直观,如每年全球因吸烟而死亡的人数与中国每年因吸烟而死亡的人数之比是5∶1,非常直观,是5份与1份的倍比关系。同时比在表示同类量倍比关系与异类量相除时,还有新的价值承载。如比相比除法,往往不需算出比值,看比就能直观感受量间倍比关系;比还可用来表示多个量间的倍比关系,如油中饱和脂肪酸、单不饱和脂肪酸与多不饱和脂肪酸之比接近1∶1∶1;比还可用来度量溶液的浓度与甜度,如蜂蜜水中蜂蜜与水之比分别是2∶50、3∶50,明显后一种比代表更浓。但让学生按数学家探究比的符号来体现表征系统的优化,一节课时间有限,很有难度,所以采取了半复演的方式进行渗透,让学生感悟到即

① 李方红,周智雄,董顺,等."复演式"单位起始课教学模式的构建与实践——以人教版二年级下册第八单元"克"的教学为例[J].现代中小学教育,2019,35(4):42-47.

可。如集体探究小环节，23÷20，表示男生人数是女生人数的几倍，还可以用比号来表示它，即23∶20。250÷5（路程除以时间），也可用250∶5（路程∶时间）来表示相除，比值表示速度。进而通过情境创设，学生表达，分类对比，学生慢慢体悟到，比在表示同类量间倍比关系时确实比用除法算式有优势。

3.过程：合配

“合配”主要指环境与资源、组织与氛围、活动环节、方式手段、技术赋能、探究建构、练习巩固、教学机制处理、评价总结等与目标的最优匹配与适切，进而助力学生精值成长。集中体现为“因材施教、层次分明、过程高质”三个外显表象，指向精值成长，学习机制中的深度学习、高质学习与研究性学习等高阶探究过程。

如本节课在“探究新知”这个大环节中，针对本节课概念抽象、知识点众多、学生经验丰富但存偏差需归正三重阻碍，在新知探究大环节中，设计了三个层次分明的活动，“集体探究——比的意义、比的读写；自主学习——比各部分名称、求比值、另一种写法、比是有序的（比的前后项决定比的意义，不能互换位置）；小组合作——探究三者关系（比、除法与分数），后项特点（不为0）”。这样的设计一方面实现了“导学互生”，让学生在通过老师引导下的集体探究初步理解了比的意义后，再进行自主看书学习，厘清比较简单的一些“规定性知识”，如名称、求比值等。最后再放开让学生小组合作，探究难点问题，比、除法、分数三者关系与后项特点。通过前面的学习，学生感受到比、除法、分数都可表示两个数相除，但各自重点应用范畴不同。所以“比、除法、分数相通但不同”。这样的设计让新知探究很有层次，主线清晰，学习方式方法渗透恰到好处，新课程倡导的“自主、合作、探究”都真实地发生。

4.效果：精值成长

“效果：精值成长”指目标达成，指学生学习质量，成长质量，包括核心素养落地情况，包括人生成长的根基能力培养情况。[①]总体而言即立德树

① 李方红，董顺.“人力树”学校课程体系的构建[J].现代中小学教育，2017，33(6)：20-25.

人是否真正落地。外显的表征就是学生有收获、有发展、有成长、有进步，且尽量追求在一节课中学生能有更好的成长，更多的收获，更大的进步，更优的发展，即实现学生精值成长。

与此同时，一堂好课还应该跳出学生成长视域，让教师也有所成长，同时这节课背后的教育理念还能实现新的引领价值就更好。

综上，精值成长包括学生精值成长、老师精值成长、教育教学精值成长（包括理念的更新、理论的新生、模式的创设等）。精值即一种丰厚、高质、深度、精致、优化、更好、有营养等的综合。

以数学学科为例，一堂课不仅应关注知识的建构，还应结合特定目标与内容关注思想方法的渗透，关注学生正性习惯、情感价值态度的累积与优化，关注科学精神的培育，关注家国情怀、民族认同感的树立，关注学生实践与创新意识与能力的培养等。这样的课才更有营养。

“比的意义”一课，在“文化渗透、精神引领”环节引入三百多年前莱布尼茨发明比号的内容，既让学生体悟比与除法的关系，又让学生感受到了符号表征的优势，还让学生体悟到数学家背后的求真与创新精神。本节课重点让学生体会类比、推理、符号三种数学思想的价值与应用。在“小组合作，探究三者关系与比后项特点时”，学生通过除法与分数的关系，自然类比推理比与除法的关系，为下一课“比的基本性质”作铺垫。由比的后项相当于除法中的除数，自然类比推理出“比的后项不为0”。在“生活运用，巩固新知”环节，第一个小环节是“生活中的比”，设计了“有趣的比、美丽的比、有用的比（出示了美国新冠肺炎确诊人数与中国确诊人数之比是111∶1<统计时间是2020年11月11日>）”。这样的设计一方面让学生体会到“知识的三重价值（趣、美、用）”，另一方面通过美国确诊病例与中国确诊病例人数比让学生树立民族认同感，为祖国骄傲，为人民自豪，让学生感受到“祖国真伟大，身为中国人真幸福”。

5. 支持：教力

“主体、内容、过程、效果”既是教学结构的核心要素，也是精值成长的关键因子。从生态学视野探察，还需回应好课如何产生。好课无疑是教师教学胜任力、设计力、学习力、研究力、个人其他素养的集中催生与集中反映，即教师教学素养是一堂好课的基础，也是一堂好课的外显指标。就课堂上的教学实施反映的教师教学能力而言，包括行为层面的“组织、协调、观察、分析、倾听、思考、表达、评价、机智处理、装扮”等能力，环节层面的“起承转合”能力，技能层面的“书法、普通话、信息技术使用、多媒体制作”等能力，情绪人格层面的“心理倾向、情绪调节、精神特质、能量属性、人格魅力、修养涵养”等，外围支持层面的“学识储备、教材研读、教学研究、课前准备、团队合作”等。一堂课就像是一面镜子，反映着老师的个人素养水平。综上，教师个人素养（主要指教学素养）——教学胜任力、设计力、学习力、研究力等既是一堂好课的标准，也是一堂好课的源泉。“力”这一标准是好课生发的外围支持系统的集中体现。

“比的意义”一课中，教师的教学行为、育人艺术体现得很明显。有研究者指出，教师教学行为按参与器官可分为“有声语言、体态语言、心灵语言”三大类。有声语言指话语声音；体态语言包括装扮、站姿、走位、手势、表情、眼神、板书等；心灵语言包括精神、涵养、人格等。①一堂好课要精练有声语言、多用体态语言、用好心灵语言，才能消枝强干，给学生更多探索、思考、表达的空间，才能凸显学生学习的主体定位，才能让“思维静静流淌，心灵静静滋养”。如本节课，在评价学生时，设计了渐进的评价层次。最开始在学生分享完时老师故作拍掌姿势，用手势带动其他学生鼓掌鼓励；接着用眼神示意大家表示肯定；用“学习习惯真好，阅读后勾画出了重点，伟大的问题，精练的表达，未来的数学家”等导引学生学习习惯的养成，激励精练的表达，累积积极的自我效能感等；最后一个环节“呼应开头，提升思想”，回应开头男女生学习比试，听台下评委老师、听课老师的评价，进而老师比手势1:1，结束全课，让每个学生都得到反馈与激励，累积良好的学习情感体验。

6.进化：创新

生态性考量一堂好课的分析维度与标准，还需要关注好课的与时俱进与不断创新发展。即除了上述五点基本好课标准外，还需要关涉生成性的、变化性的、灵动性的、临时性的、创新性的、未来性的、开放性的、多元性的标准，可用“进化：创新”予以概括。一堂好课的创新发展层面，包括但不

① 刘丹.小学数学教师课堂教学语言艺术的三重境界[J].新课程研究（下旬刊），2014(6):5-7.

限于"教学理念、目标定位、知识模型、教学模式、方式方法、技术手段、教学环节结构设计、素材、教师教学行为、学生生成"等创新。进化意味着开放、生成、新意、未来等含义，是无法准确界定的一个标准。但助力学生精值成长是"创新"的价值标准。教学不是为了标新立异、天马行空般的创新，而是基于内容、学生、环境等的最优匹配，是指向学生成长的有价值的创新。

"比的意义"一课在设计上，采取了"主线副线并行"的设计方式，有序组织活动，落实教学目标，颇为新颖。本节课以高质学习机制（驱、探、结、文、用、思等六大环节）为主线，以"知识认知结构（比的产生、意义、读写、各部分名称、三者关系、后项特点等），学习方式，比的意义体悟层次（三次'此比非彼比'），生活情境（比试）前后呼应，三重教学语言（有声、体态、心灵语言）"等为副线，让课层次分明、线索清晰、创意十足。

如"集体探究、自主学习、小组合作"的学习方式线；开课时比试引出素材，中间此比非彼此的辨析，结束时1:1的情感升华，让比试情境、素材情境穿插其间，有效组织教学，同时活跃氛围；素材选取上，舍弃教材上学生已经非常熟悉的杨利伟登太空的场景，而用男女生人数之比等鲜活的素材，激发学生学习兴趣，培养学生的家国情怀，树立民族认同感与骄傲感。这些设计基于学生，基于生活，基于时代，真正让一堂课的价值更丰厚，真正促进学生精值成长。

综上，前四个分析维度与标准是教学核心结构与学生精值成长的基础性分析维度与标准，"支持：教力"是外部支持系统与好课生发系统的高度概括，"进化：创新"是好课发展性维度与标准。

（三）好课的修炼

好课又如何达成呢？从外围教师活动修炼角度看，好课是研究出来、学出来、磨出来、赛出来、积累出来、自然生长出来的。

1.好课是研究出来的

要把握教学基本结构，掌握育人本质规律，并不断创新发展真正服务于学生人生优化的好课。缺少对教育教学理论的钻研，对一线实践经验的总结，对教师个人成长的探索是无法做好的。

仔细研读教材、教参、课程标准，并将学段知识点、方法论进行系统梳理，才可能做到内容科学，表达精准，方法合理。也只有对课堂教学基本结构、常见教学模式、教学智慧不断总结，才能做到“因材施教、层次分明、过程高质”的“明”。所以，教师要不断研究教学、研读教材、研磨课堂，才有可能厚积薄发，设计与上好一堂课。

2. 好课是学出来的

若仅是研究教材、教学、课堂、学生，缺乏实践，缺乏课例的观摩，往往也仅是纸上谈兵，眼高手低。观摩课例既是学习课堂教学实操技能的绝佳路径，也是研究课堂教学的重要素材。好课是学出来的，而学什么，怎么学，可以从两个视角来学习特级老师与优秀老师的课例。

一是从系统视角，去看他人对这节课的设计与现场的处理（看结构、看行为、看处理），去看实践背后的理论与理念（学习论、教学论），去思考他课中的问题与可以“拿来”的优点（问题与改进、参考与重构、他课与我课），即做到对“预设与生成、实践与理论、他课与我课”进行系统的由表及里、由彼及此的深度观摩与学习，才能知其然又知其所以然。

二是从单一视角，由面到点、由浅入深地进行观摩与学习。可以从教学纵向、横向与周向结构（外围支持系统的结构）中的某一个点来系统地学习一节课，从听课变成了研课，真正深度观课，高质观课。从不同视角进行深度学习与研究汇集，才能对课堂教学形成全景深度的认识。

3. 好课是磨出来的

磨课即打磨课，反复雕琢、修改、优化一堂课。以课为载体与契机系统提升教师的综合素养。磨映射了一种工匠精神，一生为一事而来，一时为一课而在，全情投入，专心致志，倾尽全力去精雕细琢、反复研究、不断深化、改进优化一堂课，直至趋于完美。以课磨人，以课代言。

磨课是对教学理念的不断钻研，对教学设计的不断修改，对教学行为的不断优化，对课堂生成的智慧处理，对学习评价的不断改进，对技术手段的不断更新等，以此实现教师的精值成长。

磨课从时间维度看，包括集中磨课与常态磨课，集中磨课就是一段时间内打磨一节课，常态磨课是在一段时间的常态教学里打磨一个点（如纠偏自己的体态语言、粉笔字等）；按主体划分，包括个人打磨、团队打磨；按打磨方式划分，包括研课、仿课、听课、评课、说课、上课等；按打磨策略划分，包括基本功与模式结合、上课自省与录像分析结合、个人独磨与同课异构结合、博采众长与厚积薄发结合、理论与实践结合、原创与参考结合等。通过磨课，最终实现以课塑人。

4.好课是赛出来的

课好不好，拉出去遛遛。与高手竞争的同时也可相互交流学习。准备赛课的历程更是高强度的磨课过程。赛课催生的压力也能变成成长的动力，对评价的积极期待也可转化为个人提升的内驱力，促进个人不断成长。赛课更是对教师教学能力、情绪调节、抗压能力等综合素养的集中检测。宝剑锋从磨砺出，梅花香自苦寒来。只有经历过赛课，上过大舞台，反复锤炼，才能积累上公开课的经验与底气，也只有收获大大小小的成功才能催生发自心底的自信。由此，反复锤炼、提升能力、获得成功、累积自信，才能让教师在讲台上变得更从容，才能从成功的教学中获取成就感与幸福感。好课是赛出来的，赛促进成长，赛驱动进步，赛实现交流，赛收获自信。

5.好课是积累出来的

好课也是积累出来的，海纳百川，厚积薄发，冥思苦想，才会灵感迸发，豁然开朗。积累包括素材的积累、课例的积累、理念的积累、问题的积累、情境的积累、思考的积累等。如备课“比的意义”难点——比、除法、分数三者关系突破时，反复思索，参考文献，最终体悟到，它们三者都可表示两个数相除，但主要应用范畴不同，比主要表示量间相除的关系，除法算式主要是一种运算，分数主要是一个数。所以三者相通但不同。再如在平常看新闻时，带着学科眼光看，便会收集到一些学生感兴趣且贴合时代，有着很丰富的教育价值的课程资源。

6.好课是自然生长出来的

虽然可以通过短期的团队打磨能上出一节“好课”，甚至赛课还能拿到好的名次，但若老师不长期坚持修炼，好课便成了昙花一现。要真正做到细水长流，则需要老师坚持教学研究、教学实践，不断修炼自己的教学功力，不断总结好课的经验，才能一鸣惊人。只有在时光中历练，在岁月中打磨，在奋斗中书写，在实践中生长，好课才如星星之火，可以燎原。所以，一堂好课既是教师教学素养的集中体现，也是教师教学修炼的见证。

愿好课在每位老师心底发芽，在常态的脚踏实地的教学与研究中生根，在不远处的那节课中开花。

五、三环互生，磨出好课：基于生态学理论的分析

好课是磨出来的，好老师也是磨出来的。磨的过程就是在一定时段内理念优化的过程、教学设计智慧与经验的总结与运用的过程、教师课堂教学行为习惯的集中训练与养成过程（如站位、手势、表情、语言等）、课堂教学模式的构建与内化实践的过程、主题性深度反思评价与研究的过程、心智品格与毅力的锤炼过程、多元交流与智慧互生的过程（团队共智，他者交流）、教学信念塑造的过程、教学积极情感的累积过程等。磨课是集中训练的过程，若目标定位好、磨课方法得当、磨课过程专注，勤奋训练、客观自省、反复改进优化，几个月的时间往往会使教师的教力得到大幅度提升，甚至实现“白天鹅变凤凰”的成长蜕变。

由此，探索磨课的“优化程式”，总结磨课的本土好经验、好理论，有必要性与紧迫性。本文以生态学理论为学理基础，以“三环互生”磨课模式为支撑，以课题项目组为组织样态，以笔者所上的人教版小学数学六年级上册“比的意义”一课（该课获得集团数学阳光杯一等奖第一名）的磨课经历为例，阐释好课磨课过程，望抛砖引玉。

（一）理论基础：生态学理论下磨课的三大系统

生态学理论是社会学、人类学、生物学等学科领域的重要哲学理论，将一切人、物、事、组织、文化、活动、自然、社会等，看成一个具有一定组织结构的在一定条件支持下能自发运行的生态系统，看成一个不断与外界进行信息、能量、物质等交换，不断成长进化的有机整体。生态学理论将万事万

物赋予生命，转“物为我用”为“物我一体”的价值观，让主体人不再仅有对象意识，还有物我一体的融通意识；生态学理论强调结构的解构与重构优化，强调对规律的探明与遵循，认为要理解一个“客体”，必须首先理解其内部的组织元素及关系，理解自身的运行规律；生态学理论还以外物互联、内外互通、彼此互生的生态学方法论来看待“机体”的优化与生长，与马克思主义辩证法哲学“心心相印”；生态学理论更将近远相接、静动相宜作为“机体”存在阐释，以包容、开放、多元、共生的发展观看待现在与未来、彼与此、我与他的“隔阂”。①

可见，生态学理论下的生命观、结构观、规律观、互生观、发展观、普惠观，恰好为磨课提供了一个分析与优化视角，也恰好切合磨课的价值定位、学理定位与实践定位。磨课是为了师生成长，课堂教学质量提升，需探明磨课更好的内部结构与运行机制，并使其在不断改进与优化的设计与实践中趋于完善。生命观让我们与课融为一体，结构与规律观旨在揭示更好的磨课程式规律，互生观强调了内外沟通、理实磨合、训练改进的过程观照。发展与普惠观回应了磨课的价值定位。由此，把磨课这项行为活动与训练过程看成一个“有机体”，赋予其生命力，让教师实现“人课合一”，实现规律揭示，实现内外与表里融通，实现现在与未来成长关联，实现磨课团队人人互生成长，真正以课塑人，团队共长。

综上，基于生态学理论的“六观”与磨课的“三定位”，需探明磨课的三大基础系统，即磨课内部结构关系基础上的运行系统（怎样磨好课）、磨课外部的支持与促进系统（哪些因素能促进教师上好课与教力提升）、影响教师更好磨课的外围文化生发系统（哪些活动可以直接影响支持系统，进而间接影响磨课运行系统的系统）。运行系统、支持系统、生发系统是由内向外、由表及里、由近及远、由此及彼、由静到动的完整磨课生态系统。化磨课由短期的集中训练为教师一生应有的成长修炼，化磨课由单一的课堂教学磨砺到教师教力提升相关的支持活动中去。还原了磨课更大的时空场，让教师做到“一生在磨，随处在磨，万事在磨”的自主、终身、泛在、多元的磨课境界，从而助推教师更快、更好、更稳、更实、更远的人生成长。②

① 王翠平.生态学理论还原可能吗?[J].河南师范大学学报（哲学社会科学版），2018，45（2）：107-112.
② 李方红.“全景式”教师人生成长模式的研究与实践[J].中国教师，2020（12）：62-66.

基于此认识，本文基于三大系统与磨课实践经验，构建起了“三环互生”磨课结构体系。内环即运行系统，探察磨课的组织结构关系与运行规律；中环即支持系统，揭示促进更好地磨课与教师教力提升的机制与因素，同时旨在从短期的磨课提升走向中期的常态修炼，为教学提质与教力提升保驾护航；外环即生发系统，是更外围、更间接地影响教师磨课与成长的长期生长系统。外环影响着中环的运行与优化生长，中环也影响着内环的运行与优化生长，反过来内环的短期提升也反哺着中环实体与外环实体的改进与优化，环间互生（互相生成，互相促进，互相影响）成长，每一环内各结构元素也互生共长，甚至每一结构与元素内部的各个点间也是互生共长的关系。这样的结构体系让课富有生命，让课反哺人的成长。因是基于生态学理论的“运行、支持、生发”三大系统而建立了三大互生（点点互生、环内互生、环间互生）的“内环、中环、外环”的三环结构体系，故谓名为“三环互生”磨课结构体系。见图3.9。

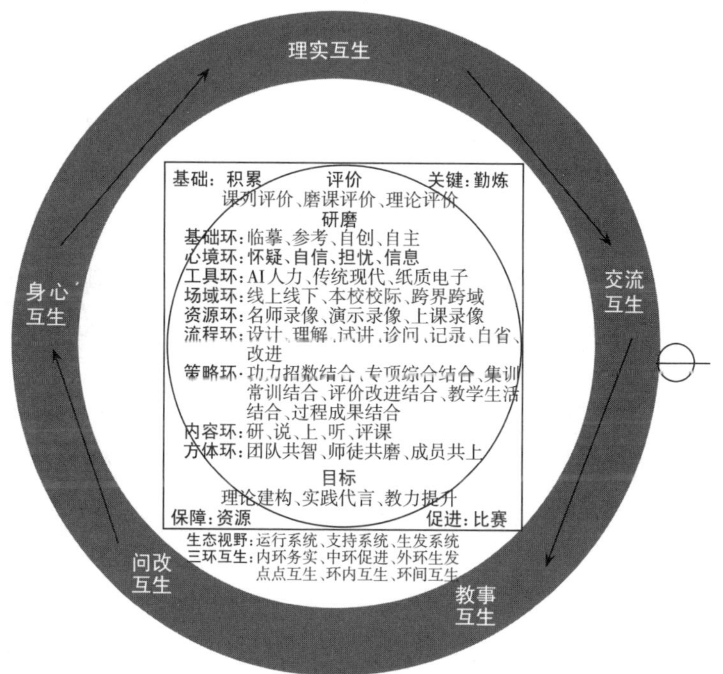

图3.9 三环互生磨课结构图

(二)实践探索:三环互生磨课的实践

下面以人教版小学数学六年级上册“比的意义”一课为例,以项目组磨课为样态,对三环互生磨课结构体系实践操作予以具体阐释。

1.内环务实:短期提升

内环回应怎样磨好课,怎样在一定时间段内(如三个月内)力求教力最大化提升,教学信念最大化提升,从而累积上课的自信与幸福、经验与智慧。内环对应于生态学理论中的机体运行系统,需回答磨课的目标、活动经历与评价三大方面的内容,即回答行为的驱动、投入实践与反馈的机制。

(1)目标:以课塑人

本次磨课是以“简单教学实践研究课题与项目组”(重庆市渝北区2020—2021学年规划课题,重庆市巴蜀小学中华名项目)为团队组织,以重庆市巴蜀小学教育集团阳光杯赛课为平台,以巴蜀小学数学课题组为团队支持。赛课于2020年11月11日进行,从2020年9月1日起,课题组就启动了磨课活动。本次磨课的目标定位为“项目组理论建构、课题组实践代言、全体成员教力提升”三大方面。以课例作为载体,以简单教学理论前期成果为支撑,力争通过磨课实现理论与实践、个体与群体、教学与教力的同步进阶与提升。磨课目标关注每个人,关注教学设计、实施、评价与研究能力的提升,关注简单教学理论的完善与优化,让每个人(课题组包括主持人重庆市特级教师姜锡春老师等共7人)在磨课中找到归属感、使命感、成就感、获得感与幸福感。大家分工协作,“快乐磨课、快乐成长”。

(2)研磨:好课多磨

有了清晰的目标,接下来便是三个多月、三个校区,多达十二次试讲的研磨经历。下面从“主体、内容、策略、流程、资源、场域、工具、心境、成长”九个方面予以具体言说。

①主体环

主体上,我们实行“三共”抱团磨课,即“团队共智、师徒共磨、成员共上”。将成员分成两大组,由主持人统筹,组内两位资深教师各带队两人,所有人均要设计对应组课的教案,然后团队一起共智共力,设计出初稿。

带队教师还亲自现场“带妆”示范，从开始到结课，组员当学生，完整地演练一遍，录像后组员回家学习。然后不急于试讲，而是组员各自对标演练后再试讲。团队再一起进行纠错纠偏，修改教案。同时该组的另一个未上课的成员也要上同一节课，相互学习，相互启发，共同成长。

②内容环

内容环包括研、说、上、听、评等“五课”。最初由同一课例的参赛成员与陪练成员独立研读教材，研究教参，厘清认知结构、知识建构逻辑、教学目标、教学环节，撰写教学设计初稿。[①]然后参考全国名师的课例修改。接着在组内面向全体成员说课，把课目标与对应的目标落实环节说清楚。说课结束后，现场“带妆”演练，组内所有成员诊断问题，提出修改意见，现场修改设计。然后由上课老师自行理解消化，在家模拟演练。有了充足的准备后再正式开始试讲，每位成员都需参与听课、现场评课、现场修改。这样让每个人都担任了“上课老师、学生、评委、专家、组织者、服务者、研究者”等多重角色，既实现角色互换融合，又实现“教、学、研、评、管、持”一体化推进。真正实现人人磨课，人人成长！

③策略环

在策略上，采取“功力招数、专项综合、集训常训、评价改进、教学生活、过程成果相结合”的“六结合”策略。功力招数结合，指上课好比打拳，既需要好的拳路，也需要打拳者有基本功。拳路好比设计，基本功好比教师的个人素养。在设计与实施的互生过程中，要做到量体裁衣，针对不同的功力进行适切的设计，做到功招合一，人课一体，基于参赛老师个性，打造有个性的、适切的好课。专项综合结合，指一方面要“扬长”，另一方面要“避短”，针对上课老师的问题与短板进行专项训练的同时也要兼顾整个教力的提升。如笔者在行为上，特别是在手势、站位、走动、语言等有些多、杂、不得体的行为，则专门训练行为习惯，进而做到行为得体。专项综合结合还意味着以课例为载体，对课整体结构与部分结构点的训练，如总结语专项训练。集训常训结合，即在磨课的时段里，不仅要求在试讲中要做到“以学为本、大气沉稳、言简意赅、深入浅出”，而且在日常的教学中也要坚持做到。常态课堂也要像公开课、比赛课一样坚持修炼自己的教学基本功，如

① 姜锡春.找到当教师的快乐——谈怎样备好课[J].教育视界，2020(25):59-62.

“坚持手写教案、上课调整好情绪、上课坚持修炼教学行为”。评价改进结合要求不仅要给出好与差的点评，更要和上课老师一起谋划改进的措施，上课老师还要课后反复演练修改，进而将建议转化为进步。不仅如此，还建议大家将教学与生活结合起来，在生活中汲取灵感，挖掘素材，演练教技，规范行为。如在生活中也要做到手势大气沉稳，表达言简意赅等。过程成果结合，顾名思义是指带着研究去实践，实践之中出成果，通过成果凝练，固化智慧与经验。磨课过程中，项目组以课例为载体，思考并撰写了系列主题论文。如“教师教学三重境界：教学悟”“教师语言的艺术：三重语言的修炼”等。

④流程环

磨课上，总体按照“团队设计、理解内化、试讲诊问、记录自省、自我改进”等步骤展开。如每次研课的过程都由专人进行翔实的记录，上课老师也要及时整理自己的问题，并思考改正的方法，下次试讲坚决改正。总体上，磨课我们依托三大资料与文件，来记录、激励、改进我们的教学，包括“教案与课件、研讨记录、主题论文”。教案每次修改都要备注新的版本名称与修改日期，研讨记录以问题为主题进行详细整理。

⑤资源环

资源上，整个磨课过程主要依托三大录像，三大资料与文件（流程环里已阐释）进行资源库建设。三大录像包括名师录像（包括但不限于此课题组导师的上课录像）、演示录像（导师现场演课的录像）、上课录像（上课老师每次试讲的录像）。利用录像，每位成员都可逐帧解析，对比名师与自己的录像课，反复琢磨，直面问题，冥思苦想改进良策。旁观者清，当局者迷，通过录像，既学习了名师的长处，并将其内化于心，又看到了自己的短板。通过模仿名师，实现快速成长。如在看了导师的手势语与笔者的手势语以后，对比终于顿悟，手势不优雅的原因是手没有伸直，不够大方。

⑥场域环

磨课不仅在线下发生，我们还拓展了场域，实现线上线下一体，校际结合，跨界跨域融通，立足本校，但超越本校，立足本组，主动外出交流学习，进而让更多有智慧的声音与宝贵的建议流入课例中。因为试讲次数多，还到其他校区、其他学校试讲，同时邀请该学校学科课题组的老师们来听课评课，让课经得起推敲，融入更多智慧。不仅如此，我们还请重庆市教育科学研究院的教研员在线上为我们的课问诊把脉。可以预想，若有必要，以后还可跨省跨国进行磨课交流，互生共长。

⑦工具环

“工欲善其事必先利其器”，让新技术服务教学、赋能教学、支持教学，也是磨课中应考虑的事。一方面让系列理想教学能落地有法，另一方面也让磨课本身效率更高。磨课应实现“人力AI、传统现代、纸质电子”的多形式工具多元互生。[①]如“比的意义”一课，利用多媒体微课视频，演示了2021年东京奥运会奖牌总数之比的变化过程，变化的比与最后定格的比，既巩固了学生对比的意义的理解，又让学生感受到了国家的强大，人民的伟大，当下的幸福。从学科教学走向学科育人，家国情怀、民族认同感便在孩子们心中扎下了根。

⑧心境环

在磨课过程中，怀疑自己是否能行，偶尔充满自信，偶尔失落或担忧，偶尔重拾信念等都是正常的。要接纳自己，接纳失败，让正性情绪处于优势，让向上向阳成为趋势。拥抱现在，期待美好，才能拥抱成功。每次试讲，新的改动都可能因为不熟练而出现新的问题。但一件事情，若坚持做上几十遍，行为一定会自动化。当课例已内化于心，做到“人在课中，课在心中，人课合一”的“正念”状态，便能从容地倾听学生的回答，智慧地处理各种问题，而不是在思考下一个环节是什么。三个多月，反复背教案40余遍，试讲12次……在努力的过程中，在一次次越来越好的进程中，最终树立了一种信念——我可以上好这节课，我也是上课的料。天道酬勤，念念不忘，必有回响。

⑨成长环

教师要实现教力的快速提升，首先需要在心中内化优秀设计的样例以及对应设计的方法与程序，同样也需要内化教学实施的优秀样例与基本策略、良好的教学行为习惯等。如此，名师的经典课例、名师的现场示范可供教师参考、模仿、临摹。好比国学大师的成长之路上必有背诵经典名篇的

① 李方红，姜锡春，党心池. 简单的教，丰厚的学：未来数字化教学的新趋势[J]. 教育观察，2020，9(39)：107-110.

过程，书法大师都是从临摹开始。“教好书，学名师；做科研，成名师；育好人，真名师”。所以，“临摹、参考、自创、自主”是年轻老师快速提升教力水平的更好路径。名师的课是好课的直观范本，名师的课蕴含着丰厚的教学理论，是他们教学理论的实例演示；名师身上的做人、做事的方法与为学、为研的精神，更是值得年轻老师学习；名师的教学技艺、教学行为，作为年轻老师可以先模仿，名师的课就是鲜活的教学现场示范，年轻老师可以快速地找到标杆，在常态课堂中坚守，能快速、直观地获得教学行为的规范；名师的每一堂课都可能是他们几十年的打磨，本身就是丰厚的研究材料，他们的课可以作为一本活的课堂教学论加以研究。本次磨课项目组就确定了先临摹参考，后自创自主的总体成长策略，最后两节课都获得了集团校阳光杯赛课一等奖的好成绩。

(3)评价：多体发展

上完课并非磨课的终点，而是后续常态磨课的新起点。及时的评价、反思、总结，进而反馈得失，制订新的后续磨课计划，才能做到以终为始，保持磨课这个“有机体”的持续更好生长。在赛课后，展开了三个方面的评价，“课例评价、磨课评价、理论评价”。评价方面将自评与他评结合，过程与结果评价结合，质性与量性结合，AI智能评价与人力评价结合。如巴蜀小学教育集团开发了律动课堂评价量表，从行为参与、思维参与、情绪参与三个方面通过智能信息捕捉机器，自动记录课堂中师生对话、探究、思考等的次数与质量，生成量性的数据。当然，机器的记录存在一定的机械性，再将机器反馈与评委老师们的反馈结合，上完课后就可及时生成一篇比较客观、具有建设性的评价报告，促进教学优化。不仅如此，还要对磨课的过程进行评价，包括磨课的策略是否得当、过程是否落实、效果是否优质等。理论评价主要通过专家咨询来进行，对简单教学理论体系的构建进行学理评估，修改与优化理论架构。

2. 中环促进：中期提质

上文详细阐释了内环集中时段磨课的策略与历程，中环则跳出集训磨课，走向常态的促进教师教力提升、提升磨课效果的支持系统中来。聚集起来，包括影响磨课与上课的“基础——长续积累，关键——勤苦修炼，促进——比赛磨砺，保障——环境资源”四大方面。

（1）长续积累

教学的阵地在课堂，课堂的功夫在日常。台上一分钟，台下十年功。短短的四十分钟，是教师个人素养的展示，也是教师教学设计与实力的展示，更是教学理念的展示。名师的课往往独具匠心，理念先进，富有思想，名师举止优雅，大气沉稳，妙语连珠，幽默风趣，机智尽显，目标落地，让学生精值成长。[①]同样的设计，不同的老师上课，效果截然不同，正是因为功力不同，累积的经验与智慧不同。同样的课题，名师的设计往往精妙绝伦，也正是因为他们对教材的长期钻研，对生活的细微观察。书籍是他们成长的滋养，生活是他们创造的源泉，教力长期的锤炼是他们自信的底色，所以磨课是教师一生的必修课，用一生来磨课，用一生去思考怎样上好一堂课。所以，多研读教材，研磨教参，研究教学，多观看经典的课例，多与人交流，多实践，多总结，才是更好的“磨课”。

（2）勤苦修炼

磨意味着一种突寻，一种积累，也意味着长期的修炼。只要功夫深，铁杵磨成针。不管是集中时段的团队磨课，还是常态的个人自为磨课，最关键的品质就是勇敢、勤奋、拼搏、努力、坚持。本次磨课，历时三个多月，教学设计前后修改了16稿，正式试讲12次，“带妆”演练40余次，撰写的微课分析、说课稿、教学反思、研讨记录、教学论文多达十几万字。正是有了对知识结构与建构逻辑的无比清晰，对教案的了然于心，对课堂学生生成反馈的充分预设，对个人行为的千锤百炼，对声音的完美雕琢，对细节的反复打磨，才有了在任何环境，在任何时段，上任何班级，在任何场合都能够做到“能上好的坚定信念，能应对的从容不迫”。心理学研究表明，一个人对某件事的持续坚持，反复锤炼，还会促进情感的提升。本次磨课，磨的过程是痛苦的，但最后的收获是丰硕的，最重要的成长便是相信自己，热爱课堂。

（3）比赛磨砺

是骡子是马拉出去遛遛，磨课不可故步自封，而应走出去交流，走上台赛课。同行对课最有发言权，大家说好才是真的好。同时比赛还能锤炼教

① 李方红.全景式学习册助力“精值成长”[J].当代教育家，2020(9)：16-19.

师的心态，锻炼胆量，磨炼意志。有很多年轻老师走上讲台就紧张，原因是上台次数少了。全国著名特级教师吴正宪老师曾说：“名师都是摸爬滚打磨砺出来的，不是教出来的，不是学出来的，是从每天的课堂实践中成长起来的。”[①]无独有偶，全国著名的一线专家几乎都经历过各级赛课，窦桂梅一路赛到清华附小，华应龙一路赛到北京第二实验小学。

（4）环境资源

短期的磨课、长期的磨砺，都会受到周围环境的影响，磨课的效果也与对应优质资源的占有量有关系。重庆市巴蜀小学教育集团一直以拥有一批团结、向上、优秀、勤奋的团队为傲。每学期举行的阳光杯赛课让每位老师始终把课堂教学作为自己的立身之本与发展之源。每学期的教师绩效评比始终把教师教学的绩效作为最重要的考核指标。重视老师、重视教学，本质是重视学生。本次磨课以项目组为组织进行打造，但不限于项目组进行研磨，得到了年级组其他数学老师、学科课题组老师，甚至是学校其他学科专家的指导，使课的优化得到了很多帮助。

3.外环生发：长期生长

外环的生发直接影响着中环的行进，间接影响着内环的生长。内环如果说从时间上看是短期提升的话，那外环则是一生的生长，是更为根基性的影响因素，是教师一生都应有的教学修炼，包括“身心互生、理实互生、内外互生、教事互生与问改互生”五大方面。

（1）身心互生

身体是革命的本钱，健康的心理标志着一个人心境的乐观向上、开朗豁达、阳光积极，富有正能量。教学本质上就是一系列生理基础与对应心理过程展开的过程。敏锐的听觉，良好的洞察力、专注力、理解力、记忆力、判断力影响着教学的互动。所以，身心健康是教学的基石。“情、眠、社、食、动、医”是保持身体健康的重要法宝，“阅、艺、旅”可让心灵放松。这些都是提升身心健康的重要路径，应一生保持锻炼与修炼。

（2）理实互生

好的教学不仅是教学目标的落实落地，还定有教育教学理念的支撑与

① 吴正宪. 在团队研修中促进教师专业成长[N]. 中国教育报，2015-09-09(10).

引领。张齐华上的“数说淘宝”让我们体悟到数学应用价值才是学生学习内驱力的最好激发，完整的研究经历、探索思考比起结果要重要得多。理论的积淀既可通过阅读与专业相关的书籍间接获取，也可通过个人的直接经验不断总结，还可通过他人的经验间接获取，如观摩课例，观看教学实录等。且教师个体应带着思想去实践，实践之中出思想，边做边总结，边总结边建构，理实一体，理实互生。

（3）内外互生

独学而无友，则孤陋而寡闻，教学也是如此，当局者迷，旁观者清，应打破学科组、学校内部交流互生的疆域，走出去与请进来相结合，校际、院校、校社交流结合，让教学不仅成为同行认可的教学，还成为社会认可的教学、家长认可的教学。让教学的历练成为不断揭示与应用教学规律、育人规律的过程，也成为新进社会与文化引渡到教学，赋能教学，服务教学，成就教学的过程。

（4）教事互生

事因人而成，人因事而美。教师应看到，教学所需的综合素养不仅在磨课中可以得到提升，在学校系列教学相关的事务中也能得到提升。如班主任岗位的历练，可以提升教师的组织、协调、管理能力。主持活动可以提升教师的表达、沟通、应变能力。当然，作为教师，也要根据个人的时限有选择地做事，做对自己教力提升有帮助的事。同时，应看到，不仅在学校内教事互生，在学校外、在生活中，一位优秀的教师往往能更懂儿童，更懂学生，更能体察班级学生的心理与需求，能基于儿童，基于身心特点，基于生活兴趣，基于学生需求设计出更好的课。

（5）问改互生

阿瑟·克拉克墓志铭上这样写道：“我从未长大，但我从未停止过成长。”这个世界上没有完美的课，只有百分百的努力，只有拼尽全力的完美历程。人类发展的历程就是发现问题、改进、进化的过程。教学磨课的过程也可以说就是一个诊断问题，改进问题，不断提升教力，不断优化教学的过程。

(三)未来嬗变:拓展"磨"场,好课"自"生

正如这个世界上没有完美的课一样,这个世界上也没有完美的磨课。三环互生磨课结构体系是基于生态学理论学理基础,基于实践经验总结的一种磨课结构体系,还存在诸多问题,是遗憾,但也是后续探索的动力。

1.跨界磨

课堂教学本质是在特定情境,以精优文化,行生活预行,至人生优化的一个育人过程。[①]虽不同学科存在育人功能定位的差异,但也定有诸多相似之处。跨界磨课为学科磨课提供了新的镜子、新的滋养。因为学科教学本质就是基于育人本质规律,师生以特定内容为载体,以特定活动为媒介,落实立德树人,培养核心素养,助力学生精值成长的过程。多科一起磨,打通学科壁垒进行交流互动,利于捕捉教学的共通、普适规律,也利于在学科育人背景下的"分工合作",减少资源重叠,实现资源整合,从而实现协同育人与整体育人,提升育人质量,为实现人力资源强国添砖加瓦。

2.跨域磨

磨课可跨界,也可跨域。优质教育资源均衡发展衍生下的学区制、集团制、区域制等教育体制的推进,为跨域磨课提供了平台与契机。不仅如此,课程的开发与研制,教学与育人活动的实施,还可进行校社合作,如巴蜀小学科学组与重庆市科技馆共同开发的"馆校课程",实现双师制(科技馆与学校科学教师搭班),线上线下结合的方式,年级统一大课与班级小课结合的形式来上科学课,既整合了资源,实现了优势互补,又拓展了课程的界域,让课程与生活真正融合一体,为学生的精值成长助力。

由此可以预见,未来校际跨域磨、校社跨域磨、跨国交流、世界一体磨、线上线下一体磨在科技助力下,均能为磨课与上课赋能赋力。如2020年11月6日,江苏省海门市实验小学举行的张兴华教育思想研讨会面向全球直播,张兴华老师与其小学数学名师天团徒弟们为全国小学数学教师馈赠了他们团队的成长智慧、磨课经验,让无数教师受益匪浅。[②]

---

① 李方红,王朕照,董顺."和人教育"理论的提出、结构与实施[J].教育观察,2018,7(22):59-63.

② "张兴华教育思想暨名师共同体成长研讨会"在江苏南通召开[J].小学教学(数学版),2020(12):21.

3.跨境磨

再进一步,可以预见,未来可能出现教师成长真人秀电视节目,类似《中国好声音》《乘风破浪的姐姐》等节目,通过电视转播记录教师们在名师指导下的蜕变,展露成长背后的策略与方法,向全国所有师生、家长展示教育教学的生动案例,让国家教育宏观政策、专家先进理念以生动的案例,甚至节目的形式走进千家万户,走进亿万民众,从义务教育普及的外显推动走向基于文化渗透的内因撬动,值得期待。当然,电视真人秀节目一定要注意坚守教育的基本伦理。

未来是用来期待与幻想的,即使它不一定真的能实现,但伟大的梦想正是人类文化迷人的风景,磨课亦然。

六、课程教学的实践:教学手册的使用

上文是对课程研发、教学设计、教学实施、教学评价以课例为载体进行的系统梳理。在操作层面,如何整合理论体系,同时又为我们提供非常清楚的操作指南呢?教学手册是不错的选择。手册是一种导向与预设,是一种策略与方法,是思路与行动的文本材料。一本手册能对理论与实践做法进行系统整合,一本手册通过表格的形式能实现操作的可视化。一本手册还能实现一本多用,通过多个版本实现教育合力,如偏重家长如何配合学校教育的家长版手册,偏重学生如何学习的学生版手册。下面以数学教学手册(教师版)为例,再现手册的价值与内容(见表3.9)。

表3.9 数学教学手册(教师版)

项目	教学思路与做法
教学设计	设计思路:理论为根、学生为基、学科为本、社会为型;目标为旨、流程为线、活动为主、评价为谋。——五步备课法(上文所述)
教学目标	六大核心素养:数学抽象、逻辑推理、数学建模、数学运算、直观想象、数据分析 十大关键词:数感、符号意识、空间观念、几何直观、数据分析观念、运算能力、推理能力、模型思想、应用意识、创新意识 五大具体:情感态度、习惯精神、思想方法、能力知识、实践创新

续表

项目	教学思路与做法
教学主体	总体原则:民主平等、和谐共生——以生态链为主体,多主体 教师行为: 语言:精炼、幽默、生动、流畅、清晰、准确、声音优美、语速适中 行为:设计、导课、组织课堂、活动、作业布置、评价与反馈;例题讲解、练习、演示、活动、游戏、实验、讨论、作业;板书、提问、引导、反馈、评价、结语、演示、实验、奖励 非语言行为:身体姿态、教师着装。态度、精神心理(情感)
课程内容	课程体系:数学圈互生课程体系(上文所述)
教学组织	数学班长:上情下传,沟通桥梁;收发作业,课前准备;课前复习,组织上课;课中监督,维持纪律;学习引领,以身作则;顶替老师,代课教学;其他事项,协助老师 教学助手:辅导学生、批改作业、协助老师 小组组长:收发作业,登记名单;组织活动,协调管理 其他组织:金牌搭档、数学俱乐部成员、学习共同体、临时组建的团体……
教学管理	思路:(行为主义视角)法律制度+文化活动+伦理道德=从管理走向投入——自主建设的课堂教学夙愿
教学环境	建设成为一个"和谐文明,温馨向上;绿色健康、富美优质"的"学习天堂"——"净、序、富、美"的环境
教学外境	学习时空的变化:走向泛在学习与终身学习 学习时空的范畴:①课堂+课外;②实地+网络+自我;③学校+家庭+社会;④自学+上课+活动+交流+事物+环境+社会+文化 家校的沟通渠道: 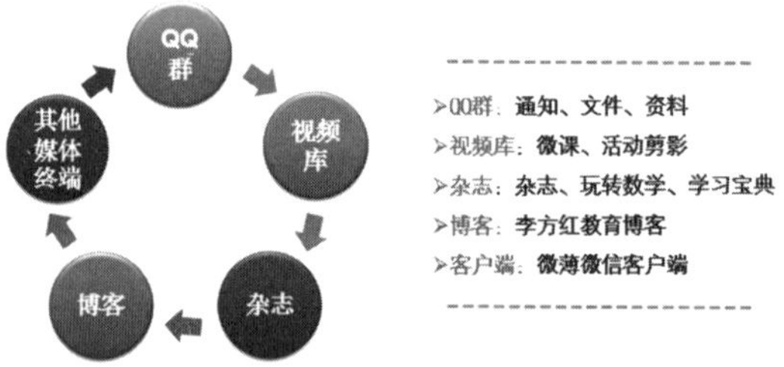 QQ群 视频库 杂志 博客 其他媒体终端 >QQ群:通知、文件、资料 >视频库:微课、活动剪影 >杂志:杂志、玩转数学、学习宝典 >博客:李方红教育博客 >客户端:微薄微信客户端
教学活动	总体环节:问、听、做、改、明;目标、预习、听课、复习、订正、作业、总结、预习 课前:预习+记问 课中:学会一个知识、掌握一种方法、争取一次表达、学会一次应用;珍惜每一分、欣赏每一人、提好每一问,做好每一题;做到"堂堂清、天天清!" 课后:复习(可看微课、学况展析)+订正(作业一发,马上改正给老师批)+作业+预习+总结(可参考学习宝典)

续表

项目	教学思路与做法
方式方法	教学策略:为人力发展而教、用生活万千来教、靠文本活动来学、用多元个性来评
教学评价	评价载体与工具:1表2单3作业4试卷5作品 表:一张表登记学生所有学习情况 “作业情况、整体问题、问题原因、学生成绩、思想方法、教学思考、措施策略等” 单:导学单(预习单)、测试单(课堂课本练习) 作业:黄冈小状元、口算题卡、数字本 试卷:口算测试卷、黄冈小状元单元达标卷、天河区两单元考试卷、越秀区考试试卷 作品:课堂练习作品、游乐场生成作品、大讲坛讲演作品、俱乐部学研作品、研究坊个性作品(目前为个性化作业) 评价思析:四抓五析 四抓:抓重点、抓基础、抓计算、抓问题(应用题及个人问题) 五析:基础作业、重点题型(学习宝典中)、集体问题、个人优缺、考试策略

第四节 怎样评价你的教育工作

一名新老师,往往会在第一年上很多公开课,课后很多老师都会对你的课进行评价,可能有的老师把你的课说得一无是处。在你所管理的班级里,很多家长也会对你的教育理念有所质疑,他们或许并非真觉得你上课不行,只不过不满意学校给他们派了一位新老师。事实上,不管我们是否在意,每时每刻都会收到他人对我们工作的评价,有赞美的,有批评的,有鼓励的,有诋毁的。面对这些评价,你该如何处置?你又该怎样对自己的工作进行系统的、客观的评价呢?

客观、系统、理性地对自己的教育工作进行评价,有助于我们探查出教育工作中存在的问题,进而分析未来改进的方向。作为新老师,评价工作应该在总结之前做完,通过评价理性地看待自己的教育工作业绩以及存在的问题,不能盲目地听他者的诋毁与赞美,认清自己,是实现自我强大的起点。

一、教育工作评价的内涵与价值

教育工作评价就是对教育工作过程与结果进行价值判断的过程，这个过程一方面做出一个价值评判，一方面还进行一种未来预见建构。教育工作评价和其他工作评价一样，也有导向、反馈、激励、改进、自省、预见、研究、决策的作用。通过教育工作评价，初步形成对教育工作的绩效判断，并同时发现教育工作中存在的问题，进行问题诊断，并具有针对性地提出解决问题的办法与策略。①教育工作评价的目的是优化教育工作本身，是促进自我生命优化，而并非仅仅为了甄别与价值判断。要实现评价从价值判断到为了发展的转变，实现评价从当前到当前与未来结合的转变，实现评价更多依靠他者到自主评价的转变，实现评价仅关注教育教学到关注整体性生命发展的转变。

二、教育工作评价的基本步骤

教育工作评价的基本步骤包括厘清评价理念，建立评价指标，选择评价方式，收集评价资料与数据，进行工作评价，整理评价报告。

（一）厘清评价理念

新老师需要厘清对自己教育工作评价的主要目的、主要内容、主要方式。新老师刚步入教育工作的岗位，应该将评价的主要目的定位为诊断、反思与提升，通过评价发现问题，找寻解决问题的办法，总结经验，进而提升自己的教育工作水平。以往教育工作评价的内容主要偏向教学工作以及班主任的班建工作。“全景式教师人生成长”除了对教师的教学工作予以关注，也关注教师的为人与为师。所以在评价内容上，关注为人与为师的统一，关注生活与工作的统一。最后，在方式方法上，将自我评价与他者评价统一起来，将主题评价、多元评价、泛在评价、个性评价与预见评价相结合。

---

① 李方红，董顺，王朕照.核心素养视野下的学生评价：互生发展评价的内涵、设计与实施[J].教育测量与评价，2018(7)：26-32.

(二)建立评价指标

根据"全景式教师人生成长"模式的理念,教师的成长不仅包括其专业的发展,也包括其人格的成长以及其生活的富足。因此,在建立指标体系时,将从专业理想、专业理念、专业素养、专业外境与专业自我五大方面进行建构。在专业理想这一指标中包含个体觉醒的考察;在专业理念这一指标中对教育本质、教育理念等进行思考;在专业素养这一指标中的专业身心中对教师的身心健康予以关切;在专业外境中对教师的人际交流、人力资源予以关注;在专业自我这一指标体系中加入生活、家庭、交流等内容。最终实现对教师身心、生活、教学、学习、研究、事务、交流、资源、文化九大方面的综合考评,基于全景式教师人生成长的五大内容与九大路径建立起"教育工作量性评价一览表"(本节下文简称一览表)。这个评价表将评价结论与建议设计在相应指标的后面,更加具有针对性与可行性。具体见表3.10。

表3.10 基于"全景式教师人生成长"模式的教育工作量性评价一览表

一级指标	二级指标	权重	指标描述	得分	结论与建议
专业理想	专业心向	5	自我人生目标定位清晰,具有自己的教育理想,具有一份详尽的人生规划,职业认同感强		
	职业规划	5	有一份详尽可行的职业规划,年度活动规划,年度教学计划,单元教学计划,个人作息时间表		
专业理念	教育本质	5	对教育价值、教育目的、当前的社会与教育问题有自己的见解,对教育内部结构有自己的看法与观点,形成自己的学生观、教师观、教学观等		
	教育理念	5	具有自己的教育思想,建构起了自己的教育理论体系,有清晰的学校建设、课程教学、学习本质、教学评价、教育研究的理念		

续表

一级指标	二级指标	权重	指标描述	得分	结论与建议
专业素养	专业身心	8	身体素质良好，情感状态非常好，心理健康，饮食与作息规律，睡眠质量高，精神丰富，情趣高雅，生活富足		
	专业道德	8	具有崇高的教师职业道德，具有高尚的个人私德，能很好处理人际关系，受人喜欢与尊重。具有良好的学术道德，自觉遵守公共道德与秩序		
	专业知识	8	掌握了通识知识以及教育知识、学科知识、学科教学的相关知识，形成了个人丰硕的教育教学实践知识(个人经验)		
	专业能力	8	专业基础扎实，教育能力突出，学习能力强，具有良好的科研素养与能力，具有较强的领导能力。作为父母的教师，还具有很强的家教能力		
	专业情意	8	具有清晰的自我概念，有理想情怀、责任使命、信念信仰、性格品质、爱好兴趣、动机需要、态度归因、情感体验、意志耐力、良好的生活习惯		
	专业智慧	8	具有一定的做人智慧、做事智慧、教育智慧、学研智慧、为心智慧		
专业外境	资源建设	5	能充分构建与利用周边资源为自己的人生成长服务		
	人力开发	5	具有一定的人力资源，有自己的圈子，能从容地处理好生活与工作的关系		
专业自我	形象风格	7	形成了独具一格的教学风格，为人处世风格，具有正向的个人形象		
	成果成长	15	在教学、科研、学习、家庭、生活方面都具有丰硕的成果。按时保质完成学习培训活动，继续教育的课时要求合格。上公开课受到好评，发表论文3篇以上，获得了各种教育教学活动证书，指导学生比赛获奖，受到学校各种表彰等		

(三)选择评价方式

对评价内容有了清晰的认识后,接着便是思考通过什么样的评价方式,评价工具来收集数据与信息。

1. 主题评价

主题评价是指针对教师教育工作中具体的某项工作做出具体化的、有针对性的判断与质询。其区别于综合性的价值判断与问题诊断。在上文的一览表中,每一个评价指标都设计了结论与建议栏目,这就体现了主题评价的意识。

2. 多元评价

因为对象的差异性、评价指标体系的灵活性、评价内容的复杂性,教师教育工作评价往往需要通过多种方式、多种路径、多种工具收集信息,形成综合判断,多元评价便是此意。多元评价强调评价方式多元化、质量结合、过程与结果并重、评价多元主体化等。

(1)主体:自评与他评统一

首先是评价主体多元化。教育工作的评价主体应包括社会、上级领导、学校教务处、同事、家长、学生、自己,而学生与自己应该成为评价的核心主体。

(2)指标:观照教师完整人生成长内容

在评价指标上,既要观照教育工作的评价,也要关切教师为人、做事、为学、生活等方面的评价,形成全景式的教育工作评价,将教育工作的内外部进行结合,将教育工作本身与教育工作的支持体系统一起来。

(3)思路:绝对与相对结合,更关注个体内差评价

在评价思路上,将绝对评价与相对评价结合起来,但更加关注个体内差评价,分析自己是否有进步,存在哪些问题,这些问题该如何加以改善与解决,这才是一位老师在教育工作评价上应该持有的态度。

(4)内容:表现与档案融汇

在评价信息的收集上,需要关注教师的作品以及教师成长过程中的相关资料,如教学设计、教育随笔、教学日志、上课视频、编制的资料、课题研

究报告、论文、著作等。

(5)方式:质性评价与量性评价结合

在评价方式上,要将质性评价与量性评价相结合。上文的一览表也体现了质性与量性的结合。当然,一览表的设计不可能面面俱到,在评价时更多地体现为主观性的价值判断,这就需要教师客观理性地进行自我评价。将可以量化的结果与质性的作品纳入一览表中进行判断与分析。量性的结果方面,如学生成绩、教学业绩(获奖、荣誉、科研成果)成为最重要的参考数据。而对无法完全量化的内容,如专业理想栏目中的专业心向等,就需要进行质性评价。

(6)原则:过程与结果并重、统一要求与个性处理结合

一览表凸显了过程与结果并重的原则,评价不仅需要在某一个阶段结束后才进行,也需要在过程中进行评价。过程性评价可为后续的终结评价提供资料。

3.泛在评价

所谓泛在评价,就是指评价是广泛存在的,而非存在于某个具体的阶段。这需要形成一种泛在化的思维,即主体内省思维。在教育工作中,教师要有教育责任感、良知感,需要时刻提醒自己“孩子的成长没有彩排,教育的展开没有预演”,形成一种“尊师重教”的思想自觉与行为自觉。

4.个性评价

每位教师都是个性化的,是具有差异性的、多元化的存在。作为新教师,在对自身教育教学工作进行评价时,最为重要的是要根据评价指标,将评价指标的要求与自身的职业规划、年度规划、能力发展预期等各方面进行比对,实现一种个性化的自主评价。

5.预见评价

预见式教师评价是指从教师完整人生成长与专业发展的系统性与连续性出发,通过观照教师过去、现在与未来的多方面发展状况,形成未来与现在的沟通式、链接式的新型教师评价,以期形成对教师动态性的、过程性

的、个性化的发展建议，促进教师生涯优化活动。预见评价需要形成一种预见思维，即评价不仅是为了评价过去，更要预见未来。

（四）收集评价资料与数据

在选择好评价方式后，紧接着便是收集可用于评价的相关资料与数据，如教学成绩、科研成果等。收集评价数据既是一个量性的过程，更是一个自省的质性过程。所收集评价资料与数据的内容，除了与自己教学工作相关的资料与数据，他者对自己教育工作的评价也是重要的内容，其可作为评价的重要参考。

（五）进行工作评价

在完成选择评价方式以及收集评价资料与数据等步骤后，接着便是填写一览表，分析评价与结论，思考未来发展的建议与策略。也就是说，将最终的评价结果体现在一览表上，这样做简化了评价的工作，整合了评价的资料与数据，将评价的结果与对结果的审议进行了有机结合。

（六）整理评价报告

在完成一览表后，结合先前收集的资料与数据，形成一个完整的、系统的、理性的、具有预见性的评价报告。评价报告最为核心的内容应放在问题分析与未来发展策略上，利用主题（每一指标内容）评价的结果，进行细化的分析。可从专业理想、专业理念、专业素养、专业外境与专业自我五大方面进行总结，也可从教师人生成长的九大路径——身心、生活、教学、学习、研究、事务、交流、资源、文化方面进行总结与分析。这个报告可作为自己的教学工作总结、班主任工作总结的重要参考材料。评价报告应与工作总结、工作计划结合，为自己的未来发展路径、策略、方法的提供参考。

三、评价的反馈与处理

不管是厘清评价理念，建立评价指标，选择评价方式，收集评价资料与数据，还是进行工作评价，整理评价报告，每一个环节其实都是在进行评价工作，都是在进行文化觉醒工作，都是指向于教师主体的生命成长，都是为教师自身的人生成长发展服务。在整个步骤中，新老师，一定要注意合理、科学、灵活地处理这些评价数据以及他者的评价与建议。

（一）勿盲目听信他人之言

由于每个人的观念不同，且他人对新老师的工作情况等方面的了解程度有差异，他人对自己所做出的评价并非都是客观和正确的，他人所提出的建议也并不都适合自己未来的发展。因此，对于他人的评价与建议，新老师应该根据自身的实际情况，结合评价指标有取舍地吸纳。首先，新教师应忠实于自我评价，始终把自我评价放在首位；同时，观照他人意见，吸取他人中肯、客观的评价与建议。

（二）沟通未来预见

预见评价就是要一改以往评价仅关注结果，仅看到现在与过去，而忽视未来，忽视主体发展的潜力、发展的基础、发展的建议的评价状态。发展过程是具有动态性的，我们要看到主体发展的潜力、问题与发展路上的障碍，形成系统性的、生态性的、科学性的评价。这样的评价本质上已经超越了过去与现在，沟通了未来。

（三）投入全新征程

在认真撰写评价报告的基础上，一定要对自己未来的工作进行详尽且科学的规划，通过规划明确我们前行的方向与方法，提出解决自身问题的策略。规划的目的是总结、反思，以学习、教学、研究提升自己的教育素养，在生活上、身心上、交流上、资源上全面发力，既做一位幸福的人，也做一位幸福的老师。

第五节 怎样开展教育研究

刚入职的新老师，教学任务非常繁重，学校也会把一些杂务安排给新老师，导致新教师用于研究的时间非常少。如果用传统的调查研究、实验研究、行动研究等研究方法进行研究，一方面需要的精力非常多，另一方面，也会导致新老师因聚焦某一主题而忽略了教育工作中其他有价值的教育问题。如此，探寻一种能利用零散的时间，并适切新入职的老师，能及时对新近问题进行研究的新研究范式具有重要的价值与意义。

由于新老师工作任务繁重，研究时间较为零散，难以进行较为系统深入的连续性研究。另外，小学教育问题的实践性、经验性、随机性也要求新老师能及时对这些研究机遇进行把握。于是一种新的研究方式为很多老师所关注，这种新的研究方式能很好地解决系统性与散点式的矛盾，能很好地将理论与实践有机统一，既关注教育宏观层面的理论建构，也关注微观层面的经验梳理。事实上，理论的生成本身就有两种途径，一是自上而下的理论演绎，二是自下而上的归纳建构。

一、经验式研究的价值与作用

经验式研究这种研究方式，既包括质性的分析，也包括量性的研究，参照了人类学、社会学、教育学、心理学等多门学科的研究范式，还融合了调查研究、行动研究、案例研究、文献研究、历史研究等多种研究形态。经验式研究指研究主体在自身所在的场域中，通过系统性的资料整理，进而进行理论建构的一种研究方式。它的研究方法主要是借助一定的理论基础，依托特定的理论视角，进行描述性、总结式的经验概括。经验式研究是融通了理论与实践的一种认知构建。

经验式研究相比纯理论的研究，它有更广泛的实践经验作为论证支持，同时也通过经验进行理论效度的检验。经验式研究需要收集大量的经验式材料，这些材料能够在一定程度上反映教育的本质规律以及新近文化对教育的反馈。经验式研究的研究成果也能够对理论建构起到重要作用，因为经验式研究并非排斥理论，相反，它的研究基础依然需要依托理论的支持，它的目标指向最终依然归于理论的建构。这是任何研究共有的属性。如巴蜀小学构建了“学科+”课程体系，这就是一种通过理论与实践相结合而建立起的一种理论成果，它在一定程度上就是一种经验式的研究。

综上，通过经验式的研究，可以实现以下价值：一是对教育工作经验的系统梳理与总结；二是建构教育理论；三是检验与完善理论成果；四是服务教育活动，提升教育质量、育人质量；五是解决教师的教育研究文化境况与纯理论研究的冲突，适切教师，关注新入职教师的教育研究文化特性；六是研究成果具有一定的推广性；七是研究过程是研究主体自身生命优化的过程，也一个教育觉醒的过程；八是丰富了教育的创新性与艺术性实践，在一定程度上可缓解教师的职业倦怠，提升教师教育工作的成就感与幸福感。

二、如何进行教育研究：基于“上下环流”经验式研究的思考

在经验式研究基础上，结合自身研究实践，探寻出了一种更为具体的研究方式——“上下环流”经验式研究。

（一）“上下环流”经验式研究的内涵与特点

“上下环流”，顾名思义，就是自上而下与自下而上有机整合，两者合理渗透，协同融合。

1. 目标：构建系统的自我理论体系

“上下环流”经验式研究的最终目标不仅是对经验的梳理，更重要的是建立起系统的自我理论体系。自我理论体系的构建不是为了教育功利追求，事实上，任何理论最终都必须落脚到个体身上，内化为一种缄默式、实践式的理论形态。自我理论体系的建构一方面是教育理论主体内化的必然要求，另一方面也是主体自我教育实践文化指导的客观要求。

2. 内容：随入式研究与系统性研究有机结合

在研究内容上，作为新老师，既要有系统性、宏观性的教育理论视野与

认识，如对教育基本原理、教育内部基本结构、学校内部结构与运行规律、班级基本结构与建设运行规律、学生身心发展基本规律、学习论等的了解，也应有运用理论解释与解决实际问题的能力，同时需要具备发现教育实践中随时出现的问题与把握教育研究契机的敏感性。随入式研究即及时对教育教学中出现的问题进行梳理、分析，积累研究的素材，并通过研究，解决问题，提升自我，服务教学。

3.场域：定时与散记汇合、固域与泛在统一、阶段与终身协同

在场域上，系统性的纯理论研究讲究定时、固域、阶段性的时空研究。而经验式研究则打破了研究的这种时空限制，走向一种泛在化的、随记式的、终身性的研究意识与研究行动。如每天都可带上一个随记本（可以放到衣服口袋里的小本子），随时记录教育工作中的教育问题、教育思考、教育灵感，并在当天把它们输入到研究的问题集、研究的成果集中，循序渐进，日积月累，为后续的研究提供资料。当然，要注意，每天的资料一定要分类整理，方便日后提取。

4.方式：自上而下与自下而上联通与整合

在方式上，既有理论的演绎，也有经验的归纳，还有上下之间的适时沟通。例如，对校园文化而言，可利用文化结构理论来分析校园文化的构建，同时把本校校园文化的建设实际纳入理论视角中进行观照，进而总结梳理出本校校园文化独特的建设经验并将其上升为一种建设理论。这就是一个自上而下、自下而上联通与整合的过程。

5.过程：点滴记录与系统撰写合一、论文与专著链接

在研究过程中，既有按照规划进行系统整理与撰写的习惯，更要有记录点滴的习惯，随时记录教育问题、教育思考、教育灵感。很多教师觉得没有什么主题可以研究，没有经验可总结，没有新的理论与做法可梳理，这就是因为缺乏收集问题的习惯，没有及时将自己和他人好的做法进行整理与归档的习惯。同时，在积累了一定的论文成果后，应该将自己的成果再进行深入、系统地整理，撰写成针对某一主题的专著。

6. 应用：理论与实践沟通、建构与调试并举

“上下环流”经验式研究本质上要求我们必须做到理论与实践结合，这也是教育工作的本质要求，更是研究能够持续展开的客观条件。在理论建构与实践调试、实践经验总结与理论修改的过程中，延续着反复建构与调试过程。

（二）“上下环流”经验式研究的基本过程：以论文撰写为例

下面将以《教育现代化》2015年第15期上的论文——《法治校园建设的提出、价值与举措——以华南师范大学附属小学为例》为例，跟大家一起交流教师最为关注的论文撰写问题。

1. 确定研究主题

如上文所述，研究主题往往来源于我们日常的教育工作经验或是实际工作中出现的问题。选择“法治校园建设”这个主题是因为在办公室工作，学校需要写一份“依法治校示范校”申请材料。办公室是负责学校各种材料上交整理的重要部门，责无旁贷，于是笔者开始针对主题收集学校相关材料，完成工作。这既是一次工作任务，也是一次做研究的机会。恩师黄甫全先生经常教导我们：“凡事，不做就不做，要做就争取做到最好，写文章既是提炼成果，更是自我修炼的过程。”所以，发现这个主题并非自己具有多高的学术洞察力，而是源于教育工作实际。

2. 草绘研究架构

确定“法治校园建设”这个研究主题后，不要急着去收集相关的资料或已有的理论。为了锤炼自身的学术敏感性，激发自身的创新性，第一步最好是天马行空地去自由幻想创作。自由幻想创作并非毫无根据，它是一个回溯已有知识的过程，也是一个想象力外化的过程。但自由幻想创作这个过程往往被人忽视，人们总是习惯在自己做事前先看看别人怎么做。而这样的方式有两个局限：一是别人的理论或做法会限制你的思考；二是别人的做法可能不适合所有人。所以，建议第一步先放空自己，自由幻想，绘制出草图，并在图中厘清研究的思路、论文撰写的逻辑与框架结构，如图3.10。

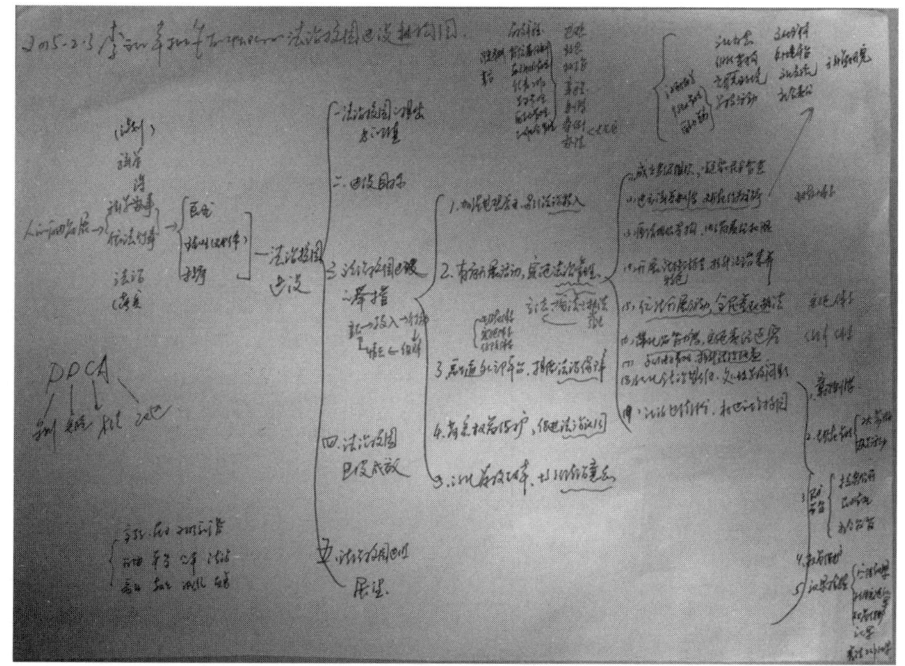

3.10 研究草图

3. 文献经验汇通

在有了初步的框架以后，再去参考他人的做法，总结自己的经验。这个阶段需要聚焦有影响力的一些经典做法，同时将自己的做法与经验进行有序与系统梳理。在梳理的过程中，你便会有新的灵感，同时也会发现新的问题，这会促进你去思考，重新建构研究框架与论文架构。

4. 修改论文提纲

在对已有研究与自身经验总结的汇通完成后，你便会形成一些新的认识，这个时候要趁热打铁，赶紧整理出论文撰写提纲。论文提纲就如同一座建筑物的地基与主体框架。一方面有利于我们形成系统性的逻辑结构，不至于写作时层次不分明，逻辑不清晰，详略不得当。另一方面，提纲还让我们减少了写作的畏惧感。在提纲中，笔者往往会把一篇论文分成大的三个标题，每一个大的标题下又有三个小标题，这样一篇文章相当于有9个部分，如果以5000字的字数要求来看，每一部分只需要写约560字。试想，要你一次性写5000字和一次性写560字,哪个更困难?这便是"任务分解"策略。

同时,在写论文提纲时,最好能够绘制一张电子图或表格,利用图表就能清晰地再现论文的全部内容。如图3.11:

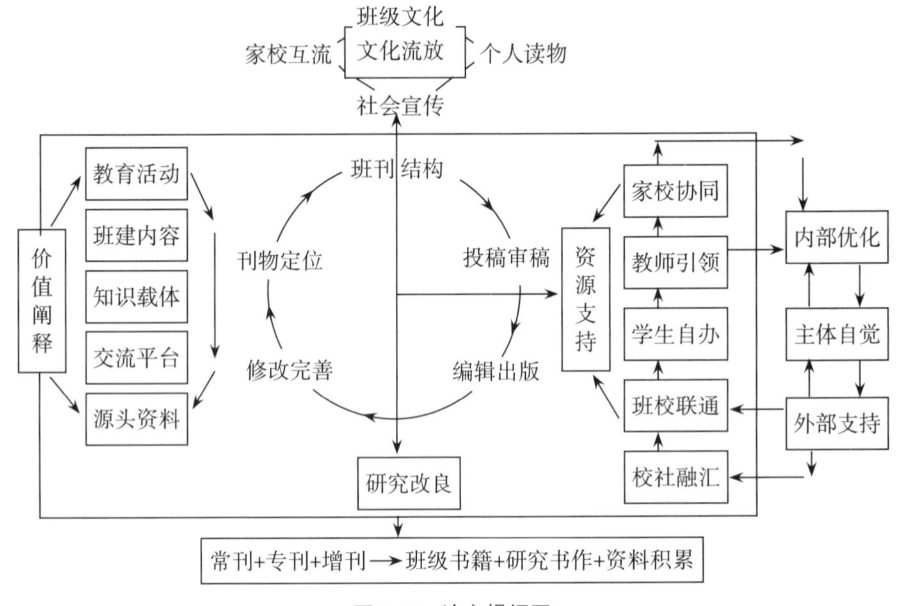

图3.11　论文提纲图

5.完成论文撰写

最后便是利用手头上的资料、案例支撑,按照论文提纲展开撰写。撰写过程中要争取做到"一鼓作气,兼顾规划,适时修改"。一是要做到一鼓作气,不要拖拉。二是在每一个小标题下,按照规划的字数进行撰写,避免什么都想谈而导致内容太泛,也避免详略不得当,不能突出论文主题的尴尬。三是在完成初稿后,还要注意修改,并根据发表要求对稿件进行适当排版。

(三)一般教育研究的基本过程

一般的教育研究,如课题研究,大抵上都包括确定研究主题,撰写研究文案,展开研究行动,整理研究成果等过程。当然,首先提倡的仍然是随性及经验性,而后逐渐进入系统性的研究形态。

1. 确定研究主题

在研究之前，要确定一个好的研究主题。研究主题按照内容维度可以分为宏观研究主题、微观研究主题；按照研究的主体特性可以分为普适性研究主题、个性化研究主题；按照主体的新旧程度及研究深入程度可以分为旧主题、新主题；按照研究的热门程度可以分为热门主题、冷门主题等。教师应既要研究教育的系统宏观主题，同时也要研究教育内部具体的主题，进而逐渐形成自己独特且喜欢的研究领域及研究主题，既具有广博的视野，也具有深入的思考。

2. 撰写研究方案

在确定主题后，接着需要撰写出一份研究计划，或研究方案。研究方案应该包括：研究背景与针对性、已有研究综述、本研究的价值、研究的问题、研究的方法、研究的工具、研究的资源条件分析、研究的进程安排、预期研究障碍与解决措施分析、预期的研究成果等基本内容。总之，要说清楚为什么研究、已有研究怎样、准备怎样研究、研究的进程与安排等基本问题。

3. 展开研究行动

完成前两个步骤后，接下来便是按照研究方案中的进程安排，一步一个脚印地展开研究行动。一定要着紧用力，按时进发。这就需要在研究过程中有意识地收集相关资料，整理研究成果，并及时发表。最后在写结题报告时才能水到渠成。

4. 整理研究成果

研究成果的整理不应该只是研究结束时做的事，在整个研究过程中的每个阶段都应该有意识地收集整理阶段性成果，最后汇编成册。要形成撰写意识、发表意识。不要害怕自己的研究成果被别人利用，我们的点滴思考能带给他人一些价值与参考，不也是自我生命的延续吗？所以，要放下“同行如仇敌”的狭隘心理，胸怀天下，情系整个教育事业，共同为民主复兴的中国梦献智献力。

三、研究成果的表达

新入职的教师，常常需要提炼自己的研究成果，常见的成果包括课题申报书、开题报告、结题报告、论文撰写几大形式。

（一）如何撰写课题申报书

课题申报书是在课题研究之前向上级教育管理部门提交的研究可行性与必要性论证材料。课题申报书撰写得好，主题新颖、逻辑严密、层次分明、论证充分、可行性强、排版美观、编印成册，往往就能抓住评审的心，使课题得以审批下来。

具体来说，一份课题申报书需要包括“基本信息（课题研究的相关人员与所属学科等）、项目组成员、预期成果、经费申请表、项目论证、签字和盖章、申请者承诺、项目组主要成员承诺、所在学校和合作单位承诺”几大部分。其中项目论证是重点内容，需要对“研究意义、研究现状、研究设计（问题、内容、假设、思路、方法、方案与进程）、研究创新、研究条件”等予以充分的论证。

下面以笔者最新撰写的一份课题申报书目录为例，供大家参考课题申报中项目论证的主要内容。

渝北区鲁能巴蜀小学传统“家”文化办学的实践研究

(三)推广意义 ……………………………………………

四、研究基础 ……………………………………………

(一)理论依据 ……………………………………………

(二)实践经验 ……………………………………………

(三)条件保障 ……………………………………………

五、研究设计 ……………………………………………

(一)研究目标 ……………………………………………

(二)研究内容 ……………………………………………

(三)研究假设与研究创新 ………………………………

(四)研究思路 ……………………………………………

(五)研究方法 ……………………………………………

(六)研究历程规划 ………………………………………

六、预期成果 ……………………………………………

课题申报书往往是以电子文档的形式发放给申请者，申请者一定要认真阅读课题申报的通知，了解清楚审批的要点，然后对标撰写，方可保质完成。而课题选题“新、深、细”和申报论证有理有据是拿下课题的重要法宝。

(二)如何撰写开题报告

开题报告是在课题获得研究批准后对即将进行的研究予以规划的一种文本，在开题报告中一定要言明“为什么要进行研究，已有的研究情况，本研究的价值，研究的设计，预期的成果”等几大方面的内容。一般来说，开题报告可以采取“四段式”的撰写方法。第一部分是绪论，包括研究的背景与缘起，相关概念的界定，研究的目的和意义等内容。绪论就是对为什么要进行研究的交代与说明。第二部分是文献综述，阐明已有研究的贡献与不足，本研究要突破哪些问题。第三部分是研究设计与方法，包括研究问题、内容、假设与框架，研究方法与研究进程等内容。第四部分是研究条件与经费预算，研究预期成果，该部分主要论证研究的可行性，研究的创新之处，研究的障碍与破除，最后阐述预期成果。

对于开题报告，有的学校与单位有固定的栏目与架构，有的则较为开放、灵活。但开题报告的基本内容则是一致的。下面以笔者2020年主研的重庆市教育科学“十三五”规划课题开题报告目录为例，予以说明。

“家”主题课程群的构建与实施的行动研究

一、研究的背景与缘起 ……………………………………………
二、相关概念的界定 ……………………………………………
（一）家 ……………………………………………………
（二）传统“家”文化 ……………………………………………
（三）“家”主题课程群 ………………………………………
三、理论基础及依据 ……………………………………………
（一）马克思关于人的全面发展理论 ……………………………
（二）习近平总书记关于弘扬中华优秀传统文化重要论述………
（三）大教育观 ………………………………………………
四、文献综述 …………………………………………………
（一）国内外研究现状 …………………………………………
（二）已有研究的不足 …………………………………………
（三）本研究的创新性 …………………………………………
五、研究的意义 ………………………………………………
（一）理论意义 ………………………………………………
（二）实践意义 ………………………………………………
六、研究的目标及内容 …………………………………………
（一）研究的目标 ……………………………………………
（二）研究的内容 ……………………………………………
七、研究的思路与方法 …………………………………………
（一）研究的思路 ……………………………………………
（二）研究的方法 ……………………………………………
（三）研究的实施路径 …………………………………………
（四）研究的组织与分工 ………………………………………
（五）研究的进程安排 …………………………………………
八、研究的条件与经费预算 ……………………………………

（三）如何撰写结题报告

课题申报书重在论证研究的价值与必要性，即论证为什么要做此项目的研究；开题报告重在论证可以做以及怎么做，研究的设计及条件包括问题、内容、方法、进程、人员分工与组织、研究基础、研究经验、条件保障、经费支持等；结题报告也会简要对研究的背景、研究的设计予以说明，但侧重点在研究的成果以及研究过程上。结题报告就是对课题研究的主要成果予以系统性展示，通过结题报告，审阅者能从宏观层面把握研究是否达到了预期的目标，成果是否具有推广性等价值判断。同时，课题申报书、开题报告、结题报告从时间历程上看，实际上是一个从略到详，从启程到结束，从规划到结果的系列研究过程。缺一不可，有序进行。结题报告中的研究成果表述一定要兼顾申报书以及开题报告中的预期成果介绍，同时结题报告中的研究过程实际上也是开题报告中研究进程设计的展开。

结题报告从内容上应该包括“研究背景、研究设计、研究历程、研究成果、研究展望”几大部分。下面以笔者2013年参与撰写的一篇研究结题报告目录为例予以说明。

“以经典与艺术教育促进小学德育的实践研究”结题报告目录

（四）论文的撰写、投稿与发表

论文的撰写已经在上文进行了较为详尽地介绍，这里重点说明投稿与发表的一些事宜。

投稿不能乱投，不能全面撒网，要遵循“文章美妙、精准寻刊、投刊所好、间歇层投、修改再投”的原则进行投稿。

首先就是要选好、选准刊物。教育类刊物非常多，新教师，最低的要求就是选择在CNKI上可查询的期刊。而后逐渐提高自己的标准，参考每四年发布的南大核心、北大核心刊物，乃至CSSCI、SCI刊物。建议大家每年整理一次CNKI上的刊物，汇总在一个表格上。

其次就是投刊所好，根据刊物名字，初步判定刊物的喜好，如《课程教学研究》杂志可能对课程与教学相关研究较为感兴趣。接着还要分析这本刊物主要刊登哪些内容的文章，近一年重点刊登的热点内容。然后按照刊物要求的格式，编排好自己的论文。同时通过购买这本刊物，或是到图书馆，或是在网上查询到这本刊物的投稿途径，投出稿件。

再次，间歇层投。稿件投出后，不一定能每投必中，所以可根据自己的文稿内容，选择间歇性地投不同层次的刊物。间歇时间可为两个月，因为大多数刊物的审稿周期为两个月。要注意，间歇层投并非同时投寄，而是从高级别刊物到低级别刊物，每次投稿间隔一两个月。比如，你写了一篇论文，最开始就应投级别最高的刊物，如《教育研究》，若《教育研究》没有回应，就降低刊物级别再投。需要特别说明的是，学术基本道德与良知必须遵从，一稿一投，一时段一投是我们必须遵守的基本学术伦理。

最后，记住一句话“只要功夫深，铁杵磨成针”，任何一篇论文，都是作者呕心沥血长期研究、思考、整理的结果。如果文章没有寻找到一本合适的刊物发表，主要原因可能不在内容，而在形式，在于对内容的提炼上，对文章结构的处理上，在标题的新意上。每投一次稿，就要总结一次经验，要反思自己的文章结构是否完整、逻辑是否严密、论证是否充分，反思自己文章的研究问题是否新、深、细，研究方法论是否科学，结论是否具有一定的价值，文章的排版是否合理与美观，等等。

当然，投稿并不是做研究的最终目的。研究要放下功利，比起发表，更为重要的是教育实践,在实践的基础上进行教育研究,进而提升自己的教学及教育研究能力,为教育事业发展助力。

(五)个人研究历程资料的整理

作为教师,起初你可能觉得有序整理资料不重要,但当你需要提取相关资料,需要进行论文撰写、专著撰写时,你才会发现资料整理的作用有多大。恩师黄甫全先生说过:“资料就是这样,你不好好对它,等你要它的时候,它则不理你。”

整理资料可按“以表现纲、创作至上、精简整合、定期整理、多处备份”的思路进行。“以表现纲”就是用一个表格展示所有的资料文件,这个表格犹如图书馆里的检索系统一样。“创作至上”就是将与自己教育教学有关的资料放在最为重要的位置,其他生活相关的资料则可以少一些,只求大概,不求细目。“精简整理”就是要对资料进行分门别类,同时追求精简。在分门别类的基础上,每一个文件在命名上应该有几个维度的信息,一是时间信息,二是内容信息,三是版本信息。这些信息有利于我们检索。如将一个文件命名为“2015-10-20 小学教师该如何进行教育研究 初稿标记版”,这样就会提升我们整理与检索的效率。最后是“定期整理”与“多处备份”,要养成整理、归档与备份的习惯,定期删除一些无用的资料,建议至少同时对资料进行三个备份,以提高安全性。对于一些隐私资料,千万要用密码保存好。

第四章

提升个人素养

第一节　身心健康是革命的本钱

曹瑾，重庆市巫山县平河小学教师，2011年感动重庆十大人物。2010年6月，曹瑾来到离县城100多公里的巫山县平河小学任教。工作一年仅回家四次，成了孩子们的“知心姐姐”和“全职保姆”。2011年5月17日，曹瑾突然晕倒在讲台上，却因为怕耽误教学一直没有去做检查。2011年8月26日，曹瑾去世，最后捐献眼角膜的愿望未能实现。2011年11月22日，教育部决定，追授曹瑾同志“全国优秀教师”荣誉称号。曹老师的精神值得我们学习与崇仰。她的离去又带给我们怎样的思考？

以往教师教育研究对教师素养结构的揭示中，未明文提出专业身心这个素养概念。身心，顾名思义就是主体的身体与心理。教育本质上是一种主体生命活动，凡是活动必然需要活动主体进行一系列的参与行为，行为的参与又必然要求主体有生理与心理的参与。于此，可以推论，没有健康的生理器官、健康的心理，教育活动便会受阻。教学活动要求老师手脑并用，如果老师的听觉、视觉、触觉、动觉等受损，是难以完成上课任务的。同样，基本的感觉、知觉、记忆、思维、言语等心理过程不畅，也会影响教学活动的展开。所以，专业身心正是基于教育活动的内部结构以及教师完成教育活动所需的基本素养结构而提出来的。专业身心就是指教师完成专业工作所需的身心素养，包括强壮的身体、健康的心理等内容。

一、专业身心的提出

对教师身心健康的关注自教师职业诞生之日便开始了，但从专业素养内部结构的解析中提出专业身心这一概念则是在20世纪80年代后的事情，这是教师教育研究深入化的必然趋势。

（一）工具理性基础下的专业发展未充分重视教师专业身心的发展

教师专业发展是指教师作为专业人员，在专业思想、专业知识、专业能力等方面不断发展和完善的过程，即新手到专家型教师的过程。专业发展提出的背景是工业化时代下人们对工具理性的一种呼唤。教师是一个职业，教师专业化就是要对教师的工作专业技能加以研究与揭示，进而对从业人员进行培训，只要专业技能提升了，便可以胜任教育教学工作。这本质上是一种工具理性主义的余尾。这容易使我们在现实境况与理论研究中忽视教师是一个作为社会人、心理人、生理人的完整生命体。经过十几年课程改革，对教师专业发展的深入研究，人们逐渐开始重视教师专业身心的发展。

（二）人文关怀基础上的人生成长对教师完整生命成长的呼唤

部分研究者看到专业发展在教师教育教学工作中作用的限度，探寻到专业发展对于教师为人与为师统一的完整生命体发展的忽视，开始提出一些新的理念，用于替代和完善教师的成长内容。有研究者用教师生命成长来诠释教师作为生理人、心理人、技术人、社会人的完整生命成长内容，也有研究者用人生成长来阐释教师的职业发展与人生发展。[①]在教师生命成长与人生成长的界定中，教师的专业身心被正式提出，并被纳入完整生命成长的重要内容之中予以观照。

（三）现实境况基础上的生存压力对教师专业身心发展的渴求

系列调查研究显示，当前，中小学教师普遍存在各种各样的心理压力，

① 吕以新，李方红．由教师专业发展走向教师生命成长——兼谈“四三八”教师生命成长模式[J]．当代教师教育，2013(3)：78—83.

教师的生存状况令人担忧。教师职业倦怠严重,教师的身心健康令人担忧。[①]于此,教师专业身心的研究开始进入人们的视野中,人们开始探究专业身心的内容,如何强身健体,真正让教师能够健康工作五十年,幸福生活一辈子。

二、专业身心的内容

专业素养之下的专业身心究竟包括哪些内容呢?每一内容下又有哪些具体的内容?下面我们一起来梳理与揭示。

(一)身体健康

对于怎样才算身体健康,不同的人有不同的说法,不同的组织对其也有着不同的定义,但大家一致认为:不生病、精力充沛、工作效率高的人比较健康。世界卫生组织确定的身体健康十项标志:一是有充沛的精力,能从容不迫地担负日常的繁重工作;二是处事乐观,态度积极,勇于承担责任,不挑剔所要做的事;三是善于休息,睡眠良好;四是身体应变能力强,能适应外界环境变化;五是能抵抗一般性感冒和传染病;六是体重适当,身体匀称,站立时头、肩、臂位置协调;七是眼睛明亮,反应敏捷,眼和眼睑不发炎;八是牙齿清洁,无龋齿,不疼痛,牙龈颜色正常且无出血现象;九是头发有光泽,无头屑;十是肌肉丰满,皮肤富有弹性。

(二)心理健康

对于心理健康,亦没有统一的标准,世界卫生组织认为心理健康有六大标志:(1)有良好的自我意识,能做到自知自觉,既对自己的优点和长处感到欣慰,保持自尊、自信,又不因自己的缺点感到沮丧,甚至自暴自弃。(2)坦然面对现实,既有高于现实的理想,又能正确对待生活中的缺陷和挫折,做到"胜不骄,败不馁"。(3)保持正常的人际关系,能承认别人,限制自己,能接纳别人,包容别人的短处;在与人相处中,尊重多于嫉妒,信任多于怀疑,喜爱多于憎恶。(4)有较强的情绪控制力,能保持情绪稳定与心理平衡,

① 王玉萍.中小学青年教师心理压力问题的成因与对策[J].教育探索,2005(8):96—99.

对外界的刺激反应适度,行为协调。(5)处事乐观,满怀希望,始终保持一种积极向上的进取态度。(6)珍惜生命,热爱生活,有经久一致的人生哲学。健康的成长有一种一致的定向,为一定的目的而生活,有一种主要的愿望。

心理学家认为,人的心理健康包括以下七个方面:智力正常、情绪健康、意志健全、行为协调、人际关系适应、反应适度、心理特点符合年龄。

美国心理学家马斯洛和米特尔曼提出的心理健康的十条标准被公认为是“最经典的标准”:(1)充分的安全感;(2)充分了解自己,并对自己的能力作适当的估价;(3)生活的目标切合实际;(4)与现实的环境保持接触;(5)能保持人格的完整与和谐;(6)具有从经验中学习的能力;(7)能保持良好的人际关系;(8)适度的情绪表达与控制;(9)在不违背社会规范的条件下,对个人的基本需要作恰当的满足;(10)在集体要求的前提下,较好地发挥自己的个性。

综上可见,人们所提出的不同的心理健康标准也具有某些一致性,体现在能客观地进行自我认识,情绪调节能力强,适应能力强,有序地进行工作与生活。

(三)情趣高雅

情趣,指性情志趣或情调趣味,有时也指情意。情趣有高雅低俗之分。情趣和兴趣是有区别的。兴趣是短暂的,是经常变化的,而情趣是持久的,是稳定的。情趣是以兴趣为基础而产生的,没有兴趣就谈不上情趣,同时情趣通过兴趣表现出来,兴趣可以升华为情趣。

庸俗情趣是平庸鄙俗、不高尚的情趣,它会使人经受不住不良诱惑,贪图安逸享乐,不思进取,精神颓废,不利于身心健康,甚至有可能诱导人走向犯罪。高雅情趣是健康、科学、文明、向上的情趣。它符合现代科学和文明的要求,也符合社会道德和法律的要求。它体现了一个人积极向上的生活态度,健康乐观的心理状态,以及对美好事物的执着追求。高雅情趣能够丰富人的精神世界,提高人的生活品位,提升人的生命质量。

（四）精神富足

我国现代作家巴金在散文《灯》中写道："我们不是单靠吃米活着。"不错，物质生活固然重要，但引导我们不断前进的，是广阔的精神世界。

精神富足，简单地说就是内心拥有信念和精神追求，不随波逐流；经历过各种磨炼洗礼，心志坚如磐石，面对困苦的境况也会泰然处之；有一个平和、开朗的好心情；内心充实，自我觉醒，自我认同；有自己的人生追求，有高尚的情趣，有自己的爱好，世道人文了于心（如通过阅读、艺术等了解世界，通晓文化，习得知识，掌握技能，提升个人涵养等）；关爱、理解和宽容他人；高兴地去做能力范围内的工作，具有事业心和责任感；家庭和睦，为人处世自然自得；正确处理升迁、金钱关系；目标导向清楚，不断进取，积极向上，坚持做自己喜欢的事，热爱这个世界，热爱文化，热爱自己，等等。精神富足是一种内心自我满足，人生有追求，不断走向自我价值实现的一个过程和状态。

精神富足并不是天生的，而是来源于风雨的磨炼和实践的探索，来源于点滴的积累与不断的自我调适，来源于宽泛的阅读与艺术的滋润。只有这样，人生才是无憾的，完整的。

三、专业身心的培养

如何才能练就强壮的身体、健康的心理，使自己拥有高雅的情趣、丰富的精神世界呢？可从如下几个方面开始：

（一）美其食

古人云：民以食为天。饮食是人们获取营养物质和能量的重要途径。而均衡健康的饮食能够保障我们身体正常运作，维持身体组织的生长，有助于抵抗疾病，为我们提供充沛的能量。美其食，即要摄入健康的饮食，而健康的饮食体现在饮食多样化、均衡性。饮食多样化，不偏食，不挑食，饮食结构均衡，进而保障我们能够摄入身体所需的各种营养素。

(二)动其身

古往今来,人们一直崇尚运动养生这一理念。“饭后走一走,百病都没有。”“每天锻炼一小时,健康工作五十年,幸福生活一辈子。”可见,不管是民间还是官方,都强调运动对于身体健康的作用。运动项目众多,跑步、游泳、太极、瑜伽、登山、有氧操等,都是很好的锻炼方式,可根据自己的实际条件选择运动项目。坚持运动,不仅能够提升我们的身体机能,使自身精力充沛,免疫力大大提高,保障我们的身体健康,而且,运动能促进人体分泌多巴胺,而多巴胺能让人心情愉悦,进而保障我们的心理健康。

(三)调其情

心病是这个世界上最难治的病,一个人的心理一旦瘫痪,则人就瘫痪了。古有悔恨成疾之说,今有心魔难治之言。如果一个人总是活在忧虑、焦虑、压抑之中,久而久之,心理上的压力便会引起生理器官的懈怠。在生活当中,影响我们心境的因素非常多。这就需要我们以宽容慈悲的心态善待他人,以仁爱布施的行动感染他人,以放下随缘的心态提醒自己。忘记该忘记的,忘记不能改变的。人生几十年,没有过不去的坎,再大的事、再大的心结比起生死都是微不足道的。要堂堂正正做人,踏踏实实做事,只求问心无愧。这个世界上,本来就有很多因素是我们不能左右的,我们不可能事事顺心,也不可能让人人满意和喜欢。生老病死本就是自然规律,曲折弯路本就是人生常态。所谓诸行无常,只有我们懂得了无常才是常态,我们才会海纳百川,接纳一切,泰然自若,内心澄明与安宁。面对困难,直面向前;面对挫折,勇于挑战;面对诋毁,忍让谦慈。“日出东海落西山,愁也一天,喜也一天。遇事不钻牛角尖,人也舒坦,心也舒坦。”

(四)休其眠

睡觉是人人每日必做的事情,睡觉可以补充人的脑力、体力,但是不良的睡觉习惯却会影响人体的健康,甚至会要了你的命。现在就给大家列出一些睡眠中常见的不良习惯,个个都可能是损害健康的“元凶”。

(1)忌睡前吃东西。中医常说:“胃不和,则卧不安。”(2)忌枕头过高。

从生理角度上讲，枕头高度以8至12厘米为宜。(3)忌睡前用脑过度。晚上如有工作和学习的习惯，要把较伤脑筋的事先做完，临睡前则做些较轻松的事，使脑子放松，这样便容易入睡。(4)忌带饰物入睡。(5)忌睡前饮浓茶、喝咖啡。(6)忌蒙头而睡。蒙头而睡时，被窝里的空气质量不佳，影响睡眠质量。(7)忌相对而睡。一方吸入的空气大多是对方呼出的废气，导致大脑缺少新鲜的氧气或是氧气供应不足，导致睡眠质量不高。(8)忌戴胸罩入睡。(9)忌带妆睡觉。事实证明，睡眠，并不是越多越好，而是要讲究质量。只有保证高质量的睡眠，才能保证我们的身体机能得到恢复，为第二天的工作学习提供充沛精力。

那么，要怎样才能睡个好觉呢?(1)有规律的睡觉时间。生活作息要规律，坚持每晚都在同一时间睡觉，周末也不例外，并保持下去。(2)让卧室适当降温。适当低温和优质睡眠是一对完美搭档。(3)快速洗个热水澡。(4)灯光统统关掉。(5)选择好锻炼时间。早上锻炼是帮助睡眠的最佳时间，而有规律的身体锻炼能提高夜间睡眠的质量。一定不能在睡前还进行过于剧烈的运动。(6)放弃掌控睡眠的念头。当你难以入睡时，接受自己无法入睡的现实，可起床读读书，听听舒缓的音乐，或者冥想，让身心放松。(7)不吸烟，不喝酒。(8)挑选合适的枕头才能睡得香。(9)睡前远离咖啡和浓茶。(10)午睡不要过长，一般建议午睡的时间不要超过一个小时，且不能在下午三点后还睡觉。

综上，在睡前，让自己身体节奏慢下来，做一些轻松愉悦的事情，如听听古典音乐，回想今天成功和幸福的事情，想象自己未来成功的样子。同时，布置好一个良好舒适的睡眠环境，放松身体。在平时，要保持作息规律，坚持按时入睡(最好晚上十一点前入睡)。在身、心、情、环境都做好良好的准备后，接下来就让我们进入梦乡吧。

(五)和其人

人的一生需要和不同的人打交道，人的成长离不开其他人的帮助，所以良好的人际关系不仅能让我们保持好的心境，也能让我们积累人力资源。中国是一个人情文化非常浓郁的国度，怎样待人接物，怎样积累人力资本是我们一生都应该去修炼与学习的事情。诚以待人、慈悲为怀、仁者爱人、宽以待人应该成为我们对待他人的基本态度。在积累人力资本上，要做到“平时多烧香，急时有人帮”。真诚付出，助人为乐，不怕吃亏，以心换心，自然能赢得他人的尊重，赢得他人的帮助。“刻苦乃志、敬君有德、吃亏非痴、让小非弱”应该成为我们的为人处世格言。

（六）做其事

金星在接受阿雅采访时，袒露自己十几年的修炼历程，她说：“我现在能做脱口秀主持人，并非天下掉下来的馅饼，我是早就知道有这么一天的，因为我积累了十几年”“我是演员，不是明星，演员是靠实力与作品说话的，当很多人诋毁我，非议我时，我依然可以去享受我的舞蹈，修炼自己，这便是我成功的理由”。在一个新的单位要赢得地位与尊重，要经历三个历程：首先是别人接受你，靠你的谦虚为人；其次是别人喜欢你，靠你无私的奉献与对他人的帮助；最后是别人依赖你，就是你变得无可取代，有你自己的核心竞争力。这些都是靠做事积累起来的。什么是充实？笔者的理解就是每天都按照我们预定的目标一步一步地展开，我们知道我们做的事并满足于我们的点滴成长，这就是充实。

（七）学其文

要让我们精神世界变得丰富、内心充实，阅读、学习、研究是重要的途径。文以载道，经典著作凝聚着圣人的智慧，我们为什么不去学习呢？书中已经给了我们他人生活的经验、为人处世的智慧等，我们为什么不去学习呢？书中汇集了前人所总结的各种知识，我们为什么非要一天一天地去试误呢？牛顿说：“如果说我比别人看得更远些，那是因为我站在了巨人的肩膀上。”研究最重要的就是做文献综述，其实人生又何尝不是呢？他山之石可以攻玉，文不光载道，文还怡情，文还治心。书中自有黄金屋，书中自有颜如玉。

（八）爱其艺

爱好让我们在闲暇之余不至于无聊，人生因为有了爱好，便更加热爱这个世界，热爱生活，热爱我们自己。艺术是对现实的一种高度提炼，通达艺术本质上就融通了世界与生活。艺术让我们在领略现实的同时，也愉悦了我们。音乐让我们的听觉得到享受，舞蹈释放我们的身体，话剧释怀了我们的心境，等等。爱其艺，一方面我们要有高尚的情趣与爱好，另一方面，我们要多接触各种艺术，陶冶我们的情操，净化我们的心灵，丰富我们的精神。

（九）空其物

古人云："玩物丧志，玩人丧德。"一个人如果对物太过痴迷，对情太过执着，往往深陷其中，不能自拔。物、钱只是使我们幸福生活的工具，并非目的。没有人必须拥有，没有物必须占有。没有人有义务必须喜欢你，你有喜欢别人的权力，但别人不是非要爱你，爱是相互的。你可以争取拥有某物，但某物并非一定属于你。我们享受自己能力范围内可触及的物即可。俭以养德，静以修身讲的就是此理。其实基本的生活物质条件得以满足后，很多东西都不是必须拥有的。而基本的物质条件是可以一步一步获取的，不要幻想一蹴而就，凡事都有一个过程。佛学里讲精进、知足就是这个意思。一方面要充满自信，努力拼搏，另一方面要懂得满足。如果行有余力，还可多布施，帮助其他人过好生活。

（十）满其心

人心是一个无底洞，可容万物，正因为如此，人心往往也贪得无厌、自私自利。美诺贝尔经济学奖得主萨缪尔森提出了一个著名的幸福公式：幸福=效用/欲望。简单地说，欲望越大，现实得到的越少，幸福感就越低。反过来，如果欲望小，即使得到的少，幸福指数也可能很高。也就是说要寡欲知足，人很多负面的情绪都源于比较。幸福最为重要的就是自我觉醒与自我投入，并由此生发的自我存在感，这是笔者的体悟。也就是认清自己，知道自己是一个什么样的人，知道自己将去何处并如何达到，知道自己具有什么能力，有哪些优点，有哪些不足，并接纳它们。具有清晰的自我评价，自我认识，进而滋生强烈的存在感。笛卡尔用"我思故我在"表达他的哲学理念,我则想用“我在故我幸福”表达我的幸福观。问问自己,现在的自己是怎样的一个人,自己喜欢自己吗,我是否有一个清晰的目标并日积月累地努力着,如果是,何必追求一蹴而就?循序渐进,终会实现我们的理想。“念念不忘,必有回响。”

第二节　做一个道德高尚的教师

某一个乡村学校,一位刚上任的校长暗地里包养了一位“二奶”,后来被同校的其他老师举报,媒体曝光,他因此被上级领导免去了校长一职。类似案例,在我们教师身边时有发生,从中你有怎样的思考?

近几年,教师师德问题经常被媒体曝光。这些问题不仅给学生带来了心理阴影,也给教师群体带来了一定的负面影响。于此,我们便要追问:教师必须遵守的道德准则有哪些?这就要在教师师德与基本人性之间寻求一种平衡,教师要守住教师师德的底线、红线,但同时我们也不能以所谓的“为人师表”的绝对禁欲式的“完美道德”来绑架老师,即我们既要遵从教师基本的人性,也要遵守教师的基本师德。

究竟什么是教师师德?教师师德又包括哪些内容?我们又该如何修炼与遵守基本的师德,为人师表,教书育人,幸福地工作与生活呢?

一、从教师职业道德走向教师专业道德

对于教师师德,国家已有正式的文件,但教师职业的特殊性、育人性要求我们对教师应该提出更高的要求,不仅应关注教师职业道德,还应该关注教师的私德、学术道德、社会公德,教师要做到以身作则,行为示范。只有教师做好,学生才有一个好的榜样。与此同时,我们也不能用“完美道德”绑架教师,不能实施道德绑架,压抑教师的正常生活。这看起来是一对矛盾,实际上并非如此,对教师的高要求是社会的普通诉求,是由教师职业特点所决定的。保障教师基本的人身自由,不损害他们的基本利益是对老

师的尊重。明确教师的道德底线、红线,并在此基础上观照教师的基本人性,才能真正还原道德的本性。

(一)教师职业道德的内涵

教师职业道德是教师在从事教育劳动中所遵循的行为准则和必备的道德品质。教师职业道德的产生和发展是同教育活动的发展直接相联系的,它对形成教师的职业心理和职业理想,形成教师特有的道德习惯和道德传统,起重要作用。在阶级社会里,教师的职业道德是有阶级性的,它是一定阶级的利益和意志的体现,是为统治阶级巩固自己的统治服务的。

教师职业道德,又称"教师道德"或"师德"。它是社会职业道德的有机组成部分,是教师行业特殊的道德要求。它从道义上规定了教师在教育劳动过程中以什么样的思想、感情、态度和作风去待人接物,处理问题,做好工作,为社会尽职尽责。它是教师行业的特殊道德要求,是调整教师与教师、教师与学生、教师与学校领导、教师与学生家长以及教师与社会其他方面关系的行为准则,是一般社会道德在教师职业中的特殊体现。

(二)教师专业道德的提出

从上文可知,教师职业道德(教师师德)主要是从教师这个主体的工作范畴来讲的,即从为师的层面来分析的。但教师不仅是教书育人的一位老师,教师还是一个活生生的人。在学校里,教师还承担着特定的研究任务。出了学校,在社会中,教师作为一个社会人,还必须遵从社会的公共道德与基本伦理。专业道德正是基于此背景而提出来的。

教师专业道德是教师在专业生活中形成的道德规范的总和。当前,教师专业生活与职业道德体系存在脱节,亟须建立与教师专业生活相匹配的专业道德体系。由于教师专业生活的道德实践属性,教师专业道德具有异于职业道德的实践品格。这种品格以价值排序、灵活调整以及为促进学生全面发展为表征,以完善教师完整生命成长为目的。[①] 可见,不管是师德本身内涵难以概括教师的多重角色道德还是教师专业生活实践的现实诉求,

① 苏启敏.论教师专业道德的实践品格[J].教育研究,2013(11):119—128.

都呼唤建立起更加完善,更加合理,更加人性化的教师专业道德体系。

(三)从职业道德走向专业道德

简单地说,教师专业道德就是教师必备的德行总则,既是一种规约,又是一种自身修炼,更是一种自我的生命优化。专业道德不是为了约束教师的教学行为,而是引导教师行为,使教师更好地做好教育工作,更好地为学生发展服务,更好地优化自身生命。专业道德在内容上是对教学行为予以规范,引导教学正向发展。其目的是为了教师自身得到更好的发展。

1.要求更高:对职业道德的拓展

专业道德比教师职业道德范畴更广、要求更高,不光包括教师从师的职业规范,还有教师作为一个人的私德引领,还对教师从事学术研究进行了一定的行为引导,对教师在社会上的行为也给予一定的规约。2008年教育部颁布的《中小学教师职业道德规范》,其内容主要是对教师为师的规定,是对教师工作的义务、权力与要求的规定。教师职业道德的范畴主要是教师所特有的职业义务、职业责任以及职业行为上的道德准则。但教师要做好教师,首先是必须做好一个人,对于教师为人的基本道德、社会公德、学术道德等,在教师职业道德规范中未充分说明。所以,专业道德的提出凸显出它的必要性。

2.原则更强:守住教师的道德底线

专业道德加入了个人私德、社会公德,还加入了与教师息息相关的学术道德。专业道德的范畴较职业道德而言更大,但这并未降低专业道德的底线,相反,专业道德更强调教师的道德底线。这些底线是保证教师为人师表、教书育人的基本原则。

3.人性关照:讲专业道德,并非禁欲求完

由于新时期民众对优质教育资源的争夺与诉求,社会舆论对教师问题的关切,教育权力的下移与平滑,教师话语权渐渐削弱,每个人都有了为教育发声的机会。社会发展对教育的高要求与民众拥有的教育发声权,都趋

向对教师"完美道德"的一种绑架。人们以近乎苛刻的标准来要求教师,社会上个别教师的错误与问题被无限放大,进而影响整个教师群体公信力。提出专业道德这个概念,就是要以高要求来规范教师行为,但同时,也强调教师并非"完人",教师也是"凡人"。这就要求在专业道德中细化道德标准的内容,在内容中要做到对教师基本人性的关注,对教师基本的人身自由给予保障,对教师基本的人生尊严予以支持。

二、专业道德的内容

专业道德指教师言与行的道德规范和伦理要求,是教师专业的准则。从教师角色的维度进行梳理,专业道德的内容包括为师之德、为人之德、为研之德、为民之德,对应于教师师德、个人私德、学术道德、社会公德四大核心内容。当然,教师还有其他角色,教师专业道德也包含其他角色的行为规范,但这四大内容是最为核心的内容。此外,教师专业道德是一个开放的内容体系,本文仅是对核心内容予以罗列。随着时代的进步,对专业道德研究的深入,专业道德的内容可能有所变化。

(一)教师师德

2008年,教育部中国教科文卫体工会全国委员会为贯彻落实党的十七大精神和胡锦涛总书记"8.31"重要讲话精神,进一步加强教师队伍建设,全面提高中小学教师队伍的师德素质和专业水平,在广泛征求意见的基础上,对1997年原国家教委和全国教育工会联合印发的《中小学教师职业道德规范》进行了修订。修订后的《中小学教师职业道德规范》内容如下:

一、爱国守法。热爱祖国,热爱人民,拥护中国共产党领导,拥护社会主义。全面贯彻国家教育方针,自觉遵守教育法律法规,依法履行教师职责权利。不得有违背党和国家方针政策的言行。

二、爱岗敬业。忠诚于人民教育事业,志存高远,勤恳敬业,甘为人梯,乐于奉献。对工作高度负责,认真备课上课,认真批改作业,认真辅导学生。不得敷衍塞责。

三、关爱学生。关心爱护全体学生,尊重学生人格,平等公正对待学生。对学生严慈相济，做学生良师益友。保护学生安全，关心学生健康，维护学生权益。不讽刺、挖苦、歧视学生，不体罚或变相体罚学生。

四、教书育人。遵循教育规律，实施素质教育。循循善诱，诲人不倦，因材施教。培养学生良好品行，激发学生创新精神，促进学生全面发展。不以分数作为评价学生的唯一标准。

五、为人师表。坚守高尚情操，知荣明耻，严于律己，以身作则。衣着得体，语言规范，举止文明。关心集体，团结协作，尊重同事，尊重家长。作风正派，廉洁奉公。自觉抵制有偿家教，不利用职务之便谋取私利。

六、终身学习。崇尚科学精神，树立终身学习理念，拓宽知识视野，更新知识结构。潜心钻研业务，勇于探索创新，不断提高专业素养和教育教学水平。

（二）个人私德

私德是指存在于社会大众中的小群体或个人中间的道德，是人们为了维护小群体或自我的利益而约定俗成的行为规范。简而言之，私德是私人生活中的道德规范，指个人品德、修养、作风、习惯等。

2001年9月，中发〔2001〕15号文件《公民道德建设实施纲要》对公民的基本道德规范予以明文规定，即“爱国守法、明礼诚信、团结友善、勤俭自强、敬业奉献”。

2012年11月，中共十八大报告中明确提出“三个倡导”，即“倡导富强、民主、文明、和谐，倡导自由、平等、公正、法治，倡导爱国、敬业、诚信、友善”，这是对社会主义核心价值观的最新概括。其中“爱国、敬业、诚信、友善”就是对个人层面的基本要求，即对私德的要求。这也可以说是新时期私德的底线。

（三）学术道德

学术道德是指在从事科研工作和进行学术活动时所应遵守的道德规范，是学术共同体成员共同遵守的道德规范、行为准则和应具备的道德素质。近年来，全国多所高校出现违反学术道德规范的学术造假事件。学术腐败、项目造假、论文抄袭等违反学术道德规范的行为和事件频频出现。

学术道德要求学术共同体成员必须遵循学术规范，完善学术评价，坚持学术良知和学术操守。学术道德建设应包含三个层次的工作：一是理顺学术行为主体的各种社会关系，建设合理的学术体制；二是道德体系本身的构建，包括能被整个社会和学术共同体所认可的道德理念的重塑和道德原则的构建，以及切实可行的规范体系的建立和完善；三是培养可执行道德原则和道德规范的学术行为主体。

在从事科学研究的过程中，应严格遵守《中华人民共和国著作权法》、《中华人民共和国专利法》、中国科协颁布的《科技工作者科学道德规范（试行）》等国家有关法律、法规、社会公德及学术道德规范，要坚持科学真理，尊重科学规律，崇尚严谨求实的学风，勇于探索创新，恪守职业道德，维护科学诚信。具体而言，应当遵守下述基本学术道德规范：

（1）在学术活动中，必须尊重知识产权，充分尊重他人已经获得的研究成果；引用他人成果时如实注明出处；所引用的部分不能构成引用人作品的主要部分或者实质部分；从他人作品转引第三人成果时，如实注明转引出处。

（2）合作研究成果在发表前要经过所有署名人审阅，并签署确认书。所有署名人对研究成果负责，合作研究的主持人对研究成果整体负责。

（3）在对自己或他人的作品进行介绍、评价时，应遵循客观、公正、准确的原则，在充分掌握国内外材料、数据基础上，做出全面分析、评价和论证。

（4）尊重研究对象（包括人类和非人类研究对象）。在涉及人体的研究中，必须保护受试人合法权益和个人隐私并保障知情同意权。

（5）在课题申报、项目设计、数据资料的采集与分析、公布科研成果、确认科研工作参与人员的贡献等方面，遵守诚实客观原则。搜集、发表数据要确保有效性和准确性，保证实验记录和数据的完整、真实和安全，以备考查。公开研究成果、统计数据等，必须实事求是、完整准确。对已发表研究成果中出现的错误和失误，应以适当的方式予以公开和承认。

（6）诚实严谨地与他人合作。耐心诚恳地对待学术批评和质疑。

（7）对研究成果做出实质性贡献的有关人员拥有著作权。仅对研究项目进行过一般性管理或辅助工作者，不享有著作权。合作完成成果，应按照对研究成果的贡献大小的顺序署名(有署名惯例或约定的除外)。署名人应对本人做出贡献的部分负责,发表前应由本人审阅并署名。

(8)不得利用科研活动谋取不正当利益。正确对待科研活动中存在的直接、间接或潜在的利益关系。

(四)社会公德

公德是指存在于社会群体中的道德,是生活于社会中的人们为了自己群体的利益而约定俗成的应该做什么和不应该做什么的行为规范。

2001年9月,中发〔2001〕15号文件《公民道德建设实施纲要》对社会公德予以明文规定,即"文明礼貌、助人为乐、爱护公物、保护环境、遵纪守法"。

三、修炼专业道德,达致万世师表

厘清了专业道德的内容后,我们便要思考如何才能做到自觉遵守专业道德,并主动利用道德规范来引导我们的行为。

(一)知:学习道德内容,提炼道德格言

教师专业道德所涵盖的内容广泛,从其四大核心内容出发,可将教师专业道德分为四大目,即师德、似德、公德、学术道德。每一大目下又可提炼细目。对这些道德细目系统深入全面地学习,将专业道德规范熟记于心,外化于行。比如根据《中小学教师职业道德规范》,师德包含"爱国守法、爱岗敬业、关爱学生、教书育人、为人师表、终身学习"六大内容。根据《公民道德建设实施纲要》,"爱国守法、明礼诚信、团结友善、勤俭自强、敬业奉献"构成私德的重要内容,而"文明礼貌、助人为乐、爱护公物、保护环境、遵纪守法"则是我们倡导的社会公德。学术道德则包括"尊重产权、合作著名、客观评价、研究伦理、真实研究、合作严谨、不谋私利"等内容。

(二)行:严于律己,三省吾身,行为世范,幸福高尚

在对道德内容进行熟记以后,就要以其来规约自己的行为,随时进行自我检查,每日进行反省。做得好的坚持,做得不到位的要及时改正。守住道德底线,不碰道德红线。教师专业道德,在本质上就是要利己、利生、利社、利国,也就是利己不损人、利己利他、舍己利他都是道德的。作为教师,要能以身作则,行为世范,廉洁奉公。但这种利他不是非要牺牲自己,相反只有教师自身保持好的身体,拥有健康的心理,生活幸福,才能够潜心倾心投入到教育工作中。

(三)情:体悟道德价值,内化道德准则

在以专业道德为引领、规约的行为实践中,体悟专业道德的激励价值,感受专业道德的引领作用,体会堂堂正正做人,踏踏实实做事,问心无愧的感受。这份成就感、价值感定会促使教师自觉投入到专业道德的规约中去,使道德感内化于心,成为一种行为引领。如教师如果谨言慎行,不乱评论诋毁他人,便会在教师群体中赢得信任。教师自身兢兢业业,便会赢得家长与学校的认可。国家出台道德规范,就是为了引领人们走到正向的生命发展历程中来。对于教师专业道德而言,其师德、私德、公德、学术道德这四大核心内容,本质上都是促进教师自身向上、向善、至美的行为准则,也是一种行为导向。

(四)意:管好自己,守住底线,持之以恒,为人师表

教师在每日的一言一行中,做到不违法,爱学生,教好书,育好人,情操高尚,举止文明,作风正派,廉洁奉公,终身学习,真实研究,客观评价,明礼诚信,团结友善,勤俭自强,助人为乐等,自然能坦坦荡荡,幸福工作与生活。俗话说得好:“常在河边走,哪有不湿鞋”“平日不做亏心事,半夜不怕鬼敲门”。兢兢业业工作,踏踏实实做事,堂堂正正做人,自然能够感受到道德的引领价值,从而体悟到以德育人、以德立身的好处。

专业道德本质上就是对教师行为的一种正向导向,是教师工作的基本要求,是教师为人师表、为学生做表率的基本准则。当然,这些要求是以不

违背教师基本的人身自由、基本的人性关怀、基本的生活追求为前提的。如果打着道德的旗帜，禁锢教师，约束教师未违法、未违背道德的行为，那就失去了道德的本真意义了。同样，举着维护人身自由、生命本性的幌子，做出违背专业道德、有损教师形象、有损他人身心发展、有损社会安定、有损国家发展的行为，也是不能容忍的。教师专业道德本质上是一种行为规范与正性导向，它起着激励、导向、规范与监督行为的作用。对于有责任、有良知、有爱心、真正热爱教育事业的教师，道德的文本是不需要，因为他们的行为本身就是道德的典范，他们本身就是“道德存在”。

第三节　夯实你的知识基础才能厚积薄发

在一次教师招聘面试中，面试老师问了一个问题：“你觉得教师应该具备怎样的知识结构？应如何习得这些知识？”如果你是应聘者，想一想，该怎样回答。

在我们刚工作的第一年，你可能有这样的体悟，好像大学校园里学的知识不够用，自己还得看书学习，才能自如地工作。可是自己却一头雾水，不知道该看什么样的书，该怎样一步一步地去完善自己的知识结构。

教师知识（teacher knowledge）是教师专业素养的重要组成部分。教师知识体现了教师这种专门职业的独特性，教师知识在教师专业素养构成中具有独特性与不可替代性。教师知识不仅是教师从事教学活动所必须具备的智力资源，而且它也直接决定着教师专业水准的高低。

一、教师知识研究综述

教师知识经历了一个不断发展的过程，其不断丰富、深化，结构体系不断完善。

（一）已有教师知识理论

18世纪以前，人们认为，教师所需要知道的就是他们所要传授的，也就是说，教师知识就是教师所教学科内容方面的知识。

到19世纪早期，人们认识到，教师不仅应当知道他们所要教授学科的知识，还应当懂得“如何教”。也就是说，除了学科内容知识外，教师还需要学习关于教学的知识。

从20世纪80年代初起，教师知识的内涵不断拓展，教师知识结构体系不断完善。一般认为，教师知识除了学科知识和教学知识以外，还包括课程知识、学习者知识、教学环境知识、自身知识和有关当代科学与人文方面的基本知识等等。美国卡内基促进教学基金会主席、美国著名的教育家、斯坦福大学教授舒尔曼认为，教师知识分为七大类：学科内容知识、一般教学法知识、课程知识、学科教学知识、学习者及其特点知识、教育背景知识、教育目标和价值观及其哲学和历史背景的知识等。

（二）已有研究的范式

教师知识研究有三种取向（教学知识基础研究、教师实践知识研究、教师情境知识研究），且各有不同的研究视角与侧重点。

教师教学知识基础的研究认为教学的有效在于教师应具有学科知识、教学法知识、学科教学法等各类知识；教师实践知识的研究者主张教师自己在教学实践中所形成的、运用的知识；教师情境知识研究重视知识与社会情境和物理情境的互动，知识在新的情境中的运用。教师知识研究的三种取向对于研究教师的专业知识，研究教师的专业发展具有一定的启示。[①]

（三）未来研究走向

未来的教师知识研究走向是重视教师学科教学知识的研究，注重教师知识的整合性本质，注重在教师与情境的辩证关系中理解教师知识的发展，以及强调教师信念对教师知识的重大影响。[②]具体来说包括以下几方面的研究趋势。

① 杨翠蓉，胡谊，吴庆麟.教师知识的研究综述[J].心理科学，2005(5)：1167—1169.

② 杨彩霞，杨彩梅.对教师知识研究取向与发展的思考[J].教育探索，2006(1)：121—122.

1. 研究逐渐深入与细化，不同阶段、学科的教师知识研究正兴起

关于学科教学知识（PCK）的研究是当前我国教师知识研究中的热点。我国学者对PCK的研究已有约二十年，所获得的成果多为对PCK基础理论的分析，包括PCK结构、来源及价值等。近年来才较多出现对特定学科教师PCK调查研究及不同教师PCK的比较研究，且这类研究集中于科学领域。[①]

以语文教师知识研究为例，其大致经历了“崭露头角”、“多元视角”和“百家争鸣”三个历史阶段，每个阶段都各有其特征。研究者主要从语文教师知识的来源、语文教师知识的构成、语文教师知识的作用、语文教师知识的发展现状以及语文教师知识的优化途径等五方面进行探究，并涌现了丰富的研究成果。[②]关注师范生、在职教师的教师知识研究也越来越成为一种研究时尚。教师知识研究呈现出研究越来越细化的一个发展趋势。

2. 开始关注新科学、信息技术与教师知识的整合研究

整合技术的学科教学知识（TPACK）是一个新的教师知识研究领域。关于TPACK理论的研究在国外教育技术界已经比较流行，也取得了不少的成果，而在国内的研究则刚刚起步。无论从课程标准的要求，还是从教学实践的情况看，教师在课堂上适当地使用信息技术已经成为不可阻挡的趋势，发展教师的TPACK势在必行。关于TPACK仍需要进一步研究的问题有：如何准确方便地测量教师的TPACK，教师的TPACK水平与学生的学习成绩有何关系，如何基于TPACK框架设计出有效的教师教育课程体系。[③]

教师知识增长对于技术与教学有效整合来说，既是动因又是结果。所以，伴随着信息通信技术与课目教学整合实践的深化发展，技术性课目教育学知识概念逐步兴起，继而网络化课目教育学知识概念得到凸显。技术性课目教育学知识，是由作为基础成分的课目知识，通用教育学知识和技术学知识整合而成。而网络化课目教育学知识，则是师生在信息通信技术融入的真实教学活动中，通过统合技术学知识、通用教育学知识、课目知识

① 刘思敏.学科教学知识（PCK）的研究综述[J].文教资料，2013(34)：155—156.

② 李长吉，李朝艳.语文教师知识研究综述[J].当代教师教育，2014(1)：19—26.

③ 袁智强.整合技术的学科教学知识研究综述[J].数学教育学报，2012(6)：13—18.

以及学习者知识，并凭借情境经验知识加以转化而生成的一种新型知识体系。网络化课目教育学知识从整合到转化的生成原理进化，为教师教育课程开发和教师教学设计提供了一种力量强大的操作性框架。①

3. 开始关注教师知识形成、影响因素、管理与优化的研究

对于教师知识的形成、影响因素等的研究实际上自教师知识研究开始便在展开，但随着对教师知识内部结构研究的深入，对教师知识的形成、影响因素、管理与优化等的研究也越来越深入。

4. 开始关注教师知识的分享、转化等外围性衍生研究

教师知识分享是教育界知识管理研究的热点问题，也是教师个体的一项关键活动。教师进行高效知识分享，是促进学校竞争力提升、教师个人专业成长的有效途径。②

教师的知识是教师进行教学的基础，合理的知识结构是教学效率的有效保障，如何发展教师合理的知识结构是一个值得我们重点关注的问题，也是教师教育研究的需要。为了实现学科知识与教学知识融合，一条切实可行的途径是促进教师学科知识向学科教学知识的转化，以此来实现职前教师专业知识的发展，这是教师专业发展研究领域中的一个值得我们重点关注的问题。③

二、教师知识的内容与结构

已有的对教师知识内容体系的研究，往往是凭借经验或是调查，概括而成。但这样研究下的教师知识内容，或多或少存在内在逻辑结构不分明、学理基础不扎实的问题。而从系统论的角度看待教师知识，则会有不同的知识结构体系。

① 陈晓，黄甫全. 从整合到转化：论网络化课目教育学知识的生成原理[J]. 当代教育科学，2014(11)：16—21.
② 周晶晶. 教师知识分享研究述评[J]. 现代教育科学，2015(8)：71—73.
③ 童莉. 舒尔曼知识转化理论对教师知识发展的启示[J]. 上海教育科研，2008(3)：10—13.

（一）从活动本质解析，包括目标、主体、内容、环境、手段与评价知识

教师知识本质上是为了完成教育教学工作的一种认知支持、认知内容。教师知识可以分为两种：一种是开展教育教学工作所必须拥有的知识，另一种是支持教育教学工作开展的其他知识。在教育教学工作中，教师的工作可以说几乎全部集中在教育活动之中（这里不分析从事行政管理工作的教师），于此分析教育活动的内部结构为我们探寻教师知识体系提供了一种新的视角。从这个角度看，教育活动内部结构中每一单元的完成所需的知识都是教师的教育教学工作知识。每一种教育活动都必须包括目标、主体、内容、环境、手段与评价几大基本结构，也就是说，教师也必须拥有关于教育目标、教育主题、教育内容、教育环境与教育评价等相关知识。

（二）从知识本质解析，包括主体知识、自然知识与社会知识

知识指人类的认识成果，来自人类的社会实践。初级形态为经验知识，高级形态是系统的科学理论。按其获得方式可以分为直接知识和间接知识。按其内容可以分为自然科学知识、社会科学知识和思维科学知识。

要探究教师知识，可以从教师工作实践出发进行分析，教师知识就是教师工作实践的认识成果。人类所有的实践活动本质上都是人与人、人与自然、人与社会一系列交往与建构活动。也就是说，人类的知识可以分为关于人的知识，关于自然的知识，关于社会的知识。教师工作本质上是教师与人、与自然、与社会交往与建构的实践活动。从这个视角进行分析，教师知识包括了与人相关的主体知识，与自然相关的自然知识，以及与社会相关的社会知识。

（三）从教师职业内容解析，包括通识、教育、学科、学科教学与实践知识

大多数教育工作者还是习惯于从教师职业内容出发，分析教师完成工作所需要的知识。这样的知识体系建构往往是一个动态发展的过程，随着

科学及社会发展、教师知识研究的深入，知识体系又会发生变化。与此同时，在对教师知识体系划分的过程中，有的研究者偏向于罗列式的条目知识呈现，有的则偏向于系统宏观式的提炼。各有所长，笔者在本书中采取后面一种方式，将教师知识分为通识知识、教育知识、学科知识、学科教学知识、实践知识五大类。

1. 通识知识

通识知识源于通识教育。其并非特指某一领域的知识，进入通识教育领域而传授出去的知识都可称为通知知识。作为教师，对哲学、社会学、管理学、心理学、美学、信息科学等学科的知识都应该有所涉猎。教师只有拥有了广博的知识基础，才能举一反三，利用所学知识解决教育工作中的各种问题。

此外，教师还应该掌握一般方法论方面的知识，这是教师知识结构中最上位层面的知识，包括马克思主义哲学、系统科学、逻辑学知识等。教师必须掌握科学的认识方法、科学的分析方法以及科学的表达方法，才能在正确的方法论指导下从事高质量的教育教学活动。

2. 教育知识

教育知识是关于教师"如何教"的知识，其包括关于学生、教师自我、课程、环境、心理、手段、教学、评价、研究等方面的知识。要成为一位好教师，不但要有扎实的专业知识，还要了解和遵循教育工作的规律，掌握教育学、心理学、生理学等学科的基本理论和知识。这些又可细化为：教育概论、教学论、德育论、教师论、教育科学研究方法、心理与教育测评、青少年心理学及学科教学论、课程论、当代世界教育思潮等。

3. 学科知识

学科知识即学科专业知识，是某一特定专业领域所涵盖的知识体系。教师的教育实践活动具有一定的专业性，只有具备较高的学科专业知识水准，教师才能进行有效教学。随着科学文化的发展和知识的更新，教师有必要随时了解自己专业领域的最新成就和发展趋势，优化知识结构，满足学生的求知欲。

4. 学科教学知识

教师学科教学知识(PCK),是教师通过学科专业知识和有效教学策略交互作用帮助学生有效学习的知识。这种知识要求教师在完全理解所教内容,了解和掌握学生的文化背景、先前知识和经验的基础之上,运用多种方式进行教学。教师学科教学知识是教师知识的核心,它是保持教师知识复合性、动态性的原动力,并且拓宽了教师专业发展的知识基础。学科教学知识作为教师教学的知识基础,具有专业性、个体性、实践生成性、整合性和缄默性等特征。教师可以通过教育叙事、教学反思和树立动态的课程观在教育实践中养成学科教学知识。①

随着信息技术、网络媒体等的发展,将网络、信息技术应用到具体的学科教学工作中成为教育发展的趋势,这便衍生出了信息技术学科教学知识、网络化学科教学知识(也称网络化课目教育学知识)以及具体到学科的信息技术教学知识(如信息技术小学数学教学知识)等细化的学科教学法知识。本书将这些统统归于学科教学知识。

5. 实践知识

教师实践知识也就是教师个人缄默性知识,是教师个人长期从事教育工作而积累起来的、内化于心的、独特的个人知识,包括教师的个人教育经验、个人教育哲学、个人教育理念等。教师的实践知识在很大程度上影响着教师的教学行为和教学效果。教师的实践知识是其知识结构中的重要组成部分,是教师主动地解释、矫正、深化现有的知识而形成的综合性知识,是教师在教学情境中处理所遇到的困境而生成的知识,其体现了教师的个人特征和教学智慧。

① 王政,任京民.论教师学科教学知识及其养成[J].外国中小学教育,2010(3):29—32.

三、教师知识的习得与形成

（一）习得时空：校内与校外，实体、虚拟与第三空间，职前、在职与终身

在空间上，教师知识习得与形成的场所包括校内、校外两大场域。教师知识的习得媒介包括实体场域、虚拟网络以及第三空间。所谓第三空间主要指个人的心境、个人的体悟、个人的经验等。在时间上，教师知识的习得可能发生在职前的学校学习与单位试用期中以及在职的培训、学习与实际工作中，其中在职培训、学习与实际工作是教师实践知识产生的重要时间场域。现在提倡终身学习，将教师知识的习得贯穿教师的整个生命历程，真正实现了教育与生活生命的融通。

（二）生成方式：他者经验、个人总结、两者联通

教师知识习得与形成有三种主要的途径。一是教师学习他者的经验，汲取他人的智慧。这是教师知识习得与形成的重要方式。教师可通过阅读、培训、考察、交流等习得他者经验、他者知识。二是教师通过自己实践并总结个人的经验、个人的感悟。教师知识不仅指存留在书本上的知识，也包括个人体悟以及个人总结的经验，这也是教师实践知识形成的重要途径，是教师知识产生的重要来源。知识的价值在于指导行动，个人的经验也是指导行动很重要的工具。三是将他者经验与自我经验两者联通，通过自上而下的理论演绎与自下而上的经验提升，从而形成新的知识。知识从内化的层次上可以分为书本知识、传习知识、习得知识、应用知识。知识的习得与内化是一个个性化的过程，是一个主体认知加工的过程。知识的产生本质上也是顺应、内化与平衡的认知加工过程。

（三）习得路径：身心、生活、教学、学习、研究、事务、交流、资源与文化

从前文可知，教师知识习得与形成主要有三大途径。而这三大途径又细化为多个小途径，比如习得他人经验可通过阅读、交流等。教师知识的

习得途径是开放的，并非局限于某个具体的方式。其实在教师的日常点滴生活中，在教师每日的教育工作中，都在习得与建构，甚至是创生教师知识。教师的人生成长过程本质上内在地包含教师知识的习得与建构过程，从这个视角来看，教师人生成长的过程与途径也是教师知识习得的重要途径。所以，身心、生活、教学、学习、研究、事务、交流、资源与文化九大教师人生成长的途径也是教师知识习得的九大路径。这样就为教师知识的习得打开了一个全新的思路，使教师知识的习得呈现出开放、泛在、终身、多元性的格局。

第四节　每天坚持修炼专业能力

你是否也有这样的问题：大学里学了很多教育理论，但好像到了课堂上，自己却力不从心；学生乱作一团，自己却不知该如何进行有效引导……知识并不等于能力，对于教师的教育工作，到底是知识重要还是能力重要，本身就是一个没有价值的问题。但毫无疑问，探究教师完成教育工作所需的能力内容体系，有意识地培养这些能力，积累相关经验，才能让我们有效地完成各种教育工作。

教师专业能力指教师完成教育工作，有效从事专业活动所需能力的总和。对于教师专业能力的内部结构、内容体系的探索自教师成为一门正式职业时即已开始。研究者们从不同的视角出发，建构起了各种成体系的教师专业能力结构模型。随着研究的深入，还对教师专业能力的“特殊性”进行了研究，即开始研究不同学段、不同学科、不同地域、不同主体、不同文化、不同民族下教师的专业能力结构。下文将从教师专业能力研究综述、专业能力的内容结构、专业能力的培养三个方面予以简要介绍。

一、教师专业能力研究综述

教师专业能力是随着教师职业专业化而出现、对教育活动复杂性的认识发展及对教育价值功能的重估而产生的一个专门性术语。教师的能力是教师素质的核心，合理、优化的能力结构是教师能力素质的重要标志。国内外学者对教师专业能力做过大量的研究，并形成了对教师专业能力的诸多阐释。

张波认为，教师的教学能力、科研能力、管理能力和创造能力理应成为教师能力的重要组成部分，其结构体系既完整统一，又相对独立。①

范诗武认为，作为新世纪的教师，其专业能力主要包括了解学生能力、处理教材能力、教学监控能力、协调师生关系等人际关系能力。行动研究可以提高新世纪教师的专业能力，但必须坚持自主性、实践性和开放性的原则。②

李方从教育学角度分析，认为教师专业能力结构应包括师德、教育专业素养、学科专业水准、博雅素养、身体素质和心理素质六项基本指标，其中，教育专业素养和学科专业水准是核心指标。③

郝林晓等认为，教师专业能力结构应由两维构成。横向上包括教育能力和教学能力两方面，纵向上则包含前专业能力、专业意识及生成能力、专业调适能力。在教师专业能力重构的基础上存在着反判式与创建式、经验积累式与理性演绎式、人文模式与科学模式三对教师专业能力成长的模式。④

戴云、王聚元在《有效教学与教师专业能力提升指南》一书中从有效教学对课程人力资源（核心是教师专业能力）的诉求视角出发，从“教师自我发展能力、教学管理能力、学科教学能力”三大方面对教师专业能力予以建构。其中教师自我发展能力包括教学反思、教学研究、教学创新、学习能力。教学管理能力包括了解学生、教学组织与管理、评价与激励、交往沟通能力。学科教学能力包括教学设计、言语讲授、提问与倾听、课堂调控、教

① 张波.论教师能力结构的建构[J].教育探索，2007(1):78—80.

② 范诗武.新世纪教师专业能力与教育行动研究[J].外国教育研究，2003(5):28—31.

③ 李方.新课程对教师专业能力结构的新要求[J].教育研究，2010(3):68—71.

④ 郝林晓，折延东.教师专业能力结构及其成长模式探析[J].教育理论与实践，2004(14):30—33.

学情境创设、指导学生学习、命题能力等。

西南师范大学出版社（现西南大学出版社）在2012年出版了教师专业能力系列图书，该图书主要着眼于为年轻教师提供专业指导，为各校青蓝工程提供文化支持。这套书本身也是以"青蓝工程专业能力必修系列"命名。这套书将教师专业能力进行了学段、学科、主体细化，建构出了不同学段、不同学科的教师专业能力内容体系。例如，该系列图书之一的《小学数学教师专业能力必修》将掌握数学学科知识的能力、儿童学习的知识的能力、数学语言知识的能力、教学设计能力、课堂教学实施能力、学业评价能力、整合媒体到小学数学课堂的能力、数学课堂教与学的研究能力等视为小学数学教师专业能力的核心构成。

周广强从新课程理念落实的角度，对教师专业能力予以了适时性、发展性建构。他认为，学习与自我发展、教学情境创设、探究教学、组织合作学习、课程资源开发与整合、教学反思、教学评价能力是教师必须掌握的基础能力。[①]

综上，从不同的视角出发，教师专业能力有不同的能力结构，但研究者们对教师专业能力的基础结构内容基本达成共识，那就是教师必须具备教育能力、教学能力、管理能力、科研能力、自我发展的能力、创造能力、学习能力、身心健康能力等。

对于教师专业能力的研究，研究者们逐渐聚焦以下几大研究方向。

（一）本体研究：教师专业能力理论的系统建构

教师专业能力是教师专业发展的核心内容。对教师专业能力的研究有助于丰富教师专业发展理论，有利于促进教师的专业成长。这样的研究比较广泛，研究成果颇多，比如李海荣兼顾理论研究与实践研究，综合采用了文献法、访谈法、问卷调查法，构建了中小学教师专业能力的理论结构，编制了中小学教师专业能力问卷，调查了临汾市中小学教师专业能力发展的现状。他从理论上构建了中小学教师专业能力的结构，其包括五个方面：

① 周广强.在新课程师资培训中开展教师专业能力培养与训练的思考[J].黑龙江教育学院学报，2004(03)：56—57.

基本能力、教育能力、教学能力、创新能力与自我发展能力。[①]

(二)深入研究:研究不同学段、学科、主体、区域、文化下教师的专业能力

教师专业能力具有共性,但在不同学段、学科、主体、区域、文化下,教师专业能力也具有一些特性,这就需要对这些特性进行深入研究。并且,教师专业能力的结构具有动态性,随着教育事业的发展,教师专业能力也必然具有新变化。比如,在当前新一轮基础教育课程改革的背景下,课程功能、结构、内容、评价和管理等方面都较原来有了比较大的突破和创新。究竟如何贯彻落实新一轮基础教育课程改革的相关理念,如何把先进的课程理念转化为实际可操作的教育教学行为,是摆在广大中小学教师面前的一个重大课题。同时,教师专业化发展是一个连续不断的过程,不同阶段对教师专业能力的要求也有所区别。现阶段,由于基础教育新课程的实施,必然对教师专业能力提出新的要求。深入研究探索新时期教师专业能力的内涵、结构、培养方式与训练方法,对提高中小学教师实施新课程的能力、提升教师专业化发展将起到重要的作用。[②]

(三)比较研究:教师专业能力国际、国内对比研究

各国教师专业能力的标准有同有异。通过对国内、国外教师专业能力的比较研究,了解国内、国外对教师专业能力要求,寻找共同点与差异性。对于国外好的方面,可根据我国实际予以借鉴。这样的研究也不在少数。例如,李佳音通过回顾国内外教师专业能力发展历程,对比不同时代不同国情背景下教师能力发展的状况,并以中国内地中学英语教师的专业能力发展作为切入点,目的是找到改进教育行业人才能力培养的措施,以适应社会发展和行业转变。[③]

① 李海荣.中小学教师专业能力问卷的编制及初步应用[D].太原:山西师范大学,2010.

② 周广强.在新课程师资培训中开展教师专业能力培养与训练的思考[J].黑龙江教育学院学报,2004(3):56—57.

③ 李佳音,中国内地中学英语教师专业能力发展对比与改进[J].职业技术,2015(9):20—22.

（四）内部机制的研究：教师专业能力形成机理的研究

师范生在接受高等教育期间所经历的各种教育活动体验，对其在未来职业生活中将秉持何种教育理念、选择何种教育行为具有重要影响。因此，职前教师的专业能力培养是高等师范教育的基本任务。教师专业能力的形成有其内在规律性。研究教师专业能力形成机理，探索教师专业能力形成的内部机制，其研究结果可为创建符合教育规律和师范生学习实际的教师教育环境提供内在依据。《中学教师专业标准（试行）》把教师专业能力划分为六大领域，各领域之间具有相互支撑、相互促进的关系。作为职前教师的师范生需要发挥自身主体性，积极参与学习、实践和反思，指导教师需要为师范生提供支持，为其创设有利于各领域能力成长的学习环境。师范生六大领域专业能力的形成机理各有特点，需要师范生和教师的协同配合。[①]

（五）外在影响研究：教师专业能力的培养、评价等的研究

教师专业能力形成，离不开外部环境的支持，因此，对教师专业能力培养的外在影响研究是重要内容。外在影响研究包括教育环境研究、专业能力评价研究等多个方面。

吴志华等认为，教师的专业能力是成就教师专业成长的支撑点，具有个体性、情境性、创新性、发展性的特点。师范生的教师专业能力的培养需经过由被动性习得过渡到主动性习得、由虚拟性实践过渡到现实性实践、由规定性发展向迁移性发展过渡、由实践的一般感受性向实践的反思性过渡的发展过程。高师教师教育专业课程的有效教学途径的根本在于为师范生创设一个情境化的教学经历和激励反思的教学策略。[②]

为促进中学教师专业发展，建设高素质中学教师队伍，2012年，教育部下发《幼儿园教师专业标准（试行）》、《小学教师专业标准（试行）》和《中学教师专业标准（试行）》等系列标准。这些标准从教师的专业理念与师德、专业知识、专业能力等维度对教师素质提出了要求，而这些要求成为教师

① 李家清，冯士季．论基于《标准》的职前教师专业能力形成机理[J]．教师教育研究，2013(6)：41—46.

② 吴志华，柳海民．论教师专业能力的养成及高师教育课程的有效教学途径[J]．教师教育研究，2004(3)：27—31.

专业能力培养的目标。如何将这些标准运用到教师的评价工作中去，更好地规范教师的教育教学活动，促进教师的专业发展，就是一个非常重要和迫切的问题。帅秋月从《中学教师专业标准（试行）》中的专业能力这一维度入手，对中学教师专业能力的评价标准、评价工具及手段和评价材料进行分析和设计，其研究成果能够为提高教师评价的科学性与可行性提供一些参考和建议。[①]

（六）应用研究：应用专业能力解决教育工作问题的相关研究

教育教学工作本质上是一种实践活动，教师专业能力要在具体教育教学实践工作中体现。例如冯利英认为影响小学生阅读能力培养的因素很多，其中教师的科研素质是重要因素。而科研素质是教师专业能力的重要方面。冯利英认为，教师具备较强的科研能力，可以使教师全面把握学生的阅读动态，正确掌握阅读方法，合理采取培养小学生阅读能力的措施。培养小学生的阅读能力，教师应具备激发学生阅读兴趣、培养学生阅读习惯的能力，掌握培养学生阅读能力的基本方法。而这需要教师自身具备较高的阅读教学能力。[②]

（七）现状调查研究：对能力研究的状况进行调查分析，发现问题，找寻对策

我国对教师能力的研究从 20 世纪 70 年代末开始逐渐增多，并且不断地从单一、宏观、非系统化向多角度、微观、系统化转变。对教师能力问题的研究进行较为全面的总结和分析，对于为深入研究提供平台以及促进教师能力发展，提高教师理论和实践水平，是十分必要的。

如卢正芝等对20 世纪70年代末到21世纪初期我国近三十年对教师能力的研究所取得的成果进行了论述，特别是对教师能力的结构、教师能力的水平状况、教师能力的形成与发展、教师能力构成要素与教育效果的关系、研究思路等方面的研究内容进行了梳理和评述，并对教师能力的理论

① 帅秋月.中学教师专业能力评价工具及手段研究[D].西安：陕西师范大学，2014.

② 冯利英.浅谈教师科研能力与小学生阅读能力的培养[J].河南教育学院学报（哲学社会科学版），2015(5)：51—52.

研究和具体实践作了展望。[①]

又如王丽珍等人,以"教师能力"为关键词,运用内容分析法,从论文的时间分布和空间分布两个大的方面对近三十年我国公开发表的关于教师能力的文献进行定量分析,并得出结论:我国目前关于教师能力的研究主要停留在理论层面,系统的可供实践操作的成果较少,关于教师能力评价与培训的研究成果则更少,没有符合我国特色的具有普遍推广意义的教师能力发展策略,且研究成果来源以高校居多;经济发展水平不同的地区,对教师能力的关注程度没有明显的差异;目前关于教师研究的论文主要发表在一般期刊与学报上,发表在专业期刊上的论文相对较少。王丽珍等在此基础上提出,关于教师能力的进一步研究应关注几个方面:找准教师能力问题研究的出发点,深化教师能力构成要素的研究,制定合理的教师能力标准,强调教师能力发展的实践研究,开发教师能力评价系统,开发高效的教师能力培训平台。[②]

二、教师专业能力的内容结构

教师要有序地、高效地完成自己的工作,首先要具有一位普通人正常生活的能力,然后是要具有教育教学能力,还需要具有管理方面的能力。教师专业能力的提升是一个动态发展的过程,教师作为终身学习者,还必须具备自我发展与学习的能力。要有效地解决教学中的问题,还需要教师具有研究者的思维与研究能力。有的教师在学校里还承担行政工作,这些教师还必须具备行政领导管理的基本能力。

以往教师专业能力的研究主要集中于教师的教育工作上。这里的教育工作包括一切教育活动组织实施工作、课堂管理工作、班级管理工作、学生德育工作等。由此,教师的教育能力内在地包括教学能力、管理能力、德育能力、教育能力、活动实施能力等。但教师首先应该是一个人,除去教育者这个身份外,也扮演着其他角色。于此,我们探寻教师专业能力有了一个

① 卢正芝,洪松舟.我国教师能力研究三十年历程之述评[J].教育发展研究,2007(2):70—74.

② 王丽珍,林海,马存根,等.近三十年我国教师能力的研究状况与趋势分析[J].教育理论与实践,2012(10):38—42.

全新的视角，这个视角就是从教师的角色出发。这个视角有两个基本假设：一是不同角色有共通的一些能力，但不同角色也有不同的能力要求；二是教师作为人，以及作为科研工作者、学习者、领导者所应具备的能力对教师教育工作也起着重要的支持作用。由此，教师专业能力则包含了教师作为人，以及作为教育工作者、科研工作者、学习发展者、领导者等角色的能力。

（一）作为人：生活自理能力

作为一个普通的人，教师必须具备正常的生活自理能力。生活自理能力是一个综合性概念，其包括身心健康管理能力、人生规划能力、环境适应能力、表达能力、人际交往能力、沟通能力、自我监控管理能力等多个方面。这些能力无疑是教育工作能力的奠基石。一方面，健康幸福的生活为教师教育工作提供支持与保障；另一方面，生活自理能力的提升，也会促进教师教育工作的提升。有的教师可能在教育工作中表现优异，但在处理生活问题时一团糟。试想，一个生活自理能力都有问题的老师，又怎么可能引导出未来能自食其力的孩子呢？

（二）作为老师：教育教学能力

教师的教育教学能力是教师专业能力的核心，是最为重要的能力，是必不可少的能力。教育教学能力是教师完成教育工作的保障，是教师这个职业区别于其他职业的能力结构。总体来说，教育教学工作包括教育信念系统建构、教育活动（包括学科教学、课堂教学管理、活动管理、德育工作、活动评价等）、班课管理、教育评价、教育研究等工作。这些都是教育工作的内容，但为了突出教师科研的重要性，我们在后文将单独介绍研究工作。因此，教育教学能力就包括理想信念建构能力、开展教育活动能力、班课建设（包括班课管理）能力、教研活动能力、教育评价能力几大部分。

1.理想信念建构能力

教师要完成教育教学工作，必须具备一定的理论基础、教育理念、教育信仰、教育知识。这些是构成教师教育工作信念的支持系统，是教师教育工作的驱动力与助推器。具体来说,理想信念建构能力包括教育理想建立能力、教育理论掌握能力、教育知识习得能力、教育信仰形成能力、教育理念建构能力、职业规划能力等。

2. 开展教育活动的能力

教育活动泛指所有有目的、有计划的指向学生发展的活动,包括学科教学、各种校内外活动、德育活动、活动管理、活动评价等。

(1)教育活动设计与实施能力

教育活动设计与实施能力包括理念建构、课程开发、教材开发、资源开发、学科知识习得、了解学生、目标设计、教学设计(制订教学计划,利用教学资源编写科学的教学方案,设计教育活动,处理教材等)、情境创设、环境布置、媒体应用、教学与活动的组织实施(激发学习兴趣,导入,运用多种教学方式展开教学,多媒体使用,技术应用,上课,提问与倾听,与学生有效沟通,言语表达,规范书写,练习,指导学生学习,板书,总结,反馈评价等)、作业管理(设计,布置,批改,反馈与评价作业)、培优补差等方面的能力。

(2)活动管理能力

活动管理蕴含在活动展开过程之中。活动管理能力包括两大部分,一是活动内部管理组织能力,二是外部协作沟通、寻求支持的能力。

①活动内部管理组织能力,包括建立良好师生关系,建立良好同伴关系,组织,协调,教学调控,突发事件处理等方面的能力。

②外部协作沟通、寻求支持的能力,包括同伴关系处理能力,与家长沟通合作能力,与校外社区沟通合作能力,校际活动整合能力等。

(3)德育能力

德育能力主要指教师的德育设计与实施能力,学生问题处理能力(问题行为处理,矫正不良行为),学生身心健康引导能力等。

(4)活动评价能力

活动评价能力主要指对学生参与教育活动的过程与结果进行评价的能力。主要包括激励赏识能力、评价判断能力(使用多种评价方式,引导学生自我评价,利用评价结果改善教育工作)、问题诊断能力、发展转化矫正措施建议能力、命题能力等。

3.班课建设能力

班课指班级、课堂两大方面,班课建设就是指班级建设与管理以及课堂建设与管理。班课建设离不开教育活动,班课建设也是为了教育活动效能发挥服务的,教育活动包含班课建设与管理,班课建设本质上也是一种教育活动。教师班课建设能力包括班级文化建设能力、组织建设能力、体制建设能力、场域建设能力、外部支持系统建设能力、班级活动实施能力、班级评价能力、引导学生自主优化与管理的能力、班级研究的能力等。[①]

4.教研活动能力

教研活动能力包括研课、仿课、备课、磨课、评课、上课、说课等方面的能力。

5.教育评价能力

教育评价能力包括课程评价、教学评价、活动评价、学业评价、学生评价与赏识激励等方面的能力。

(三)作为科研工作者:科研能力与创新能力

教师作为研究者,也必须具备一般科研工作者所必须具备的基本能力。

从研究的过程来看,科研能力包括研究问题收集能力、资料整理能力、文献综述能力、研究设计能力、方案撰写能力、实验设计能力、调查设计能力、案例分析能力、数据收集能力、数据信息分析能力、结论总结能力、经验提升能力、理论建构能力、撰文能力、成果推广能力等。

从研究的方式上看,科研能力包括课题研究能力、课例研究的能力、论文撰写能力、教学反思的能力、教学总结能力、创新能力、教育实验实践能力等。

(四)作为学习者:学习能力与自我发展能力

教师作为终身学习者、人生成长历程中的发展者、自我优化的主导者,需要不断学习,自我规划,自我投入与自我发展。所以教师还必须具备自

① 李方红.班级制度系统建设初探——基于生态学视角的分析[J].教育探究,2014(1):43—46.

我规划能力、身心健康管理能力、学习能力、师德优化能力、反思总结能力、资源管理能力(时间安排、合作求教、资源管理)、交流沟通能力、共事合作能力、探索研究能力等。

从自我发展的历程上看,包括前专业能力、专业意识及生成能力、专业调适能力等。

(五)作为学校中层或高层领导:领导管理能力

如果老师在学校里还担任行政工作,还必须具备一定的管理领导能力。这些能力包括组织能力、协调能力、管理能力、领导能力、做事能力、为人处世的能力等。

(六)作为其他办事人员:做事能力

教师在学校里可能还兼做一些其他工作,这些工作的完成需要教师具备一定的做事能力。这包括规划能力、沟通协调能力、组织能力、资源利用能力、人力资本积累能力、表达能力、总结能力、评价能力等。

(七)作为家长:家庭教育能力

除了教师角色,在生活中,教师也会扮演家长的角色。扮演好家长角色,要求教师具备一定的家庭教育能力,笔者以为,家庭教育能力包括打造资源、陪伴引导、榜样激励、民主自由、适时教育的能力等。

三、教师专业能力的培养

专业能力的形成,既包括汲取外部知识的过程,也包括实践经验积累的过程。教师专业能力不仅来自教师培训与学习,还可从教师的日常工作与生活中获得。也就是说,学习与培训只是教师专业能力的培养途径之一,教师的教育行动、教育研究、合作交流、观察都是教育专业能力形成的重要途径,也是教师专业能力培养的重要措施。

（一）知：学习与培训

知为行之始，知识是能力的内核与基础，知识通过实践可以转化为具体的行为能力，而具有知识也是能力的一种体现。可见知识的学习本身就是专业能力培养的重要途径。教师学习与培训是教师专业能力培养的重要途径。除了职前的系统学习，教师入职后的学习与培训也非常重要。首先，学校要重视教师的学习、培训，积极为教师提供校内、校外的学习、培训、参观、交流的机会。其次，作为教师，也应该具有主动学习的意愿，自主参加网络继续学习，主动积极地参加学校组织的各类培训学习活动。

（二）思：反思与总结

孔子曰："学而不思则罔。"反思就是对自己的行为进行自觉评价、诊断，发现存在的问题，并及时加以改正，总结自己好的一些做法，积累成功的经验。通过自我与他人的对比，找寻问题。通过今天与昨天的对比，分析差异。通过当今与古代，中与西的对比，打开思维。一个不知反思、不会总结的老师只会原地踏步，难以向前发展。

（三）研：研究

研究对于教师专业能力形成的重要性毋庸置疑。一方面只有通过学习研究方法，投入研究实践才能提升自己的科研能力，而科研能力是教师专业能力的重要组成部分。另一方面，通过研究，找寻解决教学问题的方法，为后续的教学实践积累经验与智慧。通过研究，改进自己的教学方式方法，提升教学效率。这个过程既是反思矫正的过程，也是能力发展、智慧积累的过程。

（四）事：教育活动与做事行动

教育工作是一种实践工作。教师专业能力要在具体的实践工作中才能体现与得到提升。因此，教师能力培养最为重要的途径还是在具体的工作中，在每天的做事行动中。只懂"纸上谈兵"，而无法解决教育实践中出现的实际问题，这样的教师必定不能提升自己的教师专业能力。教育实践工作即是检验专业能力高低的重要尺度,更是提升专业能力的重要途径。

(五)流:观摩、合作与交流

观摩、合作与交流也是提升教师专业能力的重要途径。所谓“他山之石,可以攻玉”,通过观摩他人的教育教学活动,借鉴他人的教育理念、教学方法,从而获得间接经验,提升自身专业能力。合作则让教师们能彼此相互学习,共同承担一些教育工作,同时相互借鉴,互学共进。孔子说,“三人行,必有我师焉”,就是这个道理。交流内含于合作中,同样是彼此相互学习的重要途径。

(六)活:身心与生活

可能很多人认为,教师的身心与生活跟教师专业能力的培养毫不相干。实际上,生活自理能力是教师专业能力的重要组成部分。一个生活自理能力强的人,往往具备很强的学习、组织、沟通、管理能力。这些能力与教师教育活动开展能力有相通之处,甚至可以说是教育工作能力的基础。一方面,良好的身心状况与较强的生活能力为教师教育工作的开展提供基础保障;另一方面,身心健康管理能力、生活自理能力的提升也会促进教师专业能力的提升。

第五节　累积良好的情感体验和累积自信一样重要

你是否因为一次公开课没有上好而对自己的能力产生过怀疑呢?在你的课堂教学中,你经常感觉愉悦、放松、享受、幸福吗?其实当过老师的人都知道,是否热爱教学,是否累积起愉悦、幸福、富有成就感的教育情感经验对自己的教学、自身发展都至关重要。专业情意就是教师在专业活动中的情感体验以及积累起来的情感个性。

对教师专业情意的研究,已得到越来越多学者的关注,成为教师专业发展研究的重要领域。教师专业情意伴随着教师专业发展研究、教师教育研究而生，是教师人生成长不可或缺的内容与组成部分，对教师信念系统、情感系统起着重要的作用，驱动教师自主投入教育实践。对专业情意的概念与内涵，研究者们尚未达成共识，这缘于专业情意的研究才刚起步。人们通过调查研究、文献研究、行动研究，探索教师专业情意的概念、内容、结构、影响因素、培养路径，形成了系列研究成果，但尚未有专业情意的专著面世，说明目前关于专业情意的研究还未成体系。①有研究者已经开始深入专业情意的个性化研究中，如不同学科、不同主体、不同地域、不同教师类型的专业情意研究。当前应该着力做的事是，关于专业情意的界定，其内涵与外延必须予以厘清，进而探索影响专业情意的主要因素，然后探索专业情意的提升路径，最后才是开展具体化的相关研究。下文对我国国内的相关研究进行了梳理，望能对以上问题提供一些薄见。

一、专业情意的研究综述

任何一项研究，对其研究现状的梳理都可以从研究的背景与针对性、已有研究的理论基础、研究的方法、研究的问题与主题、研究获得的主要成果、研究还存在的问题与未来研究展望六大部分来进行，进而把握该项研究的总体情况，为后续研究的深入提供参考。

（一）研究的背景与针对性

对专业情意的研究起源于人们对专业情意价值的认定。研究者们认为，专业情意对教师教育工作具有重要的驱动作用，教师在教育实践中是否有一个好的情感体验，直接影响到教师的工作状态。

随着教师职业专业化发展，教师专业发展这一概念被人们广泛应用，专业情意成为教师专业发展的重要内容，研究者们进一步探索专业情意的内容结构，影响因素与培养路径。专业情意成了研究热点，形成了系列研究成果，尤其是形成了一批硕士学位论文、博士学位论文。但目前各研究尚未对专业情意研究的基本结构达成共识。

① 药婧.我国教师专业情意研究综述[J].中国校外教育，2014(30)：55—56.

（二）已有研究的理论基础与研究方法

对教师专业情意的研究，采取最多的研究方法是调查研究法。通过调查了解教师专业情意的现状，发现其问题，进而有针对性地解决问题，是此类研究共通的研究思路。问卷调查、访谈、观察等方法是常用的手段。

叙事研究能深入教师的真实生活，通过叙事记录的方式，再现教师的工作状态，进而利用记录的文本分析教师的专业情意。这是一条研究专业情意的重要途径。有研究者就利用语文教师所写的成长自传，采用文本编码的方法，揭示优秀语文教师在专业情意方面的优良品质，进而探寻这些优良品质在教师专业自主发展道路上的重要作用，为教师专业发展提供参考。[①]还有研究者，在自然情境下，从研究对象的视角，用研究对象的语言、理念等去诠释其教育教学生活中所发生的事件，解读研究对象眼中的生活与行为意义，对教师专业情意发展问题进行研究，从而为探索如何培养高素质教师提供生动的个案。

除此之外，个案研究（如不同学科、不同地域、不同教学形态、不同教师类型）中的专业情意研究也非常多。对国内外不同区域、不同主体（如普通教师与优秀教师）的专业情意对比研究也正在兴起。这些研究方法与调查研究法、叙事研究法一起，成为专业情意研究的重要方法。

（三）研究的主题与主要成果

研究者们在近十几年的专业情意研究中，重点对以下一些主题进行了深入的研究，形成了系列研究成果。

1. 专业发展与专业情意的关系

教师专业情意是教师专业发展的核心内容，专业情意低迷直接导致专业发展水平的低下，教师专业发展问题不光是专业的问题，也是教师教育“生活化”体系，完整生命成长的问题。[②]

教师专业发展是教师专业知识、专业技能、专业情意、专业自主、专业

① 何丽丽. 优秀语文教师的专业情意研究[D]. 北京：首都师范大学，2004.

② 陈会忠. 生活化：当代教师教育的缺失[J]. 高等师范教育研究，2003(2)：63—67.

价值观、专业发展意识由低到高,逐渐符合教师专业人员标准的过程。[①]

专业自我有别于专业情意,专业情意具有情感性。

专业素质是教师专业发展的核心,也是提高教学质量的前提和关键。专业情意是教师专业素质的重要组成部分,对教师教学行为具有显著的指向和调节作用。[②]

良好的专业情意能够推动教师专业发展,反之,将严重制约教师专业素质的发展。小学教师的专业情意状况,关系教师队伍的稳定,影响教师专业发展和教育教学工作的质量以及新课程改革的效果。[③]

综上,教师专业情意越高,专业发展的能力就越强,专业参与和表现就越好。[④]

2. 专业情意的概念与内涵

教师的专业情意是教师专业行为的心理倾向。它比一般心理学意义上的意愿、喜欢、向往的态度有更深刻的含义和更高的境界,“是基于对所从事的教师专业价值、意义深刻理解的基础上形成奋斗不息、追求不止的一种精神”[⑤]。可见,这里把专业情意主要理解为教师的一种精神面貌,未涉及理想、自我、情绪体验等方面。

专业情意是小学教师专业素养结构中重要的组成部分,是推动教师专业成长,提高教育教学质量的内驱动力系统。有人把专业情意看成是一种驱动力[⑥],是教师必备的专业素养,在教师素质结构中占有重要地位。它与专业知识、专业技能共同指向人的发展,贯穿于人才培养的全过程,并且以其独特的方式呈现出本质性、弥散性、同步性和互融性等特点。[⑦]

教师专业情意是教师对教育事业的情感、态度与价值观的融合,是教师专业行为的心理倾向,是教师职业道德的集中体现,也是教师专业发展的

① 陈朝晖,谢羡.教师专业发展的有效途径:参与校本课程开发[J].陕西理工学院学报(社会科学版),2006(1):87—89.

② 徐永红.乌鲁木齐市维吾尔族中学化学双语教师专业情意现状研究[D].乌鲁木齐:新疆师范大学,2010.

③ 王燕霞,严弋琴.小学教师专业情意状况调查与分析[J].江西教育学院学报(综合),2006(3):126—128.

④ 王淑芬.论教师专业情意及其培养[J].江苏教育研究,2010(34):46—50.

⑤ 冉玉霞.新课程背景下的教师专业情意体现探析[J].牡丹江教育学院学报,2006(5):100—101.

⑥ 陈书洋.当代小学教师专业情意的分析研究[D].苏州:苏州大学,2007.

⑦ 王淑芬.论教师专业情意及其培养[J].江苏教育研究,2010(34):46—50.

精神支柱和根本动力。它包括专业理想、专业情操、专业性向和专业自我四个方面。我们认为,专业情意是情感、态度与价值观的融合,是教师事业发展的动力。把专业理想与专业自我纳入专业情意的内涵之中,便构成了广义上的专业情意。但大多数研究者更倾向于将专业情意聚焦到情感、态度、专业行为心理倾向这样的狭义范畴上来,而将专业理想、专业自我单列出来,与专业情意一起构成教师专业素养的重要组成部分。

综上,在对专业情意概念与内涵的界定上,有两种范畴,一是广义的范畴,把专业理想、专业情操、专业性向与专业自我都纳入专业情意的研究范畴之中。另一种是狭义的范畴,主要指教师专业行为的心理倾向、行为中的情感体验等。本节采取狭义的概念界定,将重点聚焦到情感体验、专业性向、自我发展意识等内容上。

3. 专业情意的价值

专业情意主导着教师行为的产生,是教师专业发展的动力源泉。可见,要想实现专业知识和专业技能的提高,必须以专业情意的发展为前提。[①]

有研究者认为,教师专业情意与教育专业化具有同等的价值。以数学学科为例,数学教师专业化的内涵包括数学教师数学专业化、数学教师教育专业化和数学教师专业情意。数学教师专业情意在数学教学中对激发学生学习数学的兴趣和动机、营造数学学习环境、提高数学成绩、完善学生个性、塑造学生人格、优化情感品质、提高数学认知加工水平等方面均有重要价值。[②]

可见,从教师发展的角度看,专业情意不仅是教师发展的动力源,而且是教师职业幸福感的催化剂。

4. 专业情意的内容结构

教师专业情意包括专业理想、专业情操、专业性向和专业自我四个方面。按照这四个方面的综合表现,从质的规定性来分析,教师专业情意的发展水平大体可分为混沌水平、理想水平和道德水平。[③]智慧型教师的专

① 常乐乐.民办幼儿园教师专业情意发展现状研究——以长春市为例[D].长春:东北师范大学,2013.

② 王子兴.论数学教师专业化的内涵[J].数学教育学报,2002(4):63—67.

③ 童云飞,刘桂林.论教师专业情意的发展水平[J].临沧师范高等专科学校学报,2010(4):88—91.

业情意要具备“核心美德”的六个方面：智慧与知识、勇气、人性、正义、节制、超越。这六个方面贯穿于教师的自我成长过程、学校对教师的培训工作等，也是教师职业规划必要条件。[①]

在具体学科方面，有研究者对优秀语文老师的专业情意进行了分析，认为教育信念与理想、教育情感、教师的意志品质、教师的自我意识是专业情意的重要内容，普通教师要想从平庸走向优秀，必须注重知与情的和谐发展、树立崇高的理想与信念，走自我更新取向的专业发展道路。[②]

5. 专业情意的影响因素

周莉对苏州市小学教师专业发展状况的调查显示，“苏州市小学教师在专业发展的显性指标如学历、在职进修率、教科研参与率等方面取得了显著进步，同时也暴露出教师教育和管理上急功近利，忽略教师专业内修品格的发展与完善，致使教师专业情意发展严重不足；教师专业发展缺少良好外部支持，表现为职前职后教育缺乏成效，教师发展与学校发展相脱节，管理方式落后，教师普遍工作负担过重等不足。而这些不足反过来又妨碍了教师专业化进一步发展”[③]。

张丹根据研究对象对自身成长的回顾，分析其专业情意的养成根源，“包括对研究对象个人因素的分析，从成长历程、生活理念、反思意识、文化底蕴、教育观、学生观六个方面加以阐述；对研究对象环境因素的分析，从成长中的重要他人、新课改的实施、语文教研组的文化建设、校际交流与专业引领的熏陶作用四个方面论述，追溯其教师专业情意的形成过程”[④]。

还有研究者进一步揭示了专业情意发展的规律，各种因素对专业情意的影响。教师专业情意在职业生涯的发展过程中经历了高潮，低谷，再逐渐回升并趋于平稳。教师专业情意的发展是一个缓慢提升的过程，支持因素对它的影响不显著；专业自我受支持因素的影响显著。专业情意发展水平高的教师群体受外界因素影响不显著；专业情意发展水平一般和较好的

① 董国洪. 以“阳光心态”构建智慧型教师专业情意[J]. 亚太教育，2015(29)：131.

② 何丽丽. 优秀语文教师的专业情意研究[D]. 北京：首都师范大学，2004.

③ 周莉. 教师作为研究者：现状及对策——苏州市小学教师专业发展状况调查及启示[D]. 苏州：苏州大学，2002.

④ 张丹. “我以我心付童心”——一位小学语文教师专业情意的叙事研究[D]. 西宁：青海师范大学，2012.

教师群体受外界因素的影响显著。初任教师是学校的新生力量，社会、组织、群体和家庭支持对他们的影响显著；资深教师是学校的核心力量，他们在单位是骨干，因此，他们更需要来自社会、群体和家庭的支持。专业情意整体发展水平的高低，取决于教师专业自我的发展水平，教师在发展过程中，专业自我得不到接纳与肯定，专业情意发展水平较低；专业自我深受支持因素的影响，呈中度相关关系。[①]可见，教师专业情意发展呈现出高低往复并最终趋于稳定的动态发展形态，是一个缓慢的提升过程，社会、家庭、组织、群体的支持异常重要，特别是对于年轻教师而言，这些外界因素发挥了重要的作用。专业自我的发展水平更是专业情意的重要决定因素。

6.专业情意的培养

陈书洋的研究发现，相当一部分小学教师专业情意低迷，对待工作和学生缺乏热情，自我职业认同程度较低，自主专业发展意识不强。他从建立社会支持网络、改进学校管理方式、改善教师自身职业心态三方面提出提升小学教师专业情意的对策与建议。[②]改善小学教师的待遇，加强人文关怀，重建教师评价制度，也是提高小学教师专业情意的重要措施。[③]还应实施提升教师的自身认同感、构建学习共同体、实施民主的学校管理及具有人文关怀的教师培训等策略。[④]

有的研究者认为，提高教师的专业情意，一方面要立足于教师专业情意的自我培育：注重学习，以知育情；注重反思，以思育情；注重实践，以行育情。另一方面要做好专业情意的外部保障：加强职前职后的情感培育，营造和谐的校园文化，构建科学的激励机制。[⑤]专业情意呈现的是低—高—低—低这样的过程。因此，提高教师的专业情意，既要考虑教师的个体因素，又要考虑其他因素对教师专业情意的影响，以促进教师的专业发展。[⑥]

也有研究者对幼儿园教师的专业情意进行了调查，发现影响教师专业情意发展的因素来自社会、幼儿园、教师自身三个方面。研究者从这三个

① 韩慧宇.延边地区初中教师专业情意发展与支持因素相关研究[D].延吉：延边大学，2012.

② 陈书洋.当代小学教师专业情意的分析研究[D].苏州：苏州大学，2007.

③ 王燕霞，严弋琴.小学教师专业情意状况调查与分析[J].江西教育学院学报(综合)，2006(3)：126—128.

④ 刘璐.教师专业情意的意蕴阐释与实践建构[J].现代教育科学，2014(7)：96—98.

⑤ 王淑芬.论教师专业情意及其培养[J].江苏教育研究，2010(34)：46—50.

⑥ 韩慧宇.中小学教师专业情意发展探究[J].延边教育学院学报，2011(2)：30—36.

方面提出了重视民办幼儿园的作用，支持民办幼儿园的发展，幼儿园严格把控教师准入制度，积极构建学习型环境氛围，教师须树立终身学习理念等建议。[①]

二、专业情意的内容结构：基于布鲁姆教育目标分类学的认识

我们将专业情意定义为，教师专业行为的心理倾向、个人行为的驱动力、在专业行为中形成的情感体验等教师职业活动中的情感与意向的总和。教师专业情意不同于专业理想，不同于专业自我。专业理想主要指个人的专业价值观、奋斗目标，是先于专业行为而存在的，并在专业行为中得到深化。专业情意是基于专业行为活动的一种情感体验与意向生成。专业自我则是经历了长时间的积累而形成的教师个人的自我形象、专业风格、自我概念等。也就是从时间历程上看，理想是一种前验性的文化存在，情意则更多指向过程，自我则是前两者长期积淀的自我感觉。

综上，教师专业情意更多地指向教师情感与意志、行为心理倾向，主要着眼于教师教育行为的动态历程，也包括短期内形成的一种情感体验。于此找到一个视角去分析专业情意的内容结构势在必行。戴忠恒将人的情感目标分为"接受、反应、价值评估、组织、价值或价值复合体之性格化"[②]等几个主要类别，且阐明了其从低到高的发展过程。迁移到教师专业情意中，教师在专业行为中与行为后的情意体验也应该是接受、反应、评价、组织、性格化的过程，也就是说，教师专业情意从低到高应包括情感体验、精神面貌、意志品质、专业情操（情趣）、专业性向、发展意愿、情怀信念等内容。

（一）情感体验

情感体验是最低级的专业情意，是教师在专业行为活动中的情感状态，是教师短期内的情意体验与累积，包括行为认同感、愉悦感、成就感、效能感、幸福感、职业崇高感。外在的表现是教师的职业热情、工作热情、情绪

① 常乐乐．民办幼儿园教师专业情意发展现状研究——以长春市为例［D］．长春：东北师范大学，2013．
② 戴忠恒．情感目标的分类及其测量方法［J］．心理科学，1992（3）：35—41．

稳定、心情甚好等。优秀的教师在完成教育活动后往往会心生愉悦，感到享受，充满成就感，这驱动他更好地投入下一次教育行为活动。好的情感体验会让教师工作充满激情，对学生充满关怀，对教育事业满怀信心，在生活中也能劳逸结合，从而幸福地工作与生活。

（二）精神面貌

如果说情感体验更多地指向教师的专业行为过程情意的话，精神面貌则是教师一段时间内的情意表现。精神面貌是用来形容一个人对待事物或者是对待事情的态度。一个精神面貌良好的教师往往做事尽心尽力，踏踏实实，态度上非常认真，努力。而且能笑颜应对工作中的困难与挫折，对待他人宽厚仁慈，能形成利于自身发展的积极归因。良好精神面貌的外在表现就是充满力量，生活作息规律，做事有理有节，能高效地完成各种工作，应对各种挑战。

（三）意志品质

意志品质是指构成人的意志的诸因素的总和。主要包括独立性（自觉性）、果断性、坚持性（坚忍性）和自制性。意志品质是教师在专业行为活动中长期积累的一种情意体验，受到情感体验、精神面貌的影响。坚毅的意志一旦形成，又会成为一种个性品质，反过来影响、驱动与监督个人的专业行为活动。意志品质好的教师往往能自觉投入专业发展与教育工作中，不畏困难，不畏曲折，不畏人言，坚持不懈，尽心尽力地把事做好。

（四）专业情操（情趣）

情操是指由感情和思想综合起来的，不会轻易改变的心理状态。它是以某种或某类事物为中心的一种复杂的、有组织的情感倾向，如求知欲、爱国心等。在心理学中曾有人把情操分为求知、审美、道德、宗教四种；"在现代心理学中常把人的复杂情感称为高级情感，并分为理智感、道德感、美感等三种。作为一般语调时，情操指情感和操守的结合"[①]。情趣，指性情志

① 朱友冬.气质是这样炼成的[M].北京：中国商业出版社，2008：175.

趣或情调趣味。情趣有高雅低俗之分。高雅情趣是健康、科学、文明、向上的情趣。它符合现代科学和文明的要求，也符合社会道德和法律的要求。它体现了一个人对美好生活的追求、乐观的生活态度和健康的心理。低俗情趣是平庸鄙俗、不高尚的情趣，它会使人经受不住不良诱惑，贪图安逸享乐，不思进取，精神颓废，不利于身心健康，甚至可能成为犯罪的重要诱因。

教师高尚的情操与高雅情趣能促进教师爱真、致美、达善，能有效促进教师教育工作的开展和自身的人生成长。有高尚情操和高雅情趣的教师往往有自己的追求与目标，具有良好的审美观，生活健康向上。如有的老师喜欢阅读，有的喜欢锻炼，有的喜欢听音乐，有的喜欢看话剧。这些高雅健康的情趣是值得提倡的，是能促进教师身心健康发展、专业发展的良好情操情趣。

（五）专业性向

教师专业性向指教师的专业行为选择倾向，是一种短时期内较为稳定的心理倾向。其受到情感体验、精神面貌、意志品质等的影响。有的教师能自主投入到教育工作中，热爱教师岗位，热爱学生，乐于参与各种教研活动；有的教师则职业倦怠感非常强，得过且过，甚至想到离职跳槽。专业性向越高，教师越愿意参与到专业行为活动中，表现往往也越好，越能适应教育工作环境，进而享受其中的乐趣。

（六）发展意愿

优秀的教师往往具有很强的自我发展意识和自我认知能力，能积极关注自我发展，自觉更新知识结构，自主提升专业素养。在遇到各种诱惑时，也能理性对待，自觉抵御不良诱惑，不断修炼，不断向前，不断提升自己。发展意愿是教师长期的专业情感体验、情操情趣、专业性向积累的结果。如果教师有良好的专业情感体验，高尚的情操情趣，专业性向发展得好，则其往往具有很强的自我发展意愿，反之，其自我发展意愿则较弱。

(七)情怀信念

比发展意愿更高的情意层次是情怀与信念。情怀就是一个人综合的、高层次的情趣与意志,有情怀的教师往往能眼光向前,坚持不懈,不断探索,心系天下,心牵教育,对教育本身具有强烈的价值认同,拥有良好的职业心态,能主动适应角色定位,对学生的生命价值给予深切关注。信念是意志行为的基础,是个体动机目标与事业整体长远目标的统一,没有信念人们就会缺乏意志,更不会有积极主动的行为。信念是一种心理动能,其能激发人们潜在的精力、体力、智力等各种能力,以实现与基本需求、欲望和信仰相应的行为志向。一个有信念的人,其外在表现就是充满自信,坚定不移,充满期待,不畏困难,富有正义感,敢于尝试,充满智慧。

三、专业情意的培养

在专业情意的培养上,通过多方合力,为教师积极的情感体验供给资源,提供支持,注重激励导向,具有非常重要的价值。

(一)主体自主:学、思、行、感、化、累

教师专业情意的调整、优化最为关键之处还在于教师自身。

注重学习,以知育情;通过反思,以思育情;投身实践,以行育情;[①]切身体悟,以感育情;有效转化,以化育情;积极积累,以累育情。教师通过加强自身学习与修炼,能形成科学、健康、向上的工作态度,进而自主投入工作实践中,并在实践中提升自己的能力。有了较强的专业素养,能力得到提升,便能轻松应对各种挑战,在工作中逐渐积累起个人的积极情感体验,进而形成良好的专业情意,促进自身人生成长,服务学生全面发展,为教育事业发展献计献力。

(二)学校支持:政策、文化、引领、管理、待遇、评价、关怀、交流

学校应该在政策上给予教师专业情意发展以支持,促进教师专业认同,

① 王淑芬.论教师专业情意及其培养[J].江苏教育研究,2010(34):46—50.

形成积极的情感体验。在文化建设上,构建起和谐、民主、轻松的工作氛围非常重要,学校长期积淀的优秀文化传统也能净化教师心灵,促进教师自我文化觉醒与生命投入。同时,学校应该下大力气、大投入,开展各式各样的培训、学习、交流与分享活动,促进全体教师在专业、能力上共同发展,携手共进。教师专业能力是专业情意的重要抓手,一个人一旦有了高水平的效能感,便能自主投入工作中,轻松应对各种挑战,形成积极的成就感与幸福感。所以,在专业引领与专业发展支持上,怎么强调、怎么重视都不为过。民主、人性化的管理往往能让教师获得一种学校主人翁意识,对他们专业情意发展的作用不可小觑。

同时,应该看到,教师工作压力的缓解对专业情意的发展影响非常大。学校应该科学、合理地核定每位教师的工作量,不光为学生减压,也应该让教师力能从心,不至于心力交瘁。良好的待遇对于教师职业认同感与生活幸福感的影响不可忽视。

最后,建立科学、合理、激励性的教师评价机制对教师专业情意的优化至关重要。好的教师评价体系能充分发挥评价的导向、激励、反馈、指导作用,能促进教师自我反思,自我改造,自我提升。激励性的教师评价有利于提升教师的个人自尊、效能感。在合理评价的基础上,应该给予教师人文关怀,让教师感受到家的温暖,共同描绘人人爱校、人人建校的美丽图景。

(三)社会助推:家庭支持、他人疏导、文化氛围、舆论导向、资源支持

教师专业情意的主要产生场域在学校,在课堂,在教师的教育活动中。但也不能忽视社会、家庭等对教师专业情意发展的重要作用。一个温馨和睦的家庭能让教师在工作之余尽享人世亲情,在遇到困难时也能获得体谅、支持与鼓励。教师在遇到挫折时要及时与亲友分享,他人的疏导能让教师获得内在的力量,开启下一次美好的旅行。社会上应该营造一种“尊师重教”的氛围,切忌将个别教师的不雅举止、道德问题推及整个教师群体,进而削减教师的公信力。科教兴国,教育为本。对教师不尊重,就是对未来不尊重。社会应给予教师适当的资源支持,如社区图书馆可以向教师

适当放宽借阅条件，各种基地、景点可以为教师提供门票优惠，等等，让所有教师感受到社会对其的尊重。培养教师为教育事业奋斗终生的使命感与志向，本质上也是对社会的最好回馈，因为未来一代的素养是一个社会未来发展的关键。

第六节　做一个有智慧的老师

在一次课堂上，你发现一位同学不听课，为了“惩戒”他，让他认真听课，于是你把他叫到了讲台前，但他上了讲台依然做小动作，引起全班哄堂大笑，你该如何处理呢？班里两个孩子，一个笑话对方脸长得方，一个笑话对方脸长得圆，因为相互笑话对方的长相而动了手，你是班主任，又该如何协调与教育呢？教育教学中存在诸多无法预料的新问题等待着教师去解决，仅仅拥有知识、经验还不够，还需要教师形成分析与解决问题的能力，并不断修炼自己的教育智慧。

在现实的教育实践中，不管你是新教师还是有经验的老教师，都可能会碰到一些突发的新问题。遇到这些突发的新问题，你该怎么做？我们把教师处理各种突发事件的能力叫作教育机智。同样的，在同课异构活动中，你会发现同一知识点，有的老师讲得深入浅出、生动有趣，但有的老师却照本宣科，讲得枯燥无比。我们认为前者有高超的教学艺术，或者说他们很有教学智慧，善于重构课程，活化教学，提升学习效果，但要我们言明他们的做法时，好似也无从谈起。教育机智、教学智慧都是教师专业智慧的内容，但教师专业智慧的内容不是只有这些。下文将针对此主题，对国内现有的研究进行梳理，并着力建构出一个系统的、生态化的教师专业智慧内容结构，并从生态学的视角出发，提出修炼教师自身专业智慧的路径与办法。

一、教师专业智慧的研究现状

以CNKI数据库为文献平台，笔者经过梳理发现，正式提出教师专业智慧这一概念是在2005年前后，但研究者此时仍然将专业智慧与教师的教育智慧等同起来看待。

教育智慧的研究则始于更早些时候。“20世纪70年代以来，西方教育理论研究逐渐由探寻所谓的‘教育规律’，转向了探究教育情境中的教育意义，教师在教学实践中独特认知的合理性极大地得到了肯定。我国教育研究者则越来越倾向于用教师的‘教育智慧’这个概念来概括教师个人在实践中独特的认识和创造性的行动。”①从20世纪90年代开始，我国对教育智慧进行了深入的研究，对教育智慧的概念、内容、生成机制、影响因素、培养等主题进行了较为系统的研究，并取得了系列研究成果。同时还对与教育智慧相关的主题，如教师智慧、教学智慧、教学机智、教育机智等进行了研究。与此同时，随着教师专业化、教师专业发展等研究的兴起，加之智慧这一概念并不仅存在于教师的教育教学领域，因此，专业智慧的概念被人们提了出来。一是专业智慧构成了教师专业素养、教师人才素质的核心内容；二是“专业智慧”用于描述教师在专业行为过程中表现出来的高超的、缄默性的、创新性的解决问题的综合能力，比“教育智慧”更为贴切；三是专家与新手教师的对比研究，为人们探究教师专业成长提供了一条新的途径，那就是将专家的专业智慧“外显化”；四是教育工作中各种问题的广泛存在与教师素养较低、不能很好地解决这些问题的矛盾也让专业智慧的研究成为需求。故此，专业智慧进入了研究者的视野。研究者开始了对专业智慧较为系统化的研究。目前关于教师专业智慧的概念、内容、生成机制、培养等的研究依然不够深入，这是任何主题的研究在初期阶段的特点。不过，近年来，通过研究者们孜孜不倦地努力，还是收获了一些可喜的成果。随着教师教育与教师生命关照越来越成为研究者们乐于探究的主题，教师专业智慧也必将成为研究的热点问题，在未来将会收获更加成体系的研究成果。

① 张冬玲.教育智慧与教师成长[D].武汉：华中师范大学，2008.

（一）教师专业智慧的概念与内涵

智慧是指辨析判断和发明创造的能力。能力指做事的才能和力量，办事的本领，能胜任某项任务的条件，是掌握和运用知识技能所需的个性心理特征。可见，从层次上来说，智慧指向一种创造性、高层次的辨析能力。

那什么是教师的专业智慧呢？先看看研究者们对教育智慧的界定。教育智慧是对教师生命关怀的诉求，是教师对教育本质和规律的深度理解力，在教育教学实践中，运用已有的知识、经验判断和选择最适宜的问题解决方式，用超越的眼光看待教育发展的可能性，创造性地解决教育实践中的“不确定性”的问题。①这一定义对教育智慧的内在本质进行了概述，即选择最适合的方式，解决不确定的问题。但教育智慧仅局限于解决不确定的问题吗？显然不是，教育智慧还应该包括创新性地、高效地开展常规的教育教学活动。

卢芳认为：“教育智慧是一种教育境界，是人们在对教育理解的基础上所达到的一种理想的境界，是合乎教育和人的自由、和谐和可持续发展的真理性认识。教育智慧表现为对教育的整体把握和应对复杂教育情境的综合素养，它不仅是一种文化现象和心理情感，同时也是人们追求真善美和美好教育生活的生存方式。……教育智慧关注的是教育的发展，社会的发展和人的发展，是以动态发展的眼光审视教育，审视人生的。”②韩大林认为，教师教育智慧是教师对教育世界和教师人生的真理性认识，表现为应对复杂教育情境的综合素养，具有知识性、实践性、价值性、整合性和体悟性的特点。③他们将教育智慧定义为一种教育理想境界，指出教育智慧是一种教育真理性认识，表现为综合素养，却没有对教育智慧所包含的内容进行剖析。

“那些反映教育本质的教学就是有教育智慧的教学，教育智慧是对教育本质的理解。”④这一定义将常规教学纳入了教育智慧的视野，但又忽视了智慧与能力的区别。我们很难说，一个拥有高超教学技能的人就没有对教

① 郭晓娜.论教师的教育智慧[D].重庆：西南大学，2007.

② 卢芳.教育智慧生成机制探究[D].曲阜：曲阜师范大学，2008.

③ 韩大林.教师教育智慧的涵义、基本要素及生成[D].呼和浩特：内蒙古师范大学，2006.

④ 曹正善.叩问“教育智慧”[J].教育理论与实践，2007(9)：6—9.

育本质的理解。

教育智慧是良好教育的一种品质，表现为教育的一种自由、和谐、开放和创造的状态。教育智慧在教育教学实践中主要表现为教师对于教育教学工作的规律性把握、创造性驾驭和深刻洞悉、敏锐反应及灵活机智应对的综合能力，[①]是教师专业素养的一种新境界。[②]教师教育智慧具有个体性、情感性、科学性、缄默性、审美性和创造性六大特征。教育智慧是联结教育理论与教育实践的关键中介因素。具有较高教育智慧水平的教师能在复杂多变的教育情境中，有效地解决和应对各种矛盾和问题，并引领教育实践活动朝着“好”的方向发展。不同于一般的知识和技能，教育智慧是难以言传和习得的，只能由主体自身在实践中动态生成和发展。教育智慧不仅具有一般智慧都具有的价值性、实践性、主体性、情境性等本质层面的特点，而且还具有独特的不可言传性、个体独特性、动态生成性、直觉顿悟性和复杂层次性等表现层面的特点。[③]教育智慧既表现为真正意义上的尊重学生、关注个性、追求人生的幸福境界，又表现为一种举重若轻的气度和化难为易的教学艺术。[④]这一系列论述对智慧的本质内容进行了说明，反映了智慧是一种综合能力，并对教育智慧的特点进行了总结。

综上，教师专业智慧指教师在专业活动(主要是教育活动)中的一种合乎教育本质规律的自由、和谐、高效、开放和创造性的理想行为境界与状态，是教师对于专业行为的规律性把握、创造性驾驭和深刻洞悉、敏锐反应以及灵活机智应对问题的综合能力。它能引领专业行为朝着“好”的方向发展，更好地服务于学生、自身、学校与社会，表现为一种举重若轻的气度和化难为易的高超的专业能力与教学艺术。

(二)教师专业智慧的内容结构

对于教师专业智慧内容结构的研究目前尚是空缺的，但对教师教育智慧内容的研究形成了一系列成果，代表性观点如下：

① 田慧生.时代呼唤教育智慧及智慧型教师[J].教育研究，2005(2):50—57.

② 李彦丽.教师教育智慧的表征与生成[D].石家庄：河北师范大学，2006.

③ 张冬玲.教育智慧与教师成长[D].武汉：华中师范大学，2008.

④ 肖远骑.教育智慧刍议[J].教育研究，2015(4):100—103.

对于初入职的新教师来说，教育智慧最主要的两个内容就是提高教学效果和处理与学生的关系。[①]

教师教育智慧可按不同角度进行分类，按获取来源分为教育理论智慧和教育实践智慧，按发展进程可分为经验型教育智慧、科学型教育智慧和风格性教育智慧。[②]

从不同的维度可以把教育智慧划分为：教育理论智慧和教育实践智慧、显性教育智慧和隐性教育智慧以及理性教育智慧、德性教育智慧和诗性教育智慧。教师教育智慧具有个体性和普遍性相结合、理论性和实践性相结合、显性和隐性相结合、创造性和实用性相结合以及道德性和审美性相结合等特点。[③]

教师教育智慧以理性教育智慧为核心，以价值教育智慧和实践教育智慧为两翼，三者和谐统一。其中，理性教育智慧是认识基础，价值教育智慧是动力支柱，实践教育智慧是集中展现。理性教育智慧追求教育真，包含教育意识、教育思维和教育理智。价值教育智慧追求教育善，包含教育情感、教育意志和教育信仰。实践教育智慧追求教育美，包含教育能力、教育机智和教育艺术。[④]

（三）教师专业智慧的生成

教育智慧的形成不是依靠天赋，而是来自后天的训练，其并非掌握一种单纯的技巧，而是植根于对教育事业的忠诚、对学生浓厚的师爱，构筑在强烈的事业心与责任感的基础之上。教育智慧在很大程度上取决于教师本人的思想素质和业务素质，取决于教师热爱学生和全心全意献身于教育事业的赤诚之心。[⑤]

智慧不像知识一样可以直接传授，但它需要在获取知识、经验的过程中经由总结、反思而不断得到开启、丰富和发展。智慧型教师的教育智慧是教育科学与艺术高度融合的产物，是教师长期实践、感悟、反思的结果，是

① 张冬玲.教育智慧与教师成长[D].武汉：华中师范大学，2008.
② 李彦丽.教师教育智慧的表征与生成[D].石家庄：河北师范大学，2006.
③ 郭晓娜.论教师的教育智慧[D].重庆：西南大学，2007.
④ 韩大林.教师教育智慧的涵义、基本要素及生成[D].呼和浩特：内蒙古师范大学，2006.
⑤ 肖远骑.教育智慧刍议[J].教育研究，2015(4)：100—103.

教师多方面素质个性化的综合体现。而传统的经典教学体系的束缚、教学改革和教育科研的功利性取向、教师的习惯工作方式等因素影响了教师教育智慧的生成。[①]影响新教师教育智慧发展的因素包括学生的素质特点、教师自身主动性、教师评价标准以及教育行业传统。[②]

有研究者进一步指出,教育智慧生成的内在条件包括:爱——教育智慧之灯,人格——教育智慧之依托,教育观——教育智慧之理论支持,知识储备——教育智慧之基石,实践反思——教育智慧之促成因素,成为研究者——教育智慧之生长点。[③]

教育智慧外部与内部各因素在矛盾冲突的过程中逐渐相互理解,达成共识,主体的教育理解力与其理解对象互相融合,就是教育智慧生成机制。

影响教育智慧生成机制的因素主要有:客观因素,如历史文化、社会变迁和教育制度;主观因素,如对教育本质的理解、对教育智慧基本要素及其关系的理解和教育实践活动。教育智慧生成机制是教育智慧内外部矛盾运动的结果,教育智慧生成机制实际是通过处理教育智慧的矛盾来实现的。因此,对教育智慧生成机制的研究要求必须解释教育智慧本身所蕴含的内在矛盾结构,要求必须寻找到影响教育智慧生成的外部因素和内部因素在教育智慧矛盾运动过程中的契合点。这个契合点就是理解,即在矛盾冲突中,不断反思、不断实践和不断理解的过程中对教育智慧达成共识。[④]这说明教育智慧关键在于理解教育本身的规律、教育智慧内在要素的关系、教育对象的特点以及教育实践活动。

可见,大多数研究者都确信,教师教育智慧并非不可训练,而是可以在实践中反复修炼、锤炼的一种综合能力,其主要的生成机制在于对教育事业高度的忠诚与热爱,是通过反复的总结反思,不断丰富和发展起来的。

(四)教师专业智慧的培养

教师专业智慧的培养离不开理论学习与教育实践。[⑤]反思性教育实践

① 田慧生.时代呼唤教育智慧及智慧型教师[J].教育研究,2005(2):50—57.

② 张冬玲.教育智慧与教师成长[D].武汉:华中师范大学,2008.

③ 刘吉林.试析教育智慧的生成特性及生成的内在条件[J].课程·教材·教法,2009(9):31—35.

④ 卢芳.教育智慧生成机制探究[D].曲阜:曲阜师范大学,2008.

⑤ 贵阳市南明区教师进修学校.培植教师“专业智慧”的绿色师训[J].贵州教育,2005(22):23—24..

是教师形成教育智慧的有效途径。对课堂教学案例细节的分析和研讨有助于促进教师专业智慧的生成。①

学校创设各种条件,构建和谐的学习发展文化对教师专业智慧的培养也起着重要的助推作用。教育智慧的形成还需要获得制度环境的支持。学校应完善管理制度与评价制度,为教师教育智慧的形成创设良好的氛围。②学校应创造条件,消除影响教育智慧生成机制的不利因素,解决矛盾,为教育智慧生成机制提供有利条件,包括"形成有效的教育对话、合作机制,完善教师教育制度,加强教育研究,形成教育创新机制和创造自由、开放性的教育学习制度"四个方面。③

在我国的教育领域中,教师教育智慧因各种客观条件和教师的主观原因受到遮蔽。客观原因有传统的教育思想、传统的评价制度和现行的考试制度。主观原因有教师缺乏专业自主发展意识、教师培训中的"应试现象"对教师产生的影响。教师教育智慧生成的内部条件有高尚的师德、科研和反思能力、教育机智的凝练、对教育事业的感悟。外部条件是创设民主、自由的校园文化,完善教师培训模式,改进激励机制和营造终身学习的氛围。④

促进新教师教育智慧发展的方式有很多,其中老教师的点拨和帮助是最有效的方式,此外,还有同辈同事之间的交流,参考他人的教学实践案例,以及理论学习。教师的自身思考与探索是教育智慧发生和发展过程的核心。⑤促进新教师教育智慧发展的方式,还包括关注教师的个体经验,淡化教育改革及科研的功利性,关注教师的职业情感,激发教师的学习热情。⑥还有研究者指出,依托行动—自我叙事、实践—批判反思、写作—科研探究等模式可以有效培养教师的专业智慧。⑦

① 陆安.让时事新闻成为历史课程资源[J].当代教育科学,2007(20):32—35.
② 王宇琼.论教师教育智慧的形成[D].太原:山西大学,2013.
③ 卢芳.教育智慧生成机制探究[D].曲阜:曲阜师范大学,2008.
④ 李彦丽.教师教育智慧的表征与生成[D].石家庄:河北师范大学,2006.
⑤ 张冬玲.教育智慧与教师成长[D].武汉:华中师范大学,2008.
⑥ 田慧生.时代呼唤教育智慧及智慧型教师[J].教育研究,2005(2):50—57.
⑦ 杨倩.基于自组织理论的高校青年教师培养研究[J].商丘师范学院学报,2014(11):127—128.

（五）未来研究展望

综上可见，目前国内对于教师专业智慧的研究还是有欠缺的，是不深入的，在未来很长一段时间，教师专业智慧研究仍然会处于初期探索阶段。在这一阶段，也必然会持续进行与教师专业智慧本体性相关的基础研究、关联研究、实践研究、个性化研究与比较性研究。在基础性研究领域，教师专业智慧的概念、内涵、价值、内容、形成机制、影响因素与培养将是最为核心的主题。新课程的推进、新媒体技术的应用、学科理论的新发展等又会对教师专业智慧发展产生怎样的影响，我们如何因势利导，合理利用新技术、新理论，这一系列关联性研究也将兴起。伴随着研究的深入，通过调查分析不同学科、不同地域、不同教师类型的专业智慧也必然成为研究的热点。最后，其他国家的相关研究成果，对我国教师专业智慧的研究也具有重要的参考价值。

二、教师专业智慧概举：基于教师完整人生成长视角的分析

根据上文可知，教师专业智慧不只体现于教育教学上的艺术性与创造性工作，还表现在教师的其他专业行为上，如学生德育工作、学生问题处理、学校事务工作处理等。从内容上看，专业智慧表现出来的是一种综合能力与综合素养，不仅包括操作层面的能力，也包括心理层面的意识、理念、思维等。教师专业智慧具有个体性、缄默性、实践性、创造性、开放性等特点。对专业智慧的概举与描述正是专业智慧研究的终极使命。专业智慧简单地说就是专业行为上表现出的高超的综合素养。从专业行为的内容出发，我们对专业智慧的内容探究就会有一个新的视野。教师专业行为就是教师自身工作的全部活动行为。从完整生命发展的关照来看，教师专业行为本质上是与教师自身发展、与服务学生成长相关的所有行为。教师的这些行为包括：作为常人的专业外围支持行为，如为人处世、做事、生活行为等；作为教师的教书育人行为；作为发展中的人的学习与研究行为；作为班级管理者、学校管理者的领导行为；作为其他角色的支持行为等。

(一)作为常人:安身立命的智慧

教师首先是作为常人的存在,教师作为常人的行为在以往的教师教育研究中不受重视,实际上,这些行为的发展与优化对教师教育行为起着重要的促进作用。安身立命,过上幸福的生活是作为常人基本的生活主旨。这里面包含着以下几方面的智慧:

一是为人处世的智慧。为人即是做人,处世即是交际。严于律己、真善仁义是为人的基本要求,宽以待人、慈悲为怀是处世的基本准则。与人相处,一定要学会换位思考,理解别人,然后"投人所好",自然会赢得他人尊重与欣赏。

二是做事的智慧。在做事方面,一定要踏踏实实,尽心尽力,要精进治学,不断提升自己做事的能力,这是根本的智慧。

三是生活的智慧。要做到"食、动、情、眠、人、事、文、艺、物、心"等方面的协调优化,要知足常乐,随遇而安。

四是家庭和睦的智慧。夫妻相处的关键在于相互谦让,互相包容,互相支持、鼓励,共同经营家庭生活。

五是自我发展智慧。一定要养成知彼解己、主动积极、自我规划、要事第一、一举多得、平衡自我等基本习惯。

(二)作为教师:教书育人的智慧

教书育人是老师的天职。教育智慧包括理性教育智慧、价值教育智慧和实践教育智慧三种类别。其中,理性教育智慧是认识基础,价值教育智慧是动力支柱,实践教育智慧是具体展现。实践教育智慧从内容上可以进一步分为课程智慧、教学智慧、师生交际智慧、教育环境营造智慧、教育组织机构建智慧、教育活动管理智慧、教育媒体应用智慧、教育手段运用智慧、教育方式创新智慧、教育评价智慧等。

教育智慧从境界上和发展进程方面可以分为经验型教育智慧、科学型教育智慧和风格性教育智慧。[①]经验型教育智慧在教育中体现为比一般能力更为自由、更具创新性的个体化的实践能力,科学型教育智慧则是教育

① 李彦丽.教师教育智慧的表征与生成[D].石家庄:河北师范大学,2006.

本质规律的现实应用,风格性教育智慧是实践教育智慧中的最高层次,是个体通过对教育规律的本质把握,对教育教学实践的深刻领悟,在自身高超的综合素养下表现出来的一种个体性的教育智慧与教育艺术、教育魅力与教育风格。

(三)作为发展者:治学科研的智慧

教师不光是具有成熟经验的教育工作者,随着时代的发展,还必须是一个终身学习的发展者。教师必须拥有治学、科研的智慧,方能实现教学研三者的统一,通过研究与学习提升自己的专业素养,通过教学实践锤炼自己的能力与智慧。可见,治学与科研的智慧应该成为教师专业智慧的重要内容。

在治学上,王国维在《人间词话》中提炼出了三层境界,值得我们揣摩与学习。"古今之成大事业大学问者,必经过三种之境界。'昨夜西风凋碧树。独上高楼,望尽天涯路',此第一境也。'衣带渐宽终不悔,为伊消得人憔悴',此第二境也。'众里寻他千百度,回头蓦见,那人正在灯火阑珊处',此第三境也。"

第一层境界是说,成大事业、大学问者,首先要有执着的追求,登高望远,明确目标与方向,了解事物的概貌。第二层境界是说,大事业、大学问,不是轻而易举随便可得的,必须坚定不移,经过一番辛勤劳动,废寝忘食,孜孜以求,直至人瘦带宽也不后悔。第三层境界则是说必须有专注的精神,反复追寻、研究,下足功夫,自然会豁然贯通,有所发现。

(四)作为管理者:管理与领导的智慧

教师不管是作为班主任还是作为学校领导,都涉及管理与领导的智慧。

管理与领导就是对行为活动的引导与激励,使主体能从被动活动转为自主投入。人的行为活动主要包括物质行为、精神行为与社会行为。在物质行为方面的引导上,法律与制度是最为重要的管理办法。在精神行为的引导上,文化活动不可或缺。在社会行为上,伦理与道德引导人们和谐相处,共同发展。

三、教师专业智慧的修炼与培养

教师专业智慧是教师长期从事专业行为的能力积淀，是基于系统学习、不断反思总结后的一种通透识见。教师专业智慧的形成不可能一蹴而就。日积月累，反复修炼，方可成为一个富有智慧的优秀教师。教师专业智慧的形成与修炼，关键在于教师自身。不过，社会的支持、学校的激励对教师专业智慧的形成起着重要的促进作用，也不容忽视。

（一）外部支持

社会需要为教师专业智慧的形成营造一个开放、包容的文化氛围，需要为教师提供必要的支持。综合国力的竞争，归根结底是人才的竞争，教师是人才培养的核心主体，关心教师教育就是关心国家的发展。

1. 文化：理解与宽容

因个别教师有违师德的行为，社会上出现了一股“反教师”的情绪，认为教师不学无术，道德低下，得过且过。教师群体公信力受到影响。事实上，大多数老师勤勤恳恳、兢兢业业地在为教育事业奋斗着。一些社会媒体为了迎合大众，大肆渲染个别教师的负面新闻，导致很多教师工作压力非常大，生怕出一丁点差错，在教育工作中畏首畏尾，这是不利于教师专业智慧形成的。所以，一定要建构一个理解教师的、轻松的文化氛围，要辩证地看待个别教师的问题。

2. 资源：支持与倾斜

社会应为教师提供一些必要的资源支持。比如，社区图书馆对于教师借阅图书、查阅资料提供政策倾斜，等等，让人民教师充分感受到社会对教师群体的重视。“尊师重教”不应该成为一句口号，而应该落到实处。

3. 他者：协作与共生

教师应该主动向他者学习。各行各业有很多相似的地方，相互之间取长补短，在思维互动中，能启迪教师智慧，促进教师专业智慧的发展。

(二)内部激励

学校应该为教师专业智慧的形成与发展提供优质的资源支持,构建一个和谐、温馨、奋进的学习氛围。多给教师自主发展的权利,让教师能自觉地开展教育工作,提升自身的专业智慧。

1. 民主管理,给予老师自主发展权

一所学校的管理方式对教师发展具有重大的影响。一般来说,专制型管理容易束缚教师个性智慧的发挥,统一化、标准化的要求本身就是对教育艺术性、教育对象差异性、教育发展多元因素参与等事实的忽视。教师与学生都是活生生的、具有自主发展个性的生命个体,所以不管是对于学生还是对于教师来说,民主管理更能激发其内在的创造智慧、创新思维、个性化的行为,促进他们充分、和谐、个性化发展。

2. 文化建设,关注情感心理和谐化

教师在一所学校如果感受到工作氛围压抑、同事关系紧张,其创造能力就会受到束缚。构建温馨、和睦、幸福的校园文化氛围,多关注教师个人情感、生活、心理问题,等于为教师的成长提供了一个良好的外在环境,为教师的人生提供了一个良好的避风港与保护屏障。有良好的工作环境,教师的创造性教学思想、教育行为的展开才不至于受到束缚。

3. 资源建设,注入教师成长活水源

在资源建设方面,学校应该为教师的身体健康发展提供优质的健身设备,为教师的教育研究、教研活动、教学工作提供优质的教育教学硬件资源,还应该为教师的专业发展提供良好的网络平台、交际平台。在政策制度上,在管理中,都应该多给教师提供培训与学习的机会,这也是资源建设不可或缺的内容。教师专业智慧的形成需要系统化的理论学习,而学校图书馆是非常重要的学习资源平台,学校应该真正做好文献资源建设,达到国家规定的每年新进图书的标准要求。

4. 制度导向，激励自主学习常态化

对于教师的专业发展支持还表现在制度导向上，学校应建立科学合理的教师评价制度，激发教师工作和自主学习的热情。如为了更好地支持教师的专业发展，促进教师专业智慧的形成，学校可制定一系列制度，包括《有效教学奖励制度》《师徒结对活动制度》《教师外出培训与学习制度》《全民阅读制度》《全民健身方案》等。通过对教师教学、身体锻炼、精神品质提升、科研、教学与学术交流等方面的支持，使学校教师沐浴在一种浓浓的自主学习、全员科研的氛围之中，在这样的环境下工作，教师自然会形成自我发展的意识，会主动采取自我优化的行动。

5. 教研改革，促进经验智慧共享化

教师的经验智慧应该交流与共享，交流与共享应该成为学校教研改革的重心。很多学校教研停留在形式阶段，教师之间相互听课、评课，却各自为政，未形成深度合作。学校应着力建构学习化专业发展共同体组织，从四个层面上进行深度建构，包括个体与师徒结对的专业化发展，课题组、工作室、移动同盟层面的学习化专业发展，年级组、学科组层面的专业发展，学校、校际、校社层面的学习化专业发展四大共同体，通过文化、管理、制度上的支持，使全校教师相互分享经验智慧，共同进步。

（三）主体自主

教师对自身实践的总结与反思是教师专业智慧形成与发展的关键。发现问题，不断探索，积累教育教学与解决突发事件的经验智慧，从他人的交流与分享中，从前人与他者的智慧中，习得间接的经验与智慧，进而反复修正自己的专业行为，以达到自由的、富于创造性的专业智慧境界。

1. 加强学习，丰富认知

从某种意义上说，智慧实际上是一种能力与艺术的融合，能力的发展需要知识作为铺垫。一名教师如果对所教学科的知识完全不熟悉，也缺乏基本的教育学知识，他是不可能把课上好的。教师的专业智慧，都是日积月累，从他者身上，从自我经验中不断地学习总结而形成的。通过学习，可以获取处理事情的直接或间接经验。虽然专业智慧更多的是经过长期实践后形成的一种具有内在性、缄默性、实践性、创造性的素养与能力，但是实践的前提依然是知识，盲目的实践不但不会增长智慧，反而使自己原地踏步，止步不前，甚至倒退。

2.合作交流，分享经验

除了学习，交流也是形成专业智慧的一个重要途径。俗话讲，三个臭皮匠，赛过诸葛亮。交流可以使教师相互取长补短，对于不好的做法，在交流中可以彼此提醒，引以为戒，对于好的经验，可以相互参考学习。要知道，每个人都有闪光点，都有值得学习的地方。当你具有这样的意识时，你就会在交流中积累很多“招数”，将这些“招数”与自己的“招数”结合，说不定就能创造出新的“招数”。所以，每一位老师在专业智慧的修炼过程中，都应该虚心向他人学习。

3.事件研究，总结经验

教师专业智慧的来源与主要体现是各种合乎教育规律的行为经验。教师专业智慧在突发事件处理、学生突出问题处理等特殊案例中表现得尤为突出。研究关键事件、典型案例、突出问题，有利于我们积累应对突发事件、解决各种典型问题的经验与智慧。试想，如果我们一起探讨过怎么处理课堂上同学喜欢插嘴的问题的典型案例，在上课时遇到类似的情境，是不是多了一份从容？

4.积极实践，提升能力

实践是智慧形成的主要途径。智慧相对于知识与能力来说，更具有个性化的特质。同样的做法，可能对一些教师适用，对另一些教师则完全不适用。如，有的老师很喜欢通过夸张的肢体语言来吸引学生的注意力，也有的老师由于个人性格等原因，这样做反而显得生硬，起不到良好的效果。所谓教育有法，教无定法。教师通过学习，通过交流，通过关键事件研究等得来的经验，到底是否适合自己，自己长期积累的经验是否会在下一次有用，都需要在实践中去求证。长期循环往复的实践，认知，修正，再实践,才可能达到举一反三,触类旁通的境界。

5. 反思写作,提炼智慧

专业智慧虽然讲不清,道不明,但反思与写作是我们将自身的经验外化,将自己的智慧外化,将自己的灵感、创造性做法外化的重要途径。有研究表明,坚持每天写教学日志的老师往往能更快速地提升自己的专业能力。反思其实相当于再实践了一次。一件事件做完,一项教育活动结束,一定要问问自己效果怎么样,是否还有更好的做法,如果下次做同样的事我该怎样做等问题。如果有精力,教师最好坚持每天撰写教学日志,每周撰写教学周记、随笔或论文。写作让我们能厘清自己的做事思路,总结自己的做事经验,从而形成专业智慧。写作还能激发教师的创造性,使其在一种放松的环境中,通过自由联想获得全新的灵感,找到创新性的做法。古人讲学思行,我们还可以加上一个字,那就是“写”。

6. 反复修正,达至智慧

智慧是一个人行为方式的理想境界,但并非最高、最完美的境界。理想是对现实的超越,真正的智慧无边界,通达智慧的历程永无止步。只有终身学习,一生积累,反复修正,不断实践,不断总结,不断书写,才可能更加接近大智慧。用一句流行的话语说,“我们永远在路上”。就像一篇文章,同样的主题内容,我们可以用一生去不断地完善它,智慧永无止境,探索永不停歇。

第五章

塑造个人风格

第一节　怎样做一个有自尊的老师

某私立学校在每学期期中和期末都会举行教学总结与表彰大会，对每个年级每位老师的教学成绩进行多指标（及格率、优秀率、学困率、平均分、进步分、差级分等）、多层级（同学科、同年级、同班级）、多维度（横向与纵向、时空）比较，进而实施严格的奖惩。很多老师为了获得奖励，避免被淘汰或被辞退，钩心斗角，使尽手段，将教育教学演绎为赤裸裸的“战争”。学校的奖惩制不但未达到激励教师成长的目的，反而导致教师之间关系极不和谐，教学弄虚作假，严重影响了教育质量。

教师个人自我评价是教师专业自我的重要内容，是教师个人对自己专业素养、专业绩效等的综合评判，也是形成个人自尊的重要内容与途径。教师自我评价是以教师为评价主体，依据一定的评价标准，采用科学的评价方法，对教育教学活动的过程和结果进行自我认识、自我分析、实现自我提高的过程。[①]教师自评是教师自我反思的过程，这一过程从自我认识开始，到自我分析，最后实现自我的提高。

① 罗环.教师自我评价指标体系构建的实证研究[D].天津：天津师范大学，2008.

一、自我评价的价值、内容与结果

教师自我评价，是指教师通过自我认识，进行自我分析，从而达到自我提高的过程。它首先需要教师具有一定的自我认识能力，包括对自己的教学工作、专业水准、人际关系等多方面的素质和能力有所认识，尤其要充分认识到自己的能力缺陷以及工作中存在的问题；然后，还需要有一定的自我分析能力，分析自己的不足和存在问题的原因；最后才有可能找到实现自我提高的途径。[①]

（一）自我评价的价值

教师自我评价的主体是教师自我，评价的客体是教师自我的行为与结果。从一定意义上说，教师的自我评价是一个连续不断的自我反思、自我教育、激发内在动因的过程，[②]是实施教师终身教育、促进教师专业发展的有效途径之一。[③]

教师评价既是学校管理的一个重要环节，同时也是教师个人专业发展的助推器。当前新课程改革也同样倡导教师评价要发挥展示、改进、激励的功能，提倡以自我评价为主的发展性教师评价。因此在教师评价体系中，教师自我评价占据着非常重要的地位。

发展性教师自我评价是教师自我评价中的一种评价方式，因其关注教师个体内在差异，致力于服务教师发展而受到研究者们的青睐。发展性教师自我评价对于教师的发展具有重要的意义。

发展性教师自我评价是教师自我价值实现的需要，它以教师为中心，强调教师的主体地位。教师积极参与评价，在组织目标范围内发现自己的优势和薄弱之处，分析产生问题的根源，探讨克服缺陷、发扬优势的措施与途径，从而更好地掌握自己发展的方向，不断提升自我。

发展性教师自我评价是教师展示自我和发展的需要。发展性教师评价是一种将教师个人发展与学校发展整合的评价，也是将个体发展与教育目

① 王俭.教师专业化发展与教师自我评价[J].高等师范教育研究，2002(2):26—31.
② 华炜，李莉.自我评价：培养反思型教师[J].现代中小学教育，2002(12):36—38.
③ 王惠.教师自我评价浅析[J].大连教育学院学报，2003(3):46.

标的实现进行整合的一种手段。①

(二)自我评价的内容

对于自我评价的内容,不同的研究者从不同的视角出发,建构起了不同的指标体系。有研究者从教师工作内容出发,建立了五个方面的一级指标,即班级领导、课堂教学保障、课堂文化、学生参与和潜能开发及教育服务的质量保证。②为了让教师更加简易快速地进行自我评价,在五大指标的基础上,可再扩展为十大方面,包括教育理念、质量观念、教学过程、教学评价、教育培训、教育科研、协作精神、师德品质、师生关系、教育成果。(具体见表5.1)可见,全方位的评价是教师自我评价发展的必然趋势,可以为教师自我诊断提供全面的信息参考。

表5.1 教师自我评价指标体系

指标	分值	具体指标内容描述	得分
教育理念	2	1.没有什么理念,无非是让学生获得一些知识	
	5	2.教育是为了提高升学率,学生的成绩是主要的	
	8	3.教育旨在充分发挥学生的主动性,发展学生的能力	
	10	4.能不拘形式,充分发挥师生的主观能动性,有开拓创新的精神	
质量观念	2	1.尚未系统考虑	
	5	2.初步形成了自己的质量观,并能让学生、家长与同事知晓	
	8	3.形成了自己较为完善的质量观,并将其内化为师生共同行为,能对同事产生积极影响	
	10	4.确立教师是管理者的意识,能全面参与学校质量管理	

① 袁建民.发展性教师自我评价研究[D].福州:福建师范大学,2006.

② 赵中建.教师自我评价指标体系的建立及其应用[J].全球教育展望,2004(11):29—34.

续表

指标	分值	具体指标内容描述	得分
教学过程	2	1.以讲授为主,留出一些时间答问	
	5	2.讲授、演示、答问、讨论并用,偶尔采用现代化教学手段	
	8	3.研究学生的学习特点,采用包括合作学习和发现学习在内的多种方法进行教学	
	10	4.尊重学生,形成民主、自由、宽松、平等的课堂环境,学生有浓厚的兴趣与热情	
教学评价	2	1.依据学生的考试成绩给予评定	
	5	2.依据学校统一标准,主要是评定学生的成绩	
	8	3.评价过程注意定位性、诊断性、形成性和总结性	
	10	4.能遵循发展性原则与丰富性原则,能围绕学生的发展为学生服务	
教育培训	2	1.基本学历的达标与职称的评定升级	
	5	2.主动参与校本培训或校级以上的业务与素质的培训学习	
	8	3.经常性阅读专业杂志与教育理论书籍,能坚持自我学习与提高	
	10	4.确立终身学习的观念。不放过任何学习提高的机会	
教育科研	2	1.完成学校布置的教学任务,没有什么研究课题	
	5	2.偶尔撰写经验总结或教学论文	
	8	3.有教改课题,能主动参与教育科研课题研究	
	10	4.积极主动参与教育科研,坚持走科研之路,努力成为研究型教师	
协作精神	2	1.无所谓人际关系,教学工作是个人行为	
	5	2.教师间尽量避免发生矛盾,不发生无谓的争执或吵闹	
	8	3.能经常问候他人,可以做到集体教研	
	10	4.平等待人,能宽容合作,有团队工作精神	

续表

指标	分值	具体指标内容描述	得分
师德品质	2	1.偶尔与教育规范冲突	
	5	2.遵守明文规章,不违背法律、法规和政策	
	8	3.正直诚实、自尊自强,能用教师良心约束自己	
	10	4.自觉积极地进行教师职业道德自我修养,确立为学生服务的观念	
师生关系	2	1.在课堂教学中和班级活动中对学生进行单向说教	
	5	2.对全体学生一视同仁,与少数学生进行交流	
	8	3.理解学生的烦恼,并给予关心和支持	
	10	4.了解所教学生,能与学生的感情形成共振	
教育成果	2	1.教学上形成自己的风格,班级管理井然有序,成绩良好	
	5	2.常有奖励或证书的认可,受到学校的表彰	
	8	3.有论文发表,或获教育成果奖,或有教育专著,受到学校以上的表彰	
	10	4.在教育教学上有较大影响,并得到学生及家长的充分认可,是全面质量型的教师	
各项满分合计			

综合评价越来越受到重视,综合评价的内容体系也成为后续研究的焦点。有研究者认为,教师工作综合评价是对教师各个方面工作的质量、水平和价值进行的综合评定。概括地讲,教师工作综合评价的基本内容和项目主要有:政治思想素质和师德修养、专业知识、教育教学能力、专业品质、教育教学效果、教育科研能力和水平、教师工作量。①

很多学校将教师的德、能、勤、绩作为教师的综合评价指标,但在实际工作中往往以学生学习成绩的高低来评价教师工作的好坏。事实上,教师自评的内容除教师教学自评以外,还包括教师素质自评、教师专业品质自评、教师工作量自评等。具体见表5.2。

① 罗环.教师自我评价指标体系构建的实证研究[D].天津:天津师范大学,2008.

表5.2 教师自我评价指标体系

指标				优 100~90	良 89~75	中 74~60	差 59~0
一级指标	二级指标	三级指标	权重				
教师自我评价（1.00）	教师专业品质（0.23）	兴趣爱好	0.50				
		个性品质	0.50				
	教师素质（0.27）	思想道德素质	0.28				
		文化素质	0.30				
		心理素质	0.20				
		身体素质	0.22				
	教师工作量（0.21）	教学工作量	0.56				
		科研工作量	0.44				
	教育教学（0.29）	师生关系	0.20				
		教师利用资源情况	0.19				
		教师自身提高情况	0.20				
		课堂教学内容	0.21				
		教学目标实现情况	0.20				

还有研究者从素质、工作职责、工作绩效三大方面构建起了教师自我评价的指标体系。[①]在本书前文中，建立了基于全景式人生成长的教师教育工作评价体系，包括专业理想、专业理念、专业素养（身心，道德，知识，能力，情意，智慧）、专业环境、专业自我五大内容体系。

综上，在内容上，研究者们力求全面综合地构建教师自我评价体系。然而，从不同视角出发，会建构出不同的指标体系。从教师的专业行为、工作内容来看，领导、教学、环境营造、学习组织与管理、自身能力、教学评价、绩效是较为重要的指标。从教师的全方位发展来看，道德、知识、能力、态度、品质、教育教学、工作量、绩效是重要的评价指标。从教师的完整人生成长、专业发展角度探析，理想、理念、外在环境、素养与自我都是重要的评价内容。

① 袁建民.发展性教师自我评价研究[D].福州：福建师范大学，2006.

(三)自我评价的结果

教师自我评价结果形成并非意味着评价活动的结束,教师的自我评价是自我诊断、探查、调控、反思、总结、规划、修正的系列活动。评价结果的呈现方式多种多样,可以以分数的形式呈现,也可以以评价报告的形式呈现。教师可以通过对照评价报告,总结成功的经验,仔细分析存在的问题,进而寻找自我提升的策略,形成新的教、学、研计划,为后续行为提供向导。

当然,评价的分数与报告往往也会对教师的心理产生重要的影响。教师常见的心理有自尊、自傲、自卑、自弃四种。

1. 自尊

自尊,亦称“自尊心”“自尊感”,是个人基于自我评价产生和形成的一种自重、自爱、自我尊重,并要求受到他人、集体和社会尊重的情感体验。自尊是人格自我调节结构心理成分。自尊是自我价值感的体验、自我效能感的确认、自我存在感的体察、自我成就感的获得、自我幸福感的体悟的结合。表现为自信、自主投入、自我监控、自我尊重、不卑不亢、堂堂正正、踏踏实实。自尊有强弱之分,过强则成虚荣心,过弱则变成自卑。[①]

2. 自傲

自傲一般指自以为比别人高明而骄傲,也有自豪的意思。人不能太自傲,太自傲会有很多不良的后果。自傲的人往往不受欢迎,自傲的人不能正确认识自己,极端自傲之人一定有颗极度自卑之心。

骄傲自满是一个可怕的陷阱。要想在事业上取得成绩,在生活中受人欢迎,那么,无论在什么时候,都不要过高估计自己,过低估计别人。

3. 自卑

自卑是一种无法自助的复杂情感。有自卑感的人轻视自己,认为无法赶上别人。A.阿德勒对自卑感有特殊的解释,称其为自卑情结。他对于这个词主要有两种相联系的用法:首先,自卑情结指以一个人认为自己的能力或自己的环境和天赋不如别人的自卑观念为核心的潜意识欲望、情感所

① 林崇德,杨治良,黄希庭.心理学大辞典[M].上海:上海教育出版社,2003:1783.

组成的一种复杂心理。自卑是驱使人变得优秀的力量,又是反复失败的结果。自卑情感,可通过调整认识,增强信心和给予支持而消除。自卑心理表现为对自己缺乏正确的认识,在与人交往中缺乏自信(主要因素),办事无胆量,畏首畏尾,随声附和,没有自己的主见,遇到错误的事情就以为是自己不好。这往往会导致自卑者失去交往的勇气和信心。自卑感是坏事吗?阿德勒对此矢口否认。人都有自卑感,这并不是懦弱或者异常的现象,实际上,自卑感是隐藏在所有个人成就后面的主要动力。一个人由于感到自卑,才去完成某些事业。某人在获得一项成就时,能体验到成功感,但是与别人获得的更大的成就相比较,又会产生自卑感,这就又激起他去争取更大的成就,如此反复,就促使他变得更加优秀。

尽管自卑感对所有积极的成长起着一种激励作用,但是它也会导致精神病症。一个人能被自卑感弄得心灰意冷,甚至万念俱灰的地步。在这种情况下,自卑感就成为一种阻碍人发展的因素了。按照阿德勒的理论,所有人都会有自卑感,但是自卑感只在一些人身上引起精神病症,而在另一些人身上却会变成对成就的追求。

自卑较严重的人通常都会拿自己的缺点和别人的优点相比,总是觉得自己处处不如别人,看不到自己的价值,长此以往,就会产生一种悲观厌世的情绪。因为找不到自己的价值所在,所以容易对生活失去希望,严重自卑的人甚至会有轻生的念头。

4. 自弃

自弃,语出《孟子·离娄上》:"自暴者,不可与有言也;自弃者,不可与有为也。言非礼义,谓之自暴也;吾身不能居仁由义,谓之自弃也。"自暴自弃,说明一个人不求上进,自甘堕落。

二、教师自尊形成的影响因素

美国机能主义心理学的先驱W.詹姆斯在《心理学原理》(1890)一书中提出了一个自尊的公式:自尊=成功÷抱负。意思是说,自尊取决于成功,还取决于获得的成功对个体的意义,增大成功和减小抱负都可以获得高的自尊,成功或许有许多制约因素,不是很容易就能获得的,但我们可以降低对工作和生活的期望值,这样,一个小的成功,就可能使我们欣喜不已。综合起来看,教师自尊的影响因素包括以下三大方面。

(一)自身因素:观念、知识、素养、抱负、心理、成功、知耻

首先是教师个人关于自尊的观念,如果个人没有正确的定位,要求太高,则可能会形成自卑的心理。一位刚入职的年轻教师跟一位有经验的特级教师相比,不管是课堂教学艺术还是科研水平,可能都会相差较远。如果他以特级教师来作比较参照,就是没有选对参照标准。一位教师自身的知识储备、文化素养、能力水平等,也都是决定教师自信与否的重要因素。俗话说,知识改变命运。知识广博、具有深厚功底的教师往往更能获得成功,处理问题也更加泰然自若,其表现出来的是不卑不亢,有理有节,有条不紊。如果一个教师的抱负过高,远远高于通过自身努力能达到的水平,则现实与其理想会有较大的落差,这是其滋生自卑情绪的重要推手。心理健康水平、情绪状态、情感状态都会影响教师的自尊状态,也会对教师的价值感、效能感、存在感、成就感与幸福感产生间接影响。个人懂得自尊,才能具有自制、积极、自信的人生,为人处世才会堂堂正正、踏踏实实。成功的经验与羞耻心也是影响自尊的重要个人因素。知耻的人渴求进步,知耻的人能自我控制,使自己的行为沿着正方向发展,从而获得别人的尊重,获得自尊。

(二)学校环境:管理氛围、环境文化、评价制度、培训学习、团队建设

在学校方面,民主开放的管理文化对教师自尊的形成非常重要,在这样的管理文化中,教师有发言权,能进行个性化的教学,并从中获得成就感。学校温馨、和谐、团结的氛围,让教师相互学习、团结合作、荣辱与共,教师在这样的氛围中会获得一种归属感,进而获得一种存在感。而存在感正是教师自尊的内容之一。教师在领导与同事那里获得鼓励与帮助,有利于其形成一种积极的自我认知。学校的评价制度如果不恰当、不科学,唯学生

成绩论英雄，就会忽视教师的全方位发展，忽视教师的个体差异，忽视教师的潜能发展，不利于教师自尊的形成。

（三）社会因素：社会比较、他人评价、职业地位、社会尊重

社会比较是教师自尊形成的重要因素。自尊受到教师自我评价与自我认知的影响，也受到他人评价、社会比较的影响。心理学家认为，自尊是通过社会比较形成的。我们每个人都应了解自己的需要，都需要知道自己在团体和社会中所处的位置，从而体会自身的价值。我们可以通过某些客观的参照标准来了解自己的身体，如通过血压、脉搏、体温等可观察指标来了解自己的健康状况。但是，在自我评价时，我们没有这种可供参照的客观标准，往往需要通过与他人比较来评价自己。

教师的职业地位与获得的社会理解与尊重也是教师自尊形成的重要影响因素。职业地位高、教师自主话语权大、社会整体形成了尊师重教的风气等，都会让教师获得一种价值感，感受到自我存在的价值。

三、教师自尊的培养

针对教师自尊的形成因素培养教师自尊，有以下一些策略与方法。

（一）树立正确观念，寻找个人自尊的支点

自尊的本质就是自我认定、自我尊重、自我控制、自我确信。一定要树立正确的自尊观念，不好高骛远、随波逐流。一个人要找到自信非常的简单，只要发现自己的一技之长，发现自己优于他人的地方，便会对自己充满信心。刚到重庆市巴蜀小学的时候，很多老教师来听我的公开课，我被批得几乎一无是处，心里失落了好几天，我甚至认为我可能真的不适合教书。但回想一下，老教师是以他们的高标准来衡量我，我作为新教师达不到这么高的标准很正常。同时，他们也是高级教师或特级教师，我作为新教师，有问题也是很正常的。再者，我也有我的长处，我的课设计得非常新颖，理念非常好，大家都很认同，上得不好是因为技能不到位，并非理念不行，就好比功夫，不是招数不行，而是基本功不行。思及此则感心安，则不

会觉得灰心丧气。所以一个人找到自尊的支点是非常重要的。

(二)处理好他评与自评的关系,与略优于自己的人做比较

在平常的工作中,要获得成就感、效能感、自我尊重,一定要注意选好与自己做比较的对象。有一些年轻教师,到一所新的学校,还没有站稳讲台,就拿自己跟特级教师相比,这自然是不行的。在选择比较对象时,应选择略优于自己的人,这对自尊的形成有积极的作用。因为略优于自己的人既对自己有激励作用,自己和他们差距不大,通过努力,也可以在不长的时间内取得他们的成绩,甚至超过他们。

(三)修炼自己,提升素养,积累成功,降低期待,赢得尊重

有人说,失败是成功之母。从某种意义上,我们可以说,成功才是成功之母。何以成功?成功的关键在于平日的学习、修炼、实践、反思与总结。成功是自尊形成的关键因素,但并非说不允许失败。只是要正确对待失败,并进行正确地归因。建议大家每日睡觉前思考并回忆当天成功的画面,强化成功的情景。回忆自己满意的一瞬间,强化这种成就感与幸福感有利于自尊的形成。对于失败的事,则应该做到努力淡忘。还可以适当地进行理想达成想象,想象自己未来成功的样子,有利于激发出强烈的效能感,使自己维持较高的自信水平。总之,修炼自己,回忆成功,想象成功,在心理上可以建立起一个强大的动力,可以让我们在偶尔失败与失落时,依然能清晰地看到将要实现的"成功"。

(四)严于律己,知耻改过,追求进步

自尊还要求我们必须自我约束、自我控制,这样才能使自己的行为朝正向发展。一些教师可能会受到外界的各种诱惑,如有的教师看到别人在培训机构赚了钱,自己便也想去培训机构兼职,或是自己开一家培训机构。去培训机构兼职或自己开培训机构,不仅分散了精力,使自己无暇顾及课堂教学,而且培训机构主要是针对学生进行课后辅导,多采取题海战术,对自己的专业发展、教育理论体系的建构都没有什么好处。

(五)伙伴互动,自尊想象,成功记录,“自尊按摩”

找一个合适的伙伴,相互鼓励,相互找亮点,互评互励,从而将伙伴的评价内化为自我的一种认知,这是促进自尊形成的一种非常好的办法。心理学上兴起的各种“自尊按摩”也是可取的方法。如每天记录自己的成功事件,找个可信赖的同伴对自己进行真实的评价,相互鼓励,共同进步,等等。

(六)综合分析,循序渐进,关注发展

在自尊建立的过程中,一定要注意对各方面信息进行综合分析,不可以因他人的某一言论而自我贬低。同样要看到自己所处的阶段,不能将自己的成绩与其他有经验的教师相比。自尊的形成不可能一蹴而就,需要经历建构—调试—修正—完善的往复过程。还要注意,自尊不能成为一种偏执,要将自尊与自身发展联系起来,利用自尊中的效能感去驱动自己的行动,利用自尊中的自我控制去约束自己不良的举止,通过自重、自爱、自控、自信、自主,逐步优化自己的生命,提升自己的技能,提升自身的修养,从而实现自己的理想。

第二节　怎样定义你的教学风格

记得2012年11月,我有幸参加了在广州举行的全国“现代与经典”名师观摩课。课上有几位老师给我留下了深刻的印象:一是张齐华老师,他讲课幽默、睿智;二是王崧舟老师,他讲课富有诗意、情趣,十分生动;三是刘德武老师,他展示了一个简单、理性与高效的课堂。名师都有一个显著的特点,他们拥有自己的教学主张,有自己完整的教学理论体系,在教学上也都拥有自己的独门绝技、个人艺术,让人享受其间,回味无穷。

教学风格是教师个性化教学风貌和格调的体现,对其进行研究有利于引导教师认识自我,帮助教师形成自己的个性化教学优势,促进教师的成长和自我实现。而且,教师的教学风格也对学生的学习适应性有影响。学

者们对教学风格的研究已有较长的历史,从早期的教学风格的含义、类型、作用等基础理论研究,逐步过渡到对学生学习的影响的研究,进而转向影响教学风格形成的因素、与教学有效性的关联以及与学生学习风格的匹配问题等研究。

一、教学风格的概念与内容

教师专业自我的形成包含教师对专业的认识以及积累起来的个人教学风格与特点。

(一)专业风格

专业风格是指教师在专业行为中的较为稳定的心理倾向与行为特质。教师在专业行为上的心理倾向与行为特质包括教学风格、做事风格、德育风格、班课建设风格、研究风格、教育活动设计与实施风格等。

(二)教育风格

目前,我们对教师专业自我的研究中,甚少有对教师所有的专业行为风格的研究,而较多地关注其教育工作的风格。

教育风格就是指教师在教育活动中形成的较为稳定的工作心理倾向与行为特点,是教师教育工作的个体性、整体性、生成性的一种行为活动较为稳定的程式与外显出来的状态。教师不是简单的知识发放器,作为有思想、有特殊的生活与学习经历的人,他的教育活动应表现出一定的特点和风格。研究教育风格可以帮助教师认识自我、提高职业能力。

教育风格包括教学风格、德育风格、班课建设风格、教育活动设计与实施风格。教学风格相比于教师专业风格来说,内容要窄一些。基于对教师专业风格核心内容的认识,本节重点梳理与教师的教学风格相关的理论与经验。

(三)教学风格

顾明远先生主编的《教育大辞典(简编本)》对教学风格的解释是:"教学过程中所体现的教师个人特点的风度和格调。教师教学思想、教学艺术特点的综合表现。具有独特性和稳定性。"①

教学风格是指教师在一定的教学理念指导下,经过长期的教学实践形成的,创造性地运用各种教学方法和技巧,所表现出来的一种个性化的教学风貌和格调。②

教学风格是教师教学思想和教学艺术特点的综合表现,它就像烙在教师身上的印记一样,使我们能够轻易识别出"这一个教师"或"那一位教师"。个性对教学风格的形成起着决定作用。但个人特点或者个性只有融入教学,和教学统一、符合学生特点,带来教育有效性,然后稳定下来,方才成为一个教师的教学风格。③

可见,研究者们基本上达成了以下共识:(1)教学风格是教师个性化的教学风貌、格调与表现;(2)教学风格是教师教学思想、教学方法、教学技巧、教学习惯、教学艺术等的综合表现;(3)每位教师都必须经历长期的教学实践,不断学习,反复钻研,长期积累,才会进而形成自己较为稳定的教学风格;(4)影响教学风格的因素很多,但教师个人的个性特点是最为关键的影响因素;(5)教学风格并非一成不变,也是可以培养与塑造的。

二、教学风格的类型

教学风格从不同的维度进行分类,会有不同的类型。已有人对此进行了大量的探索。

---

① 顾明远.教育大辞典(简编本)[M].上海:上海教育出版社,1999:188.

② 闫德明,古立新.教学风格形成的内在机制研究——基于知识创新的模式分析[J].课程·教材·教法,2013(10):29—33.

③ 王红艳.一名新手教师对教学风格的摸索——兼议其实践性知识的生成[J].全球教育展望,2010(3):58—62.

（一）已有研究的情况

1.以教育活动为核心的分类

魏正书把教学风格分为启迪型、探索型、善导型、合作型、暗示型、表演型、得得型、感染型和综合型。[①]

吴庆麟把教学风格分为演讲与讨论型、集体中心型、教师中心型。李如密把教学风格分为单一性的和综合性的。单一性的教学风格有理智型和情感型、表演型和导演型、庄雅型和谐趣型、谨严型和潇洒型、雄健型和秀婉型、韵味型和明畅型，综合性的教学风格是两种或两种以上风格的融合，比如：情理交融型、寓庄于谐型、雅俗共赏型、刚柔相济型等。[②]

2.从认知的角度进行分类

斯滕伯格从认知的角度对教师的教学风格进行了划分，分为七种。

（1）立法型。教师善于创造和提出规则，并按自己的方式教学，喜欢并鼓励学生创造性解决问题。

（2）激进型。教师喜欢变化的教学任务，善于超越现有的规则和程序进行教学。

（3）评判型。教师善于评价和分析任务，喜欢判断和评价事实、程序和规则。

（4）整体型。教师喜欢面对全局性、抽象性的问题，偏好总体性、概念性和观念性的教学任务。

（5）执行型。教师喜欢按既定的程序和规则解决问题，喜欢按事前准备好的教学计划进行教学。

（6）保守型。教师习惯于熟悉的教学任务、教学情境和传统的教学方式方法。

（7）局部型。教师工作时能深思熟虑，喜欢细节性和具体化的教学任务。

斯腾伯格以实验证明，前四种教学风格是较为有效、复杂和受学生欢迎

① 魏正书.教学艺术论[M].沈阳：辽宁大学出版社，1991：243—259.

② 李如密.教学艺术论[M].2版.北京：人民教育出版社，2011：485—488.

的风格类型，后三种则是相对简单、低效率和不受学生欢迎的风格类型。他认为风格是多维的，且只有适应与否，而没有好坏之分，一个人可以拥有多种风格类型。

贺雰等人进一步从认知和情感等角度出发，把教师教学风格分为幽默活跃型、关爱分享型、严谨逻辑型和创新探索型等四个维度，并以上海和江苏南通六所中学的720名学生为被试，证明这一分类具有一定信度和效度。①

3. 以教师课堂教学的语言特点为标准进行的分类

如贡振羽把教师教学风格分为：(1)精讲精练型，教师语言逻辑性强，善于引经据典和对知识层层剖析；(2)朴实自然型，教师语言朴实无华，以细细诱导，娓娓道来见长；(3)感情充沛型，教师讲课慷慨激昂，情绪高涨，容易引起学生共鸣；(4)幽默生动型，教师以语言幽默生动，机智诙谐见长；(5)机智思辨型，教师善于运用各种教学方法，讲解、论证和分析都充满机智，思路清晰。②

杨立刚以课堂教学中师生交流信息的活动方式为标准，把课堂教学风格分为理智型、情感型、自然型、幽默型和技巧型等五种。③

颜宪源等人提出根据不同教师课堂教学体现出的主要特征，把高校教师教学风格分为激情洋溢型、理性睿智型、朴实自然型、智慧技巧型、幽默生动型。④

从上述分类可见，目前对教学风格的分类研究比较多，但对教学风格的测量研究却较少。目前对于教学场景(包括教学风格)的测量，运用得较多的是斯滕伯格的思维风格测量量表，但由于存在文化差异，因此该量表有适用性问题；另外，中小学与大学相比，因教学任务、考核要求等不同，教师教学风格也应有所不同，用同一量表测量，显然不够准确。因此，设计出清晰、具体、适合我国文化和年级特点的教学风格的测量工具十分必要。

① 贺雯，张庆，黎雯君.教师有效教学风格的结构与形容词评定问卷编制[J].上海教育科研，2011(5)：59—62.
② 贡振羽.谈高校教师的教学风格[J].科学之友(A版)，2007(2B)：121—122.
③ 杨立刚.教师教学风格与学生学习风格的相关性研究[J].教学与管理，2011(21)：65—66.
④ 颜宪原，东波，付晓东，等.高校教师教学风格对大学生成长方向的规约作用[J].大庆师范学院学报，2010(2)：143—146.

4.从教学组织领导维度进行的分类

国外有学者从教学的组织领导来分,主要将其分为以教师为中心和以学生为中心两种类型的教学风格。此外,还有直接型与间接型(直接型即教师中心型,间接型即学生中心型),内容中心型、智力中心型等分类。

5.从教学方法维度进行的分类

有学者从教师课堂潜在的教学方法维度将教学风格分为专家型、正式权力型、个人示范型、协调型和授权型。专家型风格的教师拥有丰富的学科专业知识和技能,善于鼓励学生不断超越自我,教学注重细节和内容的深度,且强调对知识的大量讲授。正式权力型风格的教师总是给予学生正面或负面的评价,认为教学应该以一种标准的形式进行,学校设置的教学目标应该是明确的并能被学生接受的。此风格的教师倾向于选择结构化的教学模式。个人示范型风格的教师倾向于使用案例进行教学,教师首先给学生树立如何思考和行动的范例,然后指导学生观察和模仿。协调型风格的教师强调师生互动,教师通过提问指导学生思考和探索,为学生的选择提供建议,此风格的导向是培养学生的独立性、主动性和责任心,此风格的教师倾向于利用基于项目的学习为学生提供指导和帮助。授权型风格的教师重视培养学生的自主学习能力,鼓励学生大胆探索和独立完成项目,而教师只给予必要的协助。

6.从个性特征维度进行的分类

Opdenakker & Van Damm将教学风格划分为三组类型:正式型和非正式型,解释说明型和探索型,积极型和刻板型。如以第三组类型为例,积极型的教学风格以学习者为中心,尊重学习者的观点与决策,注重学习过程中学生的积极参与,教育者作为指导者,应与学习者进行良好的沟通,关注学生的个体差异。刻板型的教学风格关注课堂内容的记忆,教育者有着绝对的权威,忽视师生间的沟通和课堂上的积极讨论。

Mohanna, Chambers & Wall则按教学风格将教师划分为六类:全面灵活和适应性强的教师、以学生为中心的敏锐型教师、官方正规课程教师、基于事实的严肃型教师、大型会议教师、一次性表演型教师。全面灵活和适应性强的教师是能有效地运用各种技巧,既能教同龄人也能教年轻人,同时能意识到整体环境影响教师和学习者的方式。以学生为中心的敏锐型教师以学生为中心,喜欢小班教学和采用角色扮演、戏剧表演的形式,并且不喜欢直接呈现知识。官方正规课程教师训练有素,教学也根据正式课程进行。严肃型教师喜欢用直接谈话法阐述事实,强调特殊技能,不喜欢多方面地进行教和学。大型会议教师喜欢听者云集,不喜欢坐在少数人面前讲课或进行一对一的教学。一次性表演型教师则喜欢进行量少而无连续性的教学。

(二)新的探索

1.教学活动主导力量维度:学生中心、教师中心、课程中心

在教学活动中,主导教学方向与行为的力量维度,可以将教师教学风格分为学生中心型、教师中心型与课程中心型。学生中心型教师将学生的学习、学生自身的体验与探究放在最为重要的位置,也以学生的发展作为评价教学的重要标尺。课程中心型教师则关注课程的展开、建构与实施,新教师最开始的阶段就是关注内容的完成,而缺乏对自身与学生的关注。

2.目标:关注分数、传递知识、人力培养、人生启迪

从教学目标的核心定位上,教师教学风格可以分为关注分数型、传递知识型、人力培养型与人生启迪型。关注分数的教师的教学方法不一定成章法,教学理念也不一定先进,但他们有一套提升成绩的法宝,表现为考什么就教什么,就让学生学什么,其教学风格是一种较为机械的教学风格。人力培养型教师关注学生一生发展的根基与人力基础、能力基础,着眼于为学生的发展奠基。比起知识与分数,教师更关注学生是否获得了一种可持续发展的后劲与学力。人生启迪型教师则看得更远,他们关注学生是否形成了一种积极的人生态度、价值观、世界观,是否具有大爱的情怀、远大的志向,是否能形成良好的学力、养成坚定不移的意志等。他们在教学中不局限于知识的传递,更指向心灵的培育,使学生从小形成积极向上乐观的生活态度,为学生一生的发展奠定深厚的人文素养。

3. 思想与革新：保守型、执行型、评判型、激进型、立法型、革新型

根据教师的思想层次、教育革新的行动力等，可以将教师分为保守型、执行型、评判型、激进型、立法型与革新型等几种。保守型教师只固守自己已有的教学习惯，甚至连课程改革的新动向与新要求都不予关注。执行型教师是典型的照本宣科型教师，他们往往根据课程标准，按照国家的课程要求实施教学。评判型教师是有选择性地进行批判，进而进行微弱的教学改造的教师。激进型教师则容易行为过激，不遵守国家课程标准等的要求。立法型教师是属于典型的研究型教师，他们结合国家课程政策精神和自身的教育理念开展教学。革新型教师则是真正依照教育规律进行教学的教师，他们有自己的思想，有判断教育行为是非的标准，有自己的主见，通过不断探索进而提升教学质量。

4. 教师行为特点：情感型、淡然型、幽默型、理性型、智慧型

在教学活动中，我们总可以看到个性非常鲜明的教师，他们的教学行为呈现出鲜明的个人特色，很难从某一维度进行分类，但我们总可以找到一个词来形容其教学风格，如：情感型、淡然型、幽默性、理性型、智慧型等。有的教师感情充沛，能很快激发学生的学习兴趣，寓教于情，情教相容。淡然型教师看似平淡，但淡中有智，不仅在课堂上娓娓道来，其讲授在课后也令人回味无穷，启人心扉。理性型教师则呈现出典型的理性思维特点，讲课逻辑严密，层次分明，节奏感强，效率非常高。智慧型教师则灵活多变，教学方法应境而生，其教学风格是在掌握了丰富的教学经验，拥有深厚的教学理论基础，在熟练运用各种教学技巧的综合基础上形成的一种教学与个人生命完全融通的高境界的教学风格。

三、教学风格的形成与表述

探究教学风格的形成有利于我们主动塑造自己的教学风格，并针对风格中的缺陷与不足加以改善。

(一)教学风格的形成

教学风格主要包括教学语言、调控方式、结构艺术和场景形象等要素。[①]教师教学风格对教师的个人职业生命发展和学生的学习有着重要的影响。青年教师要成为教学名师,就必须形成自己独特的教学风格。教学风格具有独特性和稳定性等特征,它的形成要经过长期的培育。对教学风格有明确的认知是青年教师形成教学风格的前提,深厚的文化积淀和教育理论的支撑是青年教师教学风格形成的关键和基础,学习模仿和实践探索是青年教师教学风格形成的必要途径和主要方式,独立创新是青年教师教学风格形成的标志。[②]

教师的教学风格特点既受到其学识水平、思想修养、语言修养等方面的影响,同时也与其本人的性格气质类型密切相关。不同的教学风格呈现出教师气质类型的差异,气质类型是教师教学风格形成的心理基础,了解性格气质特征对形成良好的教学风格有积极指导意义。[③]

教学风格是由"显性知识"和"隐性知识"这两类知识相互影响、相互作用而构成的有机整体。教学风格的形成过程就是显性知识和隐性知识不断转换和创新的能动过程。这种转换有四种模式:社会化、外在化、组合化和内在化。[④]

1.学习

关于教师教学风格形成途径,总的来说有两种:一是从教师自身入手,二是从学校人文环境入手。教师自身方面,应加强阅读、学习、培训,提升自己对教学风格的认识,提升自己的学识水平、思想修养、语言修养、文化素养、教育理论水平等。教师阅读的书籍包括教育学专著、心理学图书、教育类核心刊物、名师人物传记等,除了阅读书籍,还可以阅读名师和教育研究者发表在网上的文章等。在读的过程中,除了掌握所读知识,更重要的是要形成自身的教育理念,这就要求教师在阅读的过程中还要写读书笔

① 张松德.论教师的教学风格[J].中国成人教育,2006(12):126—127.

② 张波,匡美兰.浅谈青年教师教学风格的培育[J].教育学术月刊,2011(1):106—107.

③ 肖耀根.教师气质类型与教学风格的关系[J].华中农业大学学报(社会科学版),2008(2):113—116.

④ 闫德明,古立新.教学风格形成的内在机制研究——基于知识创新的模式分析[J].课程·教材·教法,2013(10):29—33.

记、教学日志、教育案例等。

2. 模仿+融合

“上好课，学名师；做科研，成名师；育好人，真名师。”对名师的模仿，可以让我们较快地掌握一些教学技能，学习名师解决问题的经验，进而提升自己的专业素养，为形成个性化的教学风格聚集力量。当然，在模仿时，一定要注意不能生搬硬套，要学会扬长避短，找到适切自己个性特点、气质类型的教学风格加以模仿，做到融合与创新，才能形成自己独特的、向上的、正性的、积极的教学风格。

3. 实践+创新

没有实践与创新，教学风格只能是一句空话。在实践教学中形成自身教学风格，有人总结了四种方式：一是“典型示范”型，即通过观摩优秀教师上课以形成教师教学风格；二是“自我反思”型，即通过经常性课堂实况的自我反思来形成教学风格；三是“专家指导”型，即由高校教育研究专家经常性帮助与引导，以形成教学风格；四是“他人反馈”型，即在同事、教研人员反馈与帮助下形成教学风格。除此之外，还有人提出形成教师独特的教学风格，一方面，要求教师要有富有成效的教学过程设计（包括对教学内容的独特处理方式，对不同课的结构方式、叙述策略，以及视角的独特把握）；另一方面，教师要有独具特色的教学语言（包括音量、音色、基调、气势、节奏、常用词汇等）。

4. 促进

除了自身的学习、模仿与实践、创新外。学校还应该为教师教学风格的形成提供良好的环境支持。以学校的人文环境促进教师教学风格的形成，学校应该有宽松、民主的管理氛围，学校领导要善于鼓励教师个性和创造性的发展，鼓励教师认识并形成独特的教学风格，如：学校可以在教师考核中加入“教学风格形成”指标，在教学中，一个班搭配不同风格的教师，以便风格互补等。

5. 内化

教学风格的形成是一系列"形成—修改—优化—内化"的循环往复的过程，这个过程不是线性的流动，是多节点多向流动的往复过程。内化就是在正确认识自己教学风格的前提下，通过自身调试与修改，完善与优化，最终将自己的教学风格固化下来，并转化为行为的过程。

（二）教学风格的表述

教学风格的表述是一个内化与外化的交融过程，一方面将教学风格固化，另一方面也是一个风格外化表达的过程。我们在描述别人的教学风格或是自我定位教学风格时，往往会有以下几种表述。

一是特色型表述。特色型风格的教师喜欢根据自己的教学行为特点来对自己的教学风格进行表述，如高中数学老师唐锐光将自己的教学风格提炼为"诗情哲理，灵动深邃"。

二是理念型表述。理念型风格的教师往往将自己的教学理念高度概括，用来形容自己的教学风格。如特级教师江伟英将自己的教学风格浓缩为"高效课堂、图解语文"。通过她对其个人教学风格的表述，我们就可以看到她的语文教学理念。

三是策略型表述。相比于理念，策略范畴要小一些，主要指教师在教学中使用的典型的教学策略或教学方法。如初中语文老师许祖英的教学风格可以用"主问题教学"来表述。说明她的教学策略主要是采用问题导向，每节课都使用一个主问题，进而引导学生自觉投入探究活动中，从而形成探究能力，并建构知识。

四是描述型表述。这类教师在表述自己的教学风格时，往往采用一些描述性的词语来进行概括，我们只能感受到他可能的教学特点，但又很难言明他们的特色、理念与策略等。如小学英语教师徐永红将其教学风格表述为"让英语教学如呼吸般自然"，就是典型的描述型表述。

五是综合型。这类教师对教学风格的表述信息涵盖量较大，既能呈现出他们的教学理念与策略，也能让人感受到他们鲜明的特色，甚至还能为我们呈现出一幅他们在场的生动教学情境。他们在表述他们的教学风格时，不一定是一句话，而可能是较长的一段话。如窦桂梅老师的三个超越——超越教材、超越课堂、超越教师，三个积累——引导学生进行语言的积累、生活的积累、情感的积累，就是典型的综合型教学风格表述。

后记

本书立足一线，理实结合。文字力争深入浅出、通俗易懂，力求让读者在轻松的阅读中自主思考，自觉行动，自信成长，不断回答“我将去何处，如何到达，现在该怎么做”等问题。希望该书能成为老师们随时可拿出来参考的一张地图，一面镜子，一本指南。本书适合职前师范生与广大一线教师阅读，也适合其他相关教育工作者们阅读参考。

本书初稿完成于2015年12月，是对毕业工作后三年间个人教育教学经验的梳理与总结。恰好那一年我29岁，也是送给自己30岁的生日礼物。但我深知，书稿糟粕颇多，有许多待完善的地方。2015年后，我进一步对各章节内容进行深入的研究与思考，并积累了丰富的案例与素材，在2020年年底定稿。

本书在撰写过程中得到了我的亲人、朋友们的大力支持，谢谢你们！记得孩提时，家里买不起书，但爸爸是一名乡村教师，可以从学校带回来一些废旧的期刊与报纸。自己拿起这些期刊与报纸，爱不释手，虽读不太懂，但心想自己若也能成为上面的作者，该是多幸福的事啊！谢谢爸爸，在我的成长之路上，没有给我任何限定，而是以身作则，诠释着自信、奋斗、坚毅。谢谢我的母亲与姐姐，在我想要“偷懒”时，总是会想起母亲和姐姐天还未亮就到山坡上去打猪草(农村里猪吃的食物)的身影，然后在太阳还未升起来的时候就必须回到家做早饭，以便我们能吃完饭按时上学。谢谢母亲与姐姐，让我明白了奋斗的意义与快乐。还要特别感谢我的妻子董顺老师，她在怀着我们的宝宝期间还坚持参与全书的校对工作，在出版上也给予我大力支持。你辛苦了！也要感谢我的岳父与岳母，在每个假期专门过来看我和妻子，给我们做饭，让我们能全身心投入书稿修改与校对中去。你们辛苦了！谢谢你们！还有我的好兄弟王朕照(也是一名小学数学老师)。我们是研究生同学，更是相互促进的好伙伴。本书书稿从草拟提纲到定稿，他都提出了很多宝贵的意见。我们几乎每学期都会见一次面，雷打不动的聊天主题就是教育工作中的相关经验与思考。记得2018年暑假我们从重庆市市区出发，去他家玩，三个多小时的车程俨然成了“教育峰会”现场。我们一起讨论甚至辩论“中国教育评价的问题与应然选择”，到了家还聊了一个多小时。然后我们一起在当晚就写出了《核心素养视野下的学生评价：互生发展评价的内涵、设计与实施》一文。[①]同样还要感谢“彭水七君子”，李方龙、黄世财等好兄弟在书稿撰写过程中对我的支持。再次谢谢你们！跟你们相处，让我饱尝了幸福的味道。

除此，还要感谢书稿撰写过程中给予我鼓励、帮助、启迪的重要他人。2009年进入华南师范大学跟随恩师——全国课程论著名专家黄甫全先生学习。恩师著作等身，桃李满园，是学生成长的引路人。这本书也得到了恩师的指点与帮助，谢谢恩师！我先后在华南师范大学附属小学(2012年8月—2016年3月)，重庆市巴蜀小学工作(2016年8月至今)。工作期间，得到了马宏校长、李永强校长、吴倩校长、潘南校长、李杰校长、吕以新校长等各领导，姜锡春老师、周智雄老师、徐莉老师、廖寒春老师、党心池老师、毛业良老师等各师父，以及巴蜀小学各前辈、各好友、同事们的帮助与指点。你们身上的教育情怀、教育精神、教育智慧鼓舞与引领着我前行，谢谢你们！2019年10月至今，我有幸加入了著名特级教师姜锡春老师主持的“简单教学实践研究”课题组。在师父的带领下与五位伙伴(党心池、王睿、张璐、刘香斌、戴思源)一起以课例为载体，以课堂为阵地，开展了小学数学课堂教学系列研究，累积了系列经典课例，发表了系列教学研究论文。在大家指导与帮助下，我的教力水平得到了很大的提升，谢谢你们！

在此还要特别感谢西南大学出版社高教分社郑持军社长与李君、王传佳、秦俭、吴秀琴等老师。在你们的指导与帮助下，本书得以顺利出版。郑社长与晚辈萍水相逢，但郑社长却牺牲自己的休息时间，通读全文，提出很多宝贵的建议。没有您的指导，本书书稿便难以与读者们见面，感激之情，无以言表。李君和王传佳等编辑对书稿进行了细致的审读、修改与编辑！记得2021年4月25日，看到返回来的修改稿上面密密麻麻的备注与批阅记、修改建议，

① 李方红，董顺，王朕照.核心素养视野下的学生评价：互生发展评价的内涵、设计与实施[J].教育测量与评价，2018(7)：26-32.

那一刻，我感动于编辑老师们的责任担当，感动于出版人的文化使命，谢谢你们！

本书参考了大量的论著，而在注释中难免挂一漏万，在此特别加以说明并向它们的作者致以衷心的感谢！

谨以此书，献给教育路上同行的所有人……

李方红

2021年5月10日于重庆市渝北区家里